DROEMER

ROSE WILDING

WER VOM TEUFEL SPRICHT

THRILLER

Aus dem Englischen
von Noa Sinowski

DROEMER

Die englische Originalausgabe erschien unter dem Titel »Speak of the Devil«
bei Baskerville, an imprint of John Murray, an Hachette UK company, London.

Besuchen Sie uns im Internet:
www.droemer.de

Aus Verantwortung für die Umwelt hat sich die Verlagsgruppe
Droemer Knaur zu einer nachhaltigen Buchproduktion verpflichtet.
Der bewusste Umgang mit unseren Ressourcen, der Schutz unseres Klimas
und der Natur gehören zu unseren obersten Unternehmenszielen.
Gemeinsam mit unseren Partnern und Lieferanten setzen wir
uns für eine klimaneutrale Buchproduktion ein, die den Erwerb von
Klimazertifikaten zur Kompensation des CO_2-Ausstoßes einschließt.
Weitere Informationen finden Sie unter: www.klimaneutralerverlag.de

FSC www.fsc.org MIX Papier aus verantwortungsvollen Quellen FSC® C014496

Deutsche Erstausgabe September 2023
Droemer Hardcover

Redaktion: René Stein
Covergestaltung: Carola Bambach
Coverabbildung: Aimee Marie Lewis / Arcangel
Satz: Adobe InDesign im Verlag
Druck und Bindung: GGP Media GmbH, Pößneck
ISBN 978-3-426-28402-5

2 4 5 3 1

In Liebe all jenen gewidmet,
die lebend durchgekommen sind,
und denen, die es nicht sind.

VORBEMERKUNG

Im Zentrum von *Wer vom Teufel spricht* steht eine Gruppe brillanter Frauen mit all ihren Fehlern. Der Roman handelt von der Schwierigkeit, Gerechtigkeit zu finden in einer Gesellschaft, die meist die Ohren verschließt, wenn wir unsere Geschichten erzählen. Er beruht auf dem, was in der Welt um uns herum passiert – Erfahrungen mir bekannter Frauen, Nachrichten, meinem eigenen Leben –, und ist darum stellenweise sehr düster. Im Anhang findet sich eine Liste von Adressen für Betroffene.

Ich habe diesen Roman geschrieben, weil ich – in mir drin, verborgen hinter meinem Lächeln – stinkwütend bin.

1

31. DEZEMBER 1999

Schon Stunden vor der Jahrtausendwende knallen und explodieren Raketen im dunklen Himmel über der Stadt, und Maureen sieht ihnen ein, zwei Sekunden zu, ehe sie das Fenster aufdrückt und die Vorhänge zuzieht. Sarah hat bereits die Kerzen angezündet und reicht ihr eine, als sie sich wieder setzt.

Flackerndes Kerzenlicht beleuchtet acht geisterhafte Gesichter mit tief eingesunkenen Augen. Sieben Frauen sitzen in einem Halbkreis, einer Art Altar in der Mitte des Raumes zugewandt. Alle schauen ihn an, einige nur kurz und heimlich, andere gebannt, als könnten sie den Blick nicht abwenden. Nur eine von ihnen wusste, dass er hier sein würde; den Übrigen graut unterschiedlich stark bei seinem Anblick. Selbst die eine, die ihn hergebracht hat, gruselt sich, vielleicht noch mehr als die anderen.

Eine Frau namens Ana erhebt sich und kniet vor ihm nieder. Sie hat seit Jahren nicht mehr gebetet, das letzte Mal kurz nach ihrer Ankunft aus Brasilien, trotzdem strömen die Worte, auch wenn sie über dem Partylärm von unten kaum zu hören sind, in schnellem, geschmeidigem Portugiesisch nur so aus ihr heraus, als hätten sie nur auf diesen Moment gewartet. Sarah zündet sich an ihrer Kerze eine Zigarette an.

»Bisschen spät, wenn du mich fragst«, sagt sie zu Ana, bekommt aber keine Antwort. Sarah lehnt sich auf ihrem Stuhl zurück, schlägt die Beine übereinander und sieht nacheinander die anderen Frauen an, doch keine erwidert ihren Blick.

Kaysha Jackson – die Journalistin – springt plötzlich von ihrem Stuhl auf und verschwindet nach nebenan auf die Toilette, aus der kurz darauf ein Würgen und Platschen zu hören ist. Ein paar Minuten später kommt sie bleich und mit Flecken von Erbrochenem auf dem Pullover zurück. Sarah nimmt ihre Hand, und sie verschränken die Finger, braune Haut mit weißer Haut, die im sepiagetönten Halbdunkel kaum zu unterscheiden sind.

Josie, die Jüngste unter ihnen und außerdem schwanger, beginnt zu weinen. Ihr blasses Gesicht ist fleckig und verquollen.

»Wo ist der Rest von ihm?«, fragt sie mit brüchiger Stimme.

»Wissen wir nicht, Schätzchen.« Maureen beugt sich vor und legt ihr die Hand auf den Arm.

»Eine von uns weiß es sehr wohl.« Sarah schnippt ihren Zigarettenstummel auf den Boden und drückt ihn mit dem Stiefel in den Teppich. Wieder sieht sie ihn an, sieht ihm in die Augen. Es ist lange her, seit sie ihn zuletzt gesehen hat, und noch länger, seit sie mit ihm zusammen in diesem Zimmer war. Sein Aussehen hat sich verändert, und ihre Gefühle haben es auch. Damals liebte sie ihn.

Sein Haar ist länger als damals, sie stehen ihm buchstäblich zu Berge, als hätte ihn jemand daran hergezerrt. Gut möglich, dass es genauso war. Er sieht dünner aus als damals, seine Nase ist eingedrückt und gebrochen, und die untere Hälfte seines Gesichts ist mit verkrustetem Blut beschmiert. Sie stellt sich vor, wie es ihm aus dem Mund geschossen ist, vielleicht in jenem Moment, als er eine letzte witzige Bemerkung zu machen versuchte. Zu ihrer Zeit war er grundsätzlich glatt rasiert gewesen, jetzt hat er einen kurzen Bart, der dicht um Mund und Kinn steht, an der Kehle ausdünnt und abrupt dort aufhört, wo es der Hals auch tut.

Der Rest von ihm fehlt.

Die Frauen befinden sich in einem billigen Hotel am Stadtrand, in einer Suite im obersten Stock, einstmals einem der besten Zimmer im Haus, das inzwischen aber nur noch als Lagerkammer für kaputtes Inventar dient. Unter dem Fenster lösen sich Kartons mit längst vergessenen Fundsachen in ihre Bestandteile auf, und an einer Wand lehnt eine zusammengesackte Matratze.

»Bekennt sich jemand schuldig?«, fragt Sarah.

Niemand antwortet ihr.

»Wir waren noch nicht bereit«, fährt sie fort.

»Bereit?«, fragt Kaysha. »Wir hatten noch nicht mal einen Beschluss gefasst.«

»Bei so was hätte ich auf keinen Fall zugestimmt«, faucht Olive, eine Weiße in ihren Fünfzigern. Sie hat graues, zu einem Bob geschnittenes Haar, das sie alle paar Minuten glatt streicht und hinter die Ohren hakt. Sie bekreuzigt sich mit den Fingerspitzen und schließt kurz die Augen.

»Wissen wir, Olive«, sagt Sarah. Sarah ist Mitte zwanzig und ungewöhnlich blass unter ihrem wilden, schweren schwarzen Haarschopf. Ihren Hals ziert ein Tattoo, eine Rose, und sie trägt eine Lederjacke. Sarah spricht mit dem hiesigen Akzent, aber er klingt bei ihr weniger natürlich als bei den anderen, die Vokale sind weniger flach, so als würde sie ihre Herkunft verleugnen wollen.

»Also, ich glaube, wir haben alle jemand Bestimmten unter Verdacht«, sagt Olive, den Blick fest auf Sarah gerichtet.

»Immerhin hast du es vorgeschlagen«, sagt Maureen zu Sarah und tupft sich mit einem Taschentuch die feuchten Augen.

»Ich weiß, was ich vorgeschlagen habe«, sagt Sarah. Sie zieht einen Flachmann aus ihrem Stiefel und nimmt einen Schluck.

Olive nickt zu Sarahs Flachmann hin. »Wahrscheinlich warst du betrunken, als du es getan hast. Vielleicht erinnerst du dich nicht mal.«

Sarah öffnet den Mund, um ihr etwas zu entgegnen.

»Aufhören«, kommt Sadia ihr zuvor. »Streit können wir jetzt wirklich nicht brauchen. Wir hatten Glück, dass keine früher gekommen ist.«

Als die Frauen vor fünfzehn Minuten eingetroffen waren, hatten sie den Kopf mit einem Kopfkissenbezug vorgefunden. Alle hatten sich auf ihre üblichen Plätze gesetzt, alle hatten stirnrunzelnd auf den improvisierten Altar in der Mitte des Raumes gestarrt. Keine hatte etwas gesagt, bis Josie nach einer Weile gefragt hatte, was unter dem Kissenbezug sei. Als keine geantwortet hatte, war Sarah aufgestanden und hatte mit ausgreifender Geste und einem Augenrollen den Bezug nach oben gezogen, wobei ihre Augen noch größer wurden, als sie sah, was sich darunter verborgen hatte. Ein paar unter den Frauen hatten aufgeschrien.

»Das kannst nur du gewesen sein«, fährt Sadia fort und nickt dabei zu Kaysha hin. Sadia hält ein Babyfon in der Hand und trommelt mit den Fingern auf das Plastik, maskiert ihr Entsetzen mit Ärger und Ungeduld. Sadia hat tiefbraune Haut und ein ebenmäßiges Gesicht, weiße Zähne und lange Wimpern. In einem anderen Leben hätte sie ein Model oder ein Filmstar sein können, nicht die Witwe eines toten Wissenschaftlers. »Schließlich hast du das alles arrangiert. Du hast als Einzige alle unsere Handynummern.«

»Mir ist klar, wie das aussehen muss«, sagt Kaysha. »Aber ich war es nicht.«

Früher am Abend hatten alle Frauen eine Nachricht von einer unbekannten Nummer zugeschickt bekommen: *Treffen am üblichen Ort, 19 Uhr. Ein Notfall.* Kayshas Nachrichten lasen sich ganz ähnlich, allerdings hat sie noch nie ein Notfalltreffen einberufen.

»Woher hätte irgendwer unsere Handynummern haben sollen? Irgendjemand muss über uns Bescheid wissen«, sagt

Maureen. Sie fächelt sich mit einer Broschüre aus ihrer Handtasche Luft zu.

»Du hast behauptet, unsere Infos wären bei dir sicher.« Sadia sieht Kaysha an, die die Stirn runzelt.

»Das sind sie auch, schau her.« Kaysha zieht einen Reißverschluss innen in ihrer Jacke auf und tastet in der Tasche nach dem Zettel, auf dem sie vor Monaten alle Nummern notiert hatte. Der Zettel ist nicht mehr da, und sie kann ihr Erschrecken nicht verbergen. Sie sieht Sarah an, mit der sie zusammenlebt. Sarah zuckt mit den Achseln.

»Du hast sie verloren?«, fragt Olive.

Ana bekreuzigt sich, immer noch auf den Knien, und steht dann auf. Sie ist groß und mit ihren dunklen Haaren und der goldbraunen Haut eine klassische Schönheit.

»Telefonnummern lassen sich auf verschiedene Weise herausfinden«, sagt sie und lässt sich neben Sadia in einen Sessel sinken.

Ein paar Minuten schweigen alle. Das Babyfon knistert.

»Ich kann nicht glauben, dass du die Kleine mitgebracht hast«, sagt Sarah zu Sadia und leert ihren Flachmann, bevor sie ihn wieder in den Stiefelschaft schiebt. Sie zündet sich die nächste Zigarette an.

»Ich hatte ja keine Ahnung, was mich hier erwartet.«

»Wo ist sie?«

»Nebenan. Sie war seit vier Uhr früh wach, sie wird also eine Weile schlafen.«

»Du bist vielleicht eine Mutter.«

»Fang nicht damit an, Sarah«, mischt sich Kaysha ein. Sie ist Anfang dreißig, sieht aber jünger aus, und trägt einen schwarzen Anzug. Ihr Blick huscht gehetzt durch den Raum, als wollte sie auf keinen Fall noch einmal den Kopf ansehen.

»Können wir ihn bitte wieder zudecken?« Josie hält den Blick gesenkt. Über ihren runden Bauch spannt sich ein Paillettenkleid, und der Glitter auf ihren Wangen funkelt im Kerzenschein. Sie wollte gerade mit ein paar Freundinnen feiern gehen, als sie die Nachricht bekam.

Sarah hebt den Kissenbezug vom Boden auf und streift ihn wieder über den Kopf. Der Kopf wird zwar nicht komplett abgedeckt, aber Sarah stellt sicher, dass er wenigstens von Josies Platz aus nicht zu sehen ist. Als sie sich wieder setzt, starrt sie ein Auge durch ein Loch im Stoff an.

»Ist noch jemand der Meinung, dass wir allmählich die Polizei rufen sollten?«, fragt Olive mit energisch vorgerecktem Kinn und sieht reihum die anderen an. Ein samtweiches Flüstern geht bei dem Wort *Polizei* durch den Raum.

»Wenn du wirklich die Cops rufen wolltest, hättest du das längst getan«, sagt Sarah.

»Ich finde auch, dass wir sie rufen sollten«, sagt Maureen. Eine Schweißperle kullert unter ihrem Haar hervor, an ihrer Schläfe entlang und über ihre Wange bis unter das weiche Kinn.

»Damit wir wegen gemeinschaftlichen Mordes verhaftet werden?«, fragt Sarah. »Ein Superplan, Aye.«

Kaysha massiert sich mit den Fingerspitzen die Stirn. »Wir können das hinbiegen, wir müssen nur geschickt vorgehen.«

»Und was sollen wir deiner Meinung nach tun?«, fragt Sarah.

»Zuerst einmal die da aufheben«, sagt Ana und deutet auf die Zigarettenstummel zu Sarahs Füßen. »Das sind Spuren.«

»Wie in aller Welt sollte jemand die zu mir zurückverfolgen?«

»Wir dürfen einfach kein Risiko eingehen«, erklärt Ana. »Zuerst einmal brauchen wir Bleichmittel.«

2

KAYSHA
31. DEZEMBER 1999

Sarah Smiths Haus liegt weit außerhalb, noch hinter den Vorstädten und Vororten und Dörfern, ganz allein draußen im Nirgendwo. Wenn sich dort die Dunkelheit herabsenkt, tut sie es eilig und radikal, und dann klebt sie wie schwarzer Sirup an den Gräsern und Bäumen, um dem Mond Platz zu machen. Er steht wie eine strahlende Sichel am Himmel, als Kaysha den Wagen in den letzten Minuten des alten Jahrtausends vor der Haustür zum Stehen bringt.

Sie bleiben lange im Auto sitzen und schauen hinauf zu den Sternen. Sarah zeichnet mit der Fingerspitze Sternbilder an den beschlagenen Teil der Windschutzscheibe. Kaysha folgt dem Fingernagel ihrer Freundin und denkt dabei an das Blut, das darunter klebt.

»Es erscheint fast belanglos, wenn du bedenkst, wie groß das Universum ist, oder?«, fragt Sarah.

»Nein«, widerspricht Kaysha.

»Was meinst du, wer es war?«, fragt Sarah. Kaysha sieht sie vielsagend an, und Sarah legt den Kopf schief. »Ich war's nicht.«

»Das weiß ich noch nicht.«

»Ich wette, es war die Ehefrau. Es ist immer die Ehefrau.«

»Vielleicht«, sagt Kaysha. Sadia hätte guten Grund gehabt, ihn umzubringen, aber den hatten sie alle.

»Was wird aus der Kleinen, wenn sie es wirklich war?«, fragt Sarah.

Kaysha streckt stumm die Hand aus und drückt Sarahs Arm. Sarah schaut wieder hinauf zu den Sternen.

»Hoffentlich war es nicht Sadia«, sagt Sarah leise, dann zieht sie die Stiefel aus und verschwindet im Haus. Ein paar Minuten später kommt sie mit einer Flasche Whisky und einer Decke zurück, und sie ziehen sich beide aus. Sie häufen ihre Sachen auf den Rost eines Grills, der seit ihrer ersten gemeinsamen Woche neben der Haustür steht und immer noch mit verbranntem Fett verklebt ist. Er rostet schon. Sarah gießt einen Teil des Whiskys über die bleichefleckigen Kleider und zündet sie an. Die Frauen kuscheln sich unter der Decke aneinander, Haut an Haut, und wechseln sich mit der Whiskyflasche ab, während die Flammen ihre Hände wärmen. Die kalte Nacht betäubt sie, und das ist ihnen nur recht.

Am Horizont steigen Raketen auf, und Kayshas Handy läutet. Ihre Mutter wünscht ihr ein schönes neues Jahr; sie hört Kaysha an, dass etwas nicht stimmt, obwohl Kaysha sich alle Mühe gibt, fröhlich zu klingen. Kaysha verspricht ihr, dass sie ihr beim nächsten Treffen alles erklären wird, dann verabschiedet sie sich, und Sarah und sie gehen ins Haus, wo Sarah weitertrinkt und Kaysha den zeitlichen Ablauf auszuarbeiten beginnt.

3

3. JANUAR 2000
NOVA

Es ist Montag, aber die Stadt ist bei Sonnenaufgang noch still. Die Erwachsenen mummeln sich in ihre schweren Decken und genießen ein letztes Mal Ausschlafen in den Weihnachtsferien, während die Kinder zum Frühstück die Dosen mit den Süßigkeiten leeren. Das Licht gähnt sich blass wie Pfirsichhaut in den Himmel, und der Fluss spiegelt es in gelbroten Wellen, die gegen die schlammigen Ufer lecken. Die sechs berühmten Brücken sind erleuchtet, jede einzelne, und ihre schärfer werdenden Schatten recken sich über das Wasser. Der glitzernde Nachtfrost schmilzt langsam auf den Gasbetonsteinen und auf den verlassenen Kränen der Baustellen am Kai, wo alles für die Aufrichtung der siebten Brücke vorbereitet wird.

Detective Inspector Nova Stokoe wurde durch einen Anruf wegen eines Leichenfunds aus dem Schlaf gerissen und steuert nun, eine halbe Stunde später, ihren Ford Escort auf einen Parkplatz nahe den Docks. Das dreistöckige Backsteingebäude aus den Sechzigern wirkt wie ein Fremdkörper zwischen den Lagerhäusern, die rundum in die Höhe gewachsen sind. Grasbüschel bohren sich durch die Risse im Asphalt, und leere Blumenkübel hängen an dem Wintergarten vor der Hausfront. Auf einem verblichenen Schild steht *Towneley Arms Hotel.*

Zwei Streifenwagen und ein Mannschaftswagen des CSI-Teams stehen schon auf dem Parkplatz, darum wirft Nova noch einen kurzen Blick in den Rückspiegel. Um ihr Kinn ringeln sich die roten, noch nach der Nacht zerwühlten Locken, und sie versucht sie ein paar Sekunden lang in Form zu bringen, bevor sie sich geschlagen gibt. Ihre Sommersprossen heben sich deutlicher als üblich von der blassen Haut ab. Sie hat den Abend in einem der Keller-Pubs abseits der Hauptstraße verbracht, war erst um vier Uhr zu Hause und hätte heute Morgen eindeutig noch nicht fahren dürfen. Sie schluckt zwei Paracetamol, um dem Kater vorzubeugen, und steigt aus.

Während sie auf das Hotel zugeht, klappert ein Mann mit einem Servierwagen voller Kartons über den Parkplatz. Er grinst, und ein Goldzahn blitzt in der Sonne auf.

»Wollen Sie hier rein?«, fragt sie und hält ihm die Tür auf.

Er zwinkert ihr im Vorbeigehen zu, begrüßt einen alten Mann an der Rezeption mit einem »Morgen« und verschwindet durch einen Bogen am anderen Ende des Raumes, ohne die Antwort abzuwarten. Nova lässt an der Rezeption ihre Marke aufblitzen, doch der Mann dahinter ist damit beschäftigt, seinen Kaffee mit Whisky aufzufüllen. Seine Hände zittern.

»Ganz oben, Mädel«, sagt er schließlich mit schwerem Dialekt und nickt nach rechts zu einer Treppe hin. »Oberster Stock. Aber Achtung, ist kein schöner Anblick nich.«

»Hab 'nen Magen aus Stahl, Mann«, erklärt Nova ihm und geht nach oben. Der oberste Stock ist mit Polizeiband abgesperrt.

PC Ella McDonald steht neben einer offenen Tür, den Hut in der Hand und mit einem Gesichtsausdruck, der Nova nur zu vertraut ist.

»Tausend Dank, dass du mich gestern Abend versetzt hast«, sagt Ella leise, aber nicht leise genug. Nova blickt über Ellas Schulter.

»Hast du schon die Angestellten befragt?«

»Warst du mit wem unterwegs?«

»Was ist mit den Gästen? Irgendwelche Aussagen von denen?«

»Bitch!«, flüstert Ella. Sie schiebt sich an Nova vorbei, die ihr nachsieht, zu müde, um ein schlechtes Gewissen zu haben.

Quer über den Korridor liegen Weihnachtsbaumkugeln verstreut, und Nova schiebt ein paar davon mit dem Schuh beiseite, bevor sie das Zimmer betritt. Drei weiße Overalls sind damit beschäftigt, Fingerabdrücke zu nehmen. Ein Scheinwerfer erhellt ihren Arbeitsbereich. Auf einem Tisch steht der Kopf eines Mannes, der restliche Körper ist nirgendwo zu sehen. Im Zimmer stinkt es nach Bleiche und Verwesung, und sie drückt einen Finger unter ihre Nasenlöcher, ehe sie näher tritt.

»Wurde der Leichnam schon weggebracht?«, fragt sie einen der Kriminaltechniker und sieht sich gleichzeitig nach einer Kreidesilhouette um.

»Sieht nicht so aus, als wäre er je hier gewesen.« Er zuckt mit den Achseln.

Der Kopf balanciert auf einem aufgeschlagenen Buch auf mehreren Hotelbibeln, die auf einem Nachttisch in der Zimmermitte aufgestapelt wurden. Flüssigkeit ist aus dem Hals in das Papier gesickert, sodass Nova nur ein paar Worte am Seitenrand entziffern kann, aber Nova erkennt an dem braunen Ledereinband, dass es ebenfalls eine Bibel ist.

»Können Sie die Seitenzahl notieren, wenn Sie den Kopf wegnehmen?«

»Aye, ich schreib's in den Bericht«, sagt er. »Ich hab aber schon einen Blick drauf geworfen, und ich glaub … wo es aufgeschlagen ist und nach den paar Worten, die ich lesen konnte, müsste es die Seite mit Levitikus 2:19 sein.«

Nova zieht die Schultern hoch, und der Kriminaltechniker schmunzelt.

»Sie war'n nicht auf der katholischen Schule, wie?« Es ist eigentlich keine Frage, trotzdem schüttelt sie den Kopf. »Die

Stelle kennen Sie trotzdem. Levitikus 2:19 ist die mit *Auge um Auge*. Ich werd's überprüfen, wenn Sie den Kopf wegnehmen, aber ich bin mir ziemlich sicher. Mein Dad hatte früher eine Schwäche für die Stelle.«

»Rache«, sagt sie. Das mit der Seite könnte auch Zufall sein, aber es erscheint ihr unwahrscheinlich. Es sieht nach einem Rachemord aus. Sie fragt sich, womit er so etwas verdient hat.

»Würde ich auch vermuten«, sagt der Kriminaltechniker.

»Du bist ein echt hässlicher Vogel, was?«, sagt sie zu dem Kopf und beugt sich vor. Sie hat schon stärker verweste Leichen gesehen, aber keine so interessante wie die hier. Der Mund steht leicht offen, und in der Mundhöhle kringeln sich Maden. Aus den Augenhöhlen und Nasenlöchern tritt brauner Schaum, aber abgesehen davon ist die Haut grau, als wäre jegliche Farbe daraus gesickert. Er hat keine auffälligen Merkmale – weiße Hautfarbe, männlich, dunkelblondes Haar, kurzer Bart, keine Tätowierungen, keine Narben. Nicht einmal ein Ohrloch. Die Nase scheint gebrochen, aber abgesehen davon wirkt es nicht so, als wäre er vor dem Tod verprügelt worden. Sie geht in die Hocke und inspiziert den Hals. Vertrocknete, zersetzte Fleischfasern erstrecken sich auf die Buchseiten. Definitiv nicht mit einem sauberen Hieb abgetrennt. »Was meinen Sie, wie lange er hier schon liegt?«

Der Kriminaltechniker zuckt mit den Achseln. »Schwer zu sagen. Das Fenster stand offen, und es war kalt, das hat wahrscheinlich alles ein bisschen verlangsamt. Achtundvierzig Stunden, wenn ich schätzen müsste.«

»Mmh. Einen Führerschein hatte er nicht dabei, nehme ich an?«

Der Kriminaltechniker schnaubt. »Wo hätte er den denn haben sollen? In seiner Nase?«

»Dann werde ich wohl auf den Gebissabdruck warten müssen.«

Nova tritt zurück und betrachtet die Wand hinter dem Kopf. Der Tatortfotograf lichtet gerade ein großes, rundes Siegel ab, das jemand auf die Tapete geschmiert hat. Es hat gut fünfzig Zentimeter Durchmesser und stellt eine zusammengerollte Schlange dar, die von kruden Symbolen umgeben ist. Nova hängt schon seit Wochen in dem Kult-Fall fest, eine Strafmaßnahme ihrer Vorgesetzten nach der Sache mit den Frauen in Gosforth. Das Siegel taucht neuerdings überall in der Region auf, mal in einer Seitenstraße im Stadtzentrum, mal an einem Reihenhaus auf dem Land, regelmäßig begleitet von einer blutigen Opfergabe. Gewöhnlich ist es ein gestohlenes Nutztier – eine Ziege oder ein Huhn –, aber erst neulich war auch eine Schlange dabei.

Kurz vor Weihnachten hatte Nova einen Tipp bekommen und war daraufhin auf das Penshaw Monument gestiegen – die Antwort Nordenglands auf die Athener Akropolis –, wo jemand das Siegel auf die Pflastersteine geschmiert hatte. Wie üblich standen rundum die geschmolzenen Überreste mehrerer Kerzen, aber die Schlange im Zentrum des Siegels war irritierenderweise echt. Jemand hatte den Kadaver einer burmesischen Python – wie sie später erfuhr – zusammengerollt und die Runen um sie herum mit dem Blut der Schlange gezeichnet.

Nova tritt näher an das Siegel. Sie hat es während ihrer Ermittlungen eingehend studiert und erkennt auf den ersten Blick, dass das hier nicht authentisch ist. Eine billige Imitation, die nicht mit Blut, sondern mit blauer Farbe ausgeführt wurde. Sie ist nicht schlecht gemacht, gut genug, um einen durchschnittlichen Betrachter irrezuführen, offensichtlich sogar die Polizisten, die das Zeichen wiedererkannt haben, aber nicht Nova. Die Runen sind bedeutungsloses Gekritzel, und die Schlange blickt in die falsche Richtung. Dies ist das Werk von jemandem, der das Siegel irgendwann in der Zeitung oder an einer Straßenecke gesehen und es aus dem Gedächtnis nachgezeichnet hat. Ein Versuch, die Ermittlungen in die falsche Richtung zu lenken.

Nova fragt sich, wer dem Kult wohl einen Mord in die Schuhe schieben will: womöglich ein konkurrierender Kult oder eine Gang. Vielleicht auch ein Auftragskiller mit Hang zur Dramatik. So oder so hat Nova nicht die Absicht, irgendwem zu verraten, dass das Siegel nicht authentisch ist, denn dieser Mordfall ist schon jetzt unvergleichlich interessanter als ein paar geopferte Nutztiere; das hier könnte ihre Chance sein, sich mit der DCI gut zu stellen.

Als Nora wieder hinuntergeht, hockt der alte Mann immer noch hinter seiner Rezeption, Kaffee trinkend und über einem Kreuzworträtsel brütend. Er sieht sie über die Brille hinweg an.

»Alles in Ordnung, Mädel?«, fragt er und klemmt den Stift hinters Ohr.

»Hat schon jemand Ihre Aussage aufgenommen?«

»Aye, erst vor fünf Minuten. Grad ist meine bessere Hälfte drin.«

»Haben Sie den Kopf gefunden?«

»Nee, ich nich.« Er lacht kurz. »Das war Jeffa, unser Barmann. Gary Jeffries. Wollt' den Weihnachtsbaum nach oben bringen, oder was weiß ich. Hab den Schrei bis hier gehört.«

»Wo ist Mr Jeffries jetzt?«

»Hab ihn mit einer Flasche Sherry in die Küche gesetzt. Schreckhaftes Seelchen, unser Gary«, sagt er und deutet auf den Bogen am anderen Ende des Raumes. Darüber steht auf einem Schild *Aufenthaltsraum/Speisesaal.* »Da durch und dann durch die silberne Tür, Mädel.«

»Danke. Kann ich eine Kopie der Gästeliste von den letzten zwei Wochen bekommen?«

»Aye, kein Ding«, sagt er. »Aber im Büro nehmen sie gerade die Aussagen auf, drum kann ich erst später rein.«

»Perfekt«, sagt Nova und macht sich auf den Weg zur Küche. Eine Handvoll Gäste sitzt verstreut im Speisesaal und unterhält sich gedämpft.

»Verzeihung«, sagt ein Mann, als Nova auf die Küche zusteuert. Er schnippt mit den Fingern. »Arbeiten Sie hier? Wann gibt es endlich Frühstück?«

Nova ignoriert ihn und verschwindet durch die silberne Doppeltür. Mit siebzehn wurde sie aus einem italienischen Restaurant hier in der Stadt gefeuert, nachdem sie einem Gast einen Teller Carbonara über den Kopf gekippt hatte, weil er sie mit einem Fingerschnippen an den Tisch beordert hatte. Als wäre sie ein Hund.

Ein großer, dünner Mann sitzt auf einem Barhocker an einer stählernen Kochinsel, die fast die ganze Küche einnimmt. Drum herum stehen Kühlschränke und Regale voller Plastikbehälter mit verschiedenen Zutaten. Der Mann sieht sie aus geröteten Augen an, als sie hereinkommt. Seine Finger sind fest um eine Flasche Sherry geschlossen. Er hickst.

»Heute Morgen fällt das Frühstück aus, Liebes«, sagt er.

Nova zeigt ihm ihre Marke. »Mr Jeffries? Ich bin Detective Inspector Nova Stokoe«, sagt sie. »Wie fühlen Sie sich?«

»Ahhh«, antwortet er mit bebenden Lippen. Tränen rollen ihm über die Wangen, und er deckt sein Gesicht ab.

Nova sieht sich nach einem Wasserkocher um. »Kann ich Ihnen einen Tee machen?«

»Geht schon, Liebes«, sagt er und gießt einen Schuss Sherry in die Blumenmustertasse vor ihm. Tränen hängen bebend an seinen Wimpern.

»Wann haben Sie die Überreste entdeckt, Mr Jeffries?«

Gary schnieft. »Da war's noch dunkel. Zu dunkel, um irgendwas zu erkennen, jedenfalls zuerst. Da drin gibt's kein Licht.«

Nova wartet ab, ob noch mehr kommt.

»Aber es hat ziemlich gestunken, als ich die Tür aufgemacht hab! Ohne diesen Gestank wär ich wahrscheinlich direkt in ihn reingelaufen. Übel. Ich hab im ersten Moment gedacht, da ist ein Vogel reingeflogen und krepiert. Eigentlich geht nie jemand da hoch. Und ich wollte auf keinen Fall reintreten. In den toten Vogel. Also hab ich mich umgedreht, die Tür festgeklemmt und das Licht im Gang angemacht«, sagt er. Er atmet tief aus, ehe er weiterspricht. »Und dann hab ich ihn gesehen. Und losgebrüllt.«

»Eine ganz normale Reaktion«, sagt Nova. »Haben Sie das Zimmer betreten?«

»Einen Scheiß hab ich«, sagt er mit einem Schnauben, aus dem ein Schluchzen wird. Er wischt sich über die Augen. »Ich hab die Tür wieder zugemacht und bin runtergerannt.«

»Ist Ihnen in den letzten Tagen irgendetwas Ungewöhnliches aufgefallen?«

Er schüttelt den Kopf, zieht die Mundwinkel nach unten. »Glaub nicht. Nichts, was hängen geblieben wäre.«

»Keine zweifelhaften Gäste?«

»Wir haben keine anderen, Detective.«

»Gut, Mr Jeffries. Danke für Ihre Zeit.« Nova steht auf, zieht ihre Jacke gerade und gibt ihm ihre Visitenkarte. »Melden Sie sich, falls Ihnen noch irgendwas einfällt.«

Gerade als sie die Tür öffnen will, sagt er noch etwas: »Ich habe tatsächlich eine Frau bemerkt, die sich, keine Ahnung, merkwürdig benommen hat. Ums Hotel rumgeschlichen ist.«

»Was für eine Frau?«

Die Küchentür schwingt auf, und der Unsympath aus dem Speisesaal platzt mit rot angelaufenem Gesicht herein.

»Wo bleibt das Frühstück, Herrgott noch mal?«, schnauzt er Nova an.

»Wie Sie bestimmt bereits gemerkt haben, Sir, wird hier in einem Gewaltverbrechen ermittelt. Die Polizei ist gerade dabei, die Angestellten und Gäste zu befragen, darum bitten wir um Ihre Geduld und Ihre Kooperation«, antwortet Nova ruhig.

»Also, es ist doch nicht zu viel verlangt, ein paar Frühstücksflocken rauszustellen, oder?«, poltert er. »Wie heißen Sie?«

Nova zieht lächelnd ihre Marke aus der Tasche. »Detective Inspector Nova Stokoe.«

Der Mann erbleicht und schnalzt kurz mit der Zunge, bevor er in den Speisesaal verschwindet. Nova wendet sich wieder Gary zu, der blind auf die Tür starrt.

»Was wollten Sie mir gerade über diese Frau erzählen?«, fragt sie.

Er blinzelt und schüttelt den Kopf. »Weiß ich nicht mehr.«

»Gerade haben Sie es noch gewusst.«

»Es ist mir einfach entfallen – ich weiß wirklich nicht mehr, was ich gerade sagen wollte.«

Nova runzelt die Stirn. »Ich komme mit Sicherheit noch mal her. Falls Ihnen irgendwas einfällt, schreiben Sie es auf.«

Zu dem alten Mann hinter der Empfangstheke hat sich eine grauhaarige Frau gesellt, vermutlich seine Ehefrau. Ihr dünner Pony klebt an ihrer verschwitzten Stirn, und zwischen ihren nikotingelben Fingerspitzen qualmt eine Zigarette.

Die Frau händigt Nova ein paar fotokopierte Seiten aus. »Das Gästebuch, Liebes.«

»Danke. Gibt es hier irgendwo Überwachungskameras?«, fragt Nova und sieht sich gleichzeitig in der Lobby um, die genauso heruntergekommen wirkt wie das restliche Gebäude.

Die Frau schüttelt den Kopf. »Nein. So vornehm sind wir nicht. Was soll hier schon geklaut werden?«

»Vielleicht sollten Sie sich überlegen, welche anzuschaffen.«

»Tja, ich schätze, das werden wir wohl müssen«, sagt sie.

Als Nova wieder ins Freie tritt, ist die Sonne endgültig aufgegangen. Sie muss sich auch draußen umsehen, und ihr ist klar, dass bald die Presse auftauchen wird, also muss sie sich beeilen. Sie geht um das Gebäude herum, wo es einen zweiten, kleinen Parkplatz gibt, der von der Straße nicht einzusehen ist. Hier stehen mehr Autos als vorne. Das Towneley Arms ist die Art von Hotel, in das Geschäftsleute mit ihren Geliebten gehen; und die möchten nicht, dass ihre Autos gesehen werden. Sie fragt sich, ob der Alte die Zimmer unter der Hand auch stundenweise vermietet – in dem Fall stünden sowieso nicht alle Namen auf der Gästeliste. Sie braucht Aufnahmen aus einer Überwachungskamera.

Ansonsten gibt es auf der Rückseite wenig mehr als eine Brandschutztür und eine vermooste, mit Vorhängeschloss gesicherte Kellerluke zu sehen, darum kehrt Nova zur Vorderfront zurück und nimmt die umliegenden Gebäude in Augenschein. Direkt gegenüber dem Hotel befindet sich ein Gebrauchtwagenhandel mit zahlreichen klobigen Kameras, aber die sind ausschließlich auf die Verkaufsräume und den Vorplatz gerichtet. Nova überquert die Straße und inspiziert das Gebäude neben dem Gebrauchtwagenhandel. Eine Art Lagerhaus, aber ohne sichtbare Kameras. Die umliegenden Bauten sehen alle ähnlich aus, durch die Bank heruntergekommen, einige anscheinend leer, andere offenbar in Gebrauch, aber nirgendwo sieht sie eine Kamera, die erfassen könnte, wer im Hotel ein und aus geht.

Gerade als Nova zurückgehen will, entdeckt sie einen Mann, der zwischen den Gebäuden steht und sie beobachtet. Es ist der Lieferant aus dem Hotel. Er raucht, aber sobald er sieht, dass sie ihn entdeckt hat, lässt er die Zigarette fallen und verzieht sich in das Gebäude hinter ihm. Nova geht darauf zu. Der Gewerbebau liegt versteckt hinter dem Autohaus, aber eine Ecke ragt gerade weit genug vor, um vom Hotelparkplatz aus sichtbar zu sein. Während sie sich nähert, fängt sich ein Sonnenstrahl in einer winzigen Scheibe oben an der Wellblechfassade, direkt unterhalb der Regenrinne. Eine Kamera. Sie zielt so auffällig auf das Towneley Arms, dass das kein Zufall sein kann.

Ein Schild mit der Aufschrift *RJ Meats* hängt über dem Eingang, und Nova klopft an. Fast sofort geht die Tür auf, und der Lieferant steht ihr gegenüber.

»Was?«, fragt er.

»Hallo«, sagt Nova und zeigt ihm ihre Marke. »Ich habe Sie heute Morgen im Hotel gesehen und würde mich gern mit Ihnen unterhalten.«

»Ich arbeite da nicht. Ich bring denen nur das Fleisch.« Er lehnt sich in den Türrahmen und zündet sich die nächste Zigarette an.

»Ist das Ihre … Fabrik?«

Der Mann legt den Kopf schief. »Ich bin Mitbesitzer.«

»Mir ist aufgefallen, dass Sie eine Kamera haben, die auf das Hotel gerichtet ist.«

»Mhm.«

»Warum?«

Der Mann zuckt mit den Achseln. »Security.«

»Die können drüben keine eigenen Kameras installieren?«

»Von hier aus ist der Winkel besser.«

»Kann ich mir die Aufnahmen ansehen?«

Der Mann mustert sie, drückt dann an der Wand die Zigarette aus und steckt sich den Stummel hinters Ohr. Er macht einen Schritt zurück und winkt Nova mit einer Kopfbewegung herein.

Der Innenraum wird von vereinzelten Hängeleuchten erhellt. Einige Bereiche werden mit starken Strahlern ausgeleuchtet, der Rest bleibt im Halbdunkel. An der Wand am anderen Ende hängen tote Schweine am Haken. Eine Handvoll Menschen in Plastikschutzanzügen arbeitet an einem Fließband, einige stopfen Fleischbrocken – mitsamt Knochen und Sehnen – in das Maul einer Maschine, andere portionieren die am anderen Ende herausquellende pinke Masse und verpacken sie. Es stinkt fast noch schlimmer als bei der Leiche oben.

Der Mann führt Nova in ein enges, aber aufgeräumtes Büro. An den Wänden reihen sich Aktenschränke, und an der Wand über dem Schreibtisch hängen drei Fernseher, die Aufnahmen aus den verschiedenen Kameras zeigen. Auf dem rechten Bildschirm ist der Eingang zum Towneley Arms zu sehen. Das Bild wurde definitiv so nah herangezoomt wie möglich, und die Qualität ist zwar nicht grandios, aber auch nicht unterirdisch.

»Bitte sehr«, sagt er und deutet auf den Bildschirm.

»Ich hätte gern die Bänder der letzten vierzehn Tage.«

Der Mann sieht sie nur an, und Nova braucht eine Sekunde, ehe sie bemerkt, dass er die Hand ausgestreckt hat und mit dem Daumen über Zeige- und Mittelfinger reibt. Sie lacht.

»Na schön«, sagt er und schaltet achselzuckend den Fernseher aus. »Ich glaube, wir haben die Bänder nicht mehr. Sind wohl verloren gegangen.«

»Wenn Sie mir die Bänder aushändigen, frage ich nicht nach, wieso Sie überhaupt den Hoteleingang filmen.«

Er starrt sie ausdruckslos an.

»Und ich werde so tun, als hätte ich das da nicht gesehen.« Sie nickt zu einem Beutel mit weißem Pulver auf dem Schreibtisch hin.

»Also meinetwegen«, sagt er und wendet sich den Regalen mit beschrifteten Bändern zu, um nach den richtigen zu suchen.

Nova schaut sich um. An einer Wand hängt ein Pin-up-Kalender aus dem letzten Jahr mit dem Juni-Bild. Eine Blondine liegt oben ohne auf einer Gartenbank, umgeben von Blumen und Vögeln. Jemand hat eine Sprechblase mit den Worten *GEILE TITTEN* auf das Bild gekritzelt.

Nova rekelt sich und hält das Band an. Sie hat bisher die Aufnahmen aus den drei Tagen vor Neujahr kontrolliert und dabei absolut nichts entdeckt, was erwähnenswert gewesen wäre. Auf den Bändern sind nur Angestellte zu sehen, die zum Rauchen vor die Tür treten, außerdem hin und wieder Liebespärchen, die zu einem nachmittäglichen Stelldichein hinter dem Hotel parken und durch den Eingang huschen. Sie steht auf, um sich Tee zu machen, und setzt sich danach wieder an den Schreibtisch, die Füße auf die Ecke gestützt. In dem ausgebauten Speicher über dem Polizeirevier stehen dicht an dicht acht Schreibtische, seit eine Überschwemmung vor drei Jahren den ersten Stock unbenutzbar gemacht hat. Der Polizeipräsidentin scheint regelmäßig das Geld auszugehen, bevor sie dazu kommt, die Büros zu renovieren, darum kauern die Detectives wie die Fledermäuse an ihren Schreibtischen unter den dunklen Dachbalken.

»Kaffee?«, fragt Paul Cleary im Aufstehen. Paul wurde im September zum DI befördert, und seither findet Nova ihn unausstehlich. Sie haben zur selben Zeit bei der Polizei angefangen, aber Nova kletterte die Leiter schneller hoch als er, und sie weiß, dass er es ihr immer verübelt hat, wenn sie jeden ihr übertragenen Fall löste und darum vor ihm befördert wurde. Einmal hat sie gehört, wie er einem Kollegen zuflüsterte, dass sie nur so schnell die Karriereleiter hochklettert, weil sie eine Frau sei und sich das in der Presse gut machen würde, und hat das mit einem Lachen abgetan. Sie wurde befördert, weil sie richtig gut in ihrem Job ist oder es wenigstens war.

»Zwei Zucker«, sagt Nova, ohne von ihrem Bildschirm aufzusehen. Nach ein paar Minuten stellt Paul einen Becher vor ihr ab. Sie spürt, wie er über ihre Schulter auf ihren Bildschirm schaut.

»Kein Kreuzworträtsel heute?«, fragt er näselnd.

Nova verspannt sich. »Mein Fall wurde gerade wesentlich interessanter«, sagt sie.

»Hab ich gehört, hab ich gehört«, sagt Paul. Er beugt sich vor und raunt ihr zu: »Ganz unter uns, Mädchen, es überrascht mich, dass die DCI dich nicht abgezogen hat.«

Nova dreht sich aufbrausend um. Jeder weiß von ihrem letzten großen Fall. Paul kehrt lächelnd an seinen Schreibtisch zurück, und Nova unterdrückt den Drang, ihm ein »Fick dich!« hinterherzurufen. Sie sollte im Moment möglichst wenig Aufmerksamkeit auf sich lenken.

Inzwischen ist das Band beim Silvesterabend um kurz nach sieben angekommen. Die Gäste der Silvesterparty trudeln ein, aber es ist niemand dabei, der besonders auffällig gewesen wäre, niemand mit einer großen Tasche beispielsweise. Nova nimmt gerade einen Schluck Tee, als eine Frau über den Bildschirm eilt. Die Frau sieht sich kurz um und verschwindet durch die Hoteltür. Nova spult zurück, und die Frau marschiert ein zweites Mal über den Bildschirm. Das Band ist zu körnig, als dass man einzelne Gesichtszüge ausmachen könnte, aber Nova kennt diesen Gang, diesen Körper nur zu gut. Um das Gesicht der Frau doch noch erkennen zu können, rückt Nova so nah mit der Nase an den Bildschirm, dass ihr die statische Spannung in der Nase kitzelt, aber sie ist sich sicher.

Kaysha Jackson würde sie überall wiedererkennen.

4

KAYSHA
3. JANUAR 2000

Kaysha sitzt im Sessel und schaut Sarah beim Schlafen zu. Als sie vor wenigen Minuten ins Haus zurückkam, ging Sarahs Atem so flach, dass Kaysha kurz die Hand vor ihren Mund hielt, um sich zu vergewissern, dass sie noch lebt. Es ist das erste Mal seit Neujahr, dass Sarah tief und fest schläft, und Kaysha wird sie nicht aufwecken, nicht einmal, um ihr zu sagen, dass ihr Plan aufgegangen ist – sie hat von ihrem Auto aus beobachtet, wie die Polizei, der Gerichtsmediziner und die Kriminaltechniker noch vor Sonnenaufgang im Hotel verschwanden. Und eine Weile danach Nova Stokoe.

Sie konnte die Gruppe am Silvesterabend nur mit Mühe überzeugen, Jamies Kopf dort zu lassen, wo sie ihn gefunden hatten. Die anderen wollten ihn fast alle im Nirgendwo abladen und vergraben oder ihn verbrennen, ihn in einem See versenken oder ein Boot mieten und damit aufs Meer fahren, danach alle Spuren im Zimmer beseitigen, immer in der Hoffnung, dass der restliche Leichnam, wo er auch liegen mochte, nie gefunden würde. Sie meinten, dass Jamies Verschwinden ein, zwei Wochen lang Schlagzeilen machen würde, bevor man ihn vergaß, und dass Sadia möglicherweise kurzfristig unter Verdacht stehen würde, weil die Ehefrau grundsätzlich zuerst verdächtigt wird. Aber alle würden der Polizei erzählen, wie glücklich, wie glückselig die beiden gewesen waren, was für ein perfektes Paar, sodass sie hoffentlich nicht im Gefängnis landen würde. Kaysha fragte sich, ob Sadia ihn tatsächlich umgebracht hatte. Es erschien wenig wahrscheinlich, weil sie immer so ausgeglichen wirkte, aber wenn jemand seine Mitmenschen zum Mord treiben konnte, dann Jamie Spellman.

Kaysha hörte die Frauen tuschelnd beratschlagen, wie sie den Kopf am besten loswurden, aber das durfte sie nicht zulassen. Es war zu riskant, irgendetwas dem Zufall zu überlassen. Sie musste sich blitzschnell etwas zurechtlegen, einen Punkt an den nächsten fügen, den anderen ihren Plan erklären, während sie noch daran feilte.

Als Journalistin gehört es zu Kayshas Job, andere unbemerkt zu beobachten, kleinste Informationsbrocken zusammenzufügen und eine Geschichte daraus zu weben, und sie ist eine gute Journalistin. Wenn sie nicht arbeitet, beobachtet sie am liebsten Menschen, die sie nicht beobachten sollte. Und Jamie Spellman hat sie länger beobachtet als jeden anderen. Sie hat auch die anderen Frauen beobachtet, bevor sie eine nach der anderen angesprochen hat. Sie hat Nova beobachtet, seit sie sich getrennt haben, und daher weiß sie, dass Nova zurzeit in einer Serie von Tieropfern ermittelt, die überall in der Stadt abgehalten und jeweils von einem Siegel mit einer zusammengerollten Schlange und mehreren Runen begleitet werden. Kaysha hat auch das beobachtet und weiß, dass eine Gang von jungen Mädchen hinter den makabren Opferritualen steckt. Hätten Kaysha und Nova noch miteinander gesprochen, hätte sie Nova einen Tipp gegeben, aber sie reden nicht mehr miteinander, und so hat Kaysha amüsiert beobachtet, wie die Mädchen Nova immer wieder entwischt sind.

Die Frauen im Hotelzimmer vertrauen Kaysha mehr als einander, denn sie war diejenige, die alle zusammengetrommelt hat. Soweit Kaysha feststellen konnte, waren es die Frauen, denen Jamie am schlimmsten mitgespielt hatte. Sie hatte nach Menschen gesucht, die ihn um jeden Preis hinter Gitter bringen wollten. Sie hätte nie geglaubt, dass es zu einem Mord kommen könnte, und begriff beim Anblick von Jamies abgetrenntem Kopf sofort, dass jede im Raum dafür infrage käme. Sie wusste, dass alle Grund genug gehabt hätten.

Sie erläuterte den anderen ihren Plan, verschwieg dabei aber, dass sie und Nova früher ein Paar waren, sondern stellte es so hin, als wären sie nur Bekannte, die ab und zu unappetitliche Informationen austauschten. Falls sie erreichen konnten, dass Nova den Fall übernahm, erklärte Kaysha den anderen, würden sie nicht im Dunkeln tappen, sondern könnten genau verfolgen, wie die Ermittlungen vorankamen. Zudem würde Kaysha ihre Freundin Nova auf eine falsche Fährte locken, sie von den Frauen weglotsen können.

Nachdem die anderen, wenn auch zögerlich, Kayshas Plan zugestimmt hatten, zeichnete sie mit einem Topf klebriger blauer Farbe und einem steifen Pinsel, die sie unter einem Stapel Abdeckfolien fanden, das Siegel an die Wand hinter Jamies Kopf. Nachdem der Kult sein Siegel grundsätzlich in Rot zeichnet, würde Nova mit Sicherheit stutzig werden. Zusätzlich zeichnete Kaysha einige der Symbole spiegelverkehrt oder auf dem Kopf stehend. Sie musste erreichen, dass Nova zum Tatort gerufen wurde und dass sie den Fall übernahm, aber Nova sollte wissen, dass dies nicht das Werk der Mädchengang war, falls sie je auf deren Spur kommen sollte. Kaysha ist klar, dass ihr Plan riskant ist, und sie weiß, dass sie nicht sämtliche Eventualitäten berücksichtigen konnte, aber sie hatte keine Zeit, sich darüber den Kopf zu zerbrechen. Sie zeichnete das Siegel, sie säuberten gemeinsam den Raum, und alles andere würde sie später regeln.

Nachdem der Kopf gefunden wurde, muss sie sich nun auf zwei Dinge konzentrieren. Zuerst und vor allem anderen muss sie Nova erneut verführen. Und dann muss sie herausfinden, welche der Frauen Jamie *tatsächlich* getötet hat – damit Kaysha ihr helfen kann, alle Spuren zu beseitigen.

5

OLIVE
3. JANUAR 2000

Olive Farrugia war ein ungeplantes Kind gewesen. Ihre Mutter hatte das letzte ihrer drei Kinder fünfzehn Jahre zuvor bekommen und irgendwann erleichtert festgestellt, dass ihre Regel ausgesetzt hatte. *Wurde auch Zeit,* hatte sie gedacht und das Thema damit abgehakt. Ihren runder werdenden Bauch schrieb sie der Bäckerei um die Ecke zu, und so bekam sie einen gehörigen Schrecken, als plötzlich ihre Fruchtblase platzte, nachdem sie eine Niereninfektion vermutet und den ganzen Tag mit Schmerzen auf dem Sofa gelegen hatte. Fünfzehn Minuten später half Edie, die frisch verheiratet und selbst schwanger war, ihrer Mutter, ein winziges Baby zu entbinden.

Die ersten beiden Monate wuchs das Baby in einer Glaskiste im Krankenhaus heran. Ihr ältester Bruder Ted fand, es sehe aus wie die letzte Olive unten im Glas, die keiner mehr herausfischen wollte. Seine Mutter schlug ihn tadelnd auf den Arm, aber der Name blieb hängen.

Olive entwickelte sich zu einem dünnen und kränklichen Kind mit mausbraunen Zöpfen, die ihr bis zur Taille reichten, sowie einem chronischen Schnupfen. Sie brachte nie die Geduld auf, Freundinnen zu finden. Selbst ihre Nichte Louisa, die nur dreiundzwanzig Tage nach ihr geboren wurde, ging ihr auf die Nerven. Olive liebte ihre Mutter, dachte sich aber nicht viel dabei, wenn sie das Frühstück mit einem blauen Auge oder geschwollenem Kinn servierte. Olives Dad war ein Trinker und meist nett zu Olive, solange er nüchtern war, dem Olive aber lieber aus dem Weg ging, wenn er getrunken hatte.

Olive begriff nicht, warum ihre Mutter das nie gelernt hatte, und dachte in ihrer kindlichen Logik, dass ihre Mutter selbst schuld war, wenn sie immer wieder in Daddys Faust lief.

Eines Abends, Olive war inzwischen acht, kam ihr Dad früher als üblich aus dem Pub. Er schickte Olive ins Bett, und sie antwortete, sie würde gleich gehen, sie wolle nur noch ein Glas Milch trinken, wobei sie den Kühlschrank öffnete. *Ab ins Bett, verfluchte Scheiße!,* befahl er noch mal, und ehe Olive auch nur den Kühlschrank schließen konnte, hatte er sie schon am Kragen und am Hosenboden gepackt und die Treppe hinaufgeschleudert. Nach den ersten fünf Stufen machte die Treppe einen Knick um neunzig Grad, und ihr Vater hatte Olive so fest geworfen, dass sie mit dem Kopf gegen die Wand krachte. Olive kullerte die fünf Stufen wieder hinunter und übergab sich unter den entsetzten Schreien ihrer Mutter auf dem Küchenboden, während ihr Vater aus dem Haus stürmte. In dieser Nacht durfte Olive nicht einschlafen. Ihre Mutter rieb ihren Kopf mit Essig ein und hielt sie bis zum Morgen wach. Nachdem Olive den ersten Schock überwunden hatte, erfüllte sie ein rasender Zorn. Immer wieder dachte sie: *Wäre er nur tot, wäre er nur tot.*

Und eine Woche später war er es.

Olives Vater hatte sich zu Tode getrunken, und nur kurz darauf wurde ihre Mutter krank und folgte ihm auf den Friedhof. Olive blieb die ersten Wochen bei Edie, wo sie in Louisas Bett schlief, mit dem Kopf zu Louisas Füßen, aber Edie hatte gerade erst Zwillinge zur Welt gebracht und weder den Platz noch das Geld, ihre Schwester aufzunehmen, und so landete Olive bei ihrer Tante Sue. Sue war die jüngste Schwester ihres Vaters und zu Geld gekommen, indem sie nacheinander zwei sehr alte Männer geheiratet und nach deren Tod das Erbe eingestrichen hatte. Der zweite Ehemann starb schon zwei Wochen nach der Hochzeit, bei der Olive Brautjungfer gewesen war, und Tante Sue bezeichnete das als *Riesenglück*. Sie lebte in Tynemouth in einem der eleganten Reihenhäuser am Meer, gar nicht zu vergleichen mit der engen Behausung, in der Olive aufgewachsen war. Das Haus hatte vier Stockwerke und sieben Schlafzimmer, weshalb Sue oft vorgeschlagen wurde, die Räume doch mit Mietern oder eigenen Kindern zu füllen, aber darauf ließ sie sich nicht ein. Es gefiel ihr, Platz zu haben, und Olive gefiel es auch.

Olive vermisste ihre Mutter, trotzdem mochte sie das Leben bei ihrer Tante. Sue war freundlich, aber streng, und sie ging sonntags zum Gottesdienst, was bedeutete, dass auch Olive sonntags zum Gottesdienst ging. Bis dahin war Olive nie in der Kirche gewesen, höchstens zu Hochzeiten, Taufen und Beerdigungen. Allerdings hatte sie heimlich gebetet, wenn sie sich hilflos gefühlt hatte. Olive hatte dafür gebetet, dass ihr Vater bestraft würde, was sich erfüllt hatte, und dass ihre Mutter gesund wurde, was sich nicht erfüllt hatte, und so kam es, dass sie Gott für rachedurstig hielt. Sie stellte fest, dass es ihr in der Kirche gefiel. Ihr gefielen die festen religiösen Regeln, die Gebote und Verbote, die Vorstellung, dass die Sünder bestraft und den Reuigen vergeben wurde. Zum ersten Mal in ihrem Leben fand Olive problemlos Freunde, und schon bald stieg sie unter den Kindern ihrer Gemeinde zur Anführerin auf und veranstaltete Gebetskreise und Bibelstudiengruppen, bei denen sie mit ihrer schrillen Stimme die anderen zum Verstummen und zum Zuhören brachte. Die Kinder wussten, dass sie sich benehmen mussten, wenn Olive dabei war, denn sie hatte keine Skrupel, den Erwachsenen oder auch dem Pfarrer jeden Unfug zu melden. Sie sah es gern, wenn jemand seine verdiente Strafe bekam.

Olive liebte auch das Kirchengebäude. Sie liebte es, wenn die Sonne während der Messe durch die Buntglasfenster schien und die ganze Gemeinde blau oder rot färbte, und sie liebte die handgeschnitzte Kanzel, die Hunderte von Jahren alt war. Am meisten aber liebte sie an ihrer Kirche die grauen Steinbögen, die das Gebäude wie Rippen aufrechterhielten, denn sie erinnerten sie an den einzigen Familienurlaub, den sie je mit ihren Eltern gemacht hatte. Damals waren sie übers Wochenende nach Whitby gefahren, waren über die Hafenpromenade spaziert und hatten Fish and Chips gegessen, während über ihnen die Möwen kreisten. Sie hatte so lange gequengelt, bis sie einen Eselsritt am Strand spendiert bekommen hatte, aber schon Sekunden nach dem Losreiten losgeheult, weil das Tier so wild geschaukelt hatte. Ihr Dad hatte ihr von hinten auf die Beine geschlagen, weil sie sein Geld zum Fenster rausgeworfen hatte.

Am letzten Tag waren sie die hundert Stufen zur Abtei hochgestiegen, um von oben über die Stadt zu schauen, und hatten zugesehen, wie sich unter dem Walknochenbogen ein Paar trauen ließ. Olive hatte ein kribbelndes Verlangen gespürt, als sie den adretten Bräutigam und das im Wind flatternde Kleid der Braut gesehen hatte, und insgeheim gehofft, dass sie eines Tages auch in so romantischer Umgebung heiraten würde. Als sie Jahre später Alonso kennenlernte und unter den ähnlich geformten Bögen ihrer Kirche heiratete, erinnerte sie sich an die Trauung auf der Klippe und wusste, sie tat das Richtige.

Olive sitzt allein in der Kirche. Sie trägt immer noch ihren Ehering, dessen Zwilling tief vergraben auf dem Friedhof liegt, am Finger ihres toten Ehemanns. In der Kirche ist es kaum wärmer als draußen auf der Straße. Die Gemeinde schrumpft seit Jahren, weil sich immer mehr Menschen von Gott abwenden, und so haben auch die Spenden abgenommen. Inzwischen wird die Heizung nur noch während des Gottesdienstes aufgedreht. Olive sieht ihren Atem. Vor ein paar Wochen wurde mit einem Stein ein Fenster eingeworfen, das noch nicht gerichtet ist, und jetzt werden Schneeflocken durch das Loch hereingetrieben. Zu allem Unglück war es ihr Lieblingsfenster – Johannes der Täufer.

Seit drei Tagen sitzt Olive inzwischen in der Kirche, außer während der Stunden, in denen sie sich nach Hause schleppt, wo sie dann schlaflos im Bett liegt. Sie sitzt auf ihrem Stammplatz – in der vordersten Reihe, als könnte sie Gott näher sein, wenn sie nur der Kanzel näher ist. Hier hat sie Jamie zum ersten Mal gesehen, und ihr Blick wandert die Bank entlang. Sie kann ihn beinahe wieder dort sitzen sehen, wie vor vielen Jahren, in seinem zu großen Anzug und mit einem Anflug von Rosazea, der sich auf seine blassen Wangen stahl wie Erdbeersirup durch frische Sahne.

»Immer noch hier, Olive?« Vater Paul setzt sich neben sie. Sie hatte gar nicht gemerkt, dass er noch da ist, hat aber nicht mehr die Kraft, sich zu erschrecken. Er legt eine Hand auf ihre Schulter. »Gibt es etwas, worüber Sie sprechen möchten? Ich weiß, dass es um diese Zeit immer besonders schwer ist.«

Sie macht ein zerfurchtes Gesicht und legt die Hände davor. Er massiert ihren Rücken. Er glaubt, sie würde um ihre Familie trauern, wie immer um diese Jahreszeit, aber ihre Gedanken kommen nicht von Jamie los. Wieder peinigen sie Schuldgefühle, blitzt Kims anklagender Blick vor ihr auf, hört sie das Seil auf dem Speicher knarren, und mit den Schuldgefühlen kommt wie immer glühende Scham.

»Ich bringe Sie nach Hause«, sagt Vater Paul. Seine Stimme ist tief und ruhig. Sie besänftigt sie jedes Mal. Sie sieht auf, nickt und lässt ihre Augen eine Sekunde über sein lang gezogenes Gesicht wandern. Er ist seit fast zwanzig Jahren hier Pfarrer – länger, als sie in der Gemeinde ist –, und er ist der Mensch, der ihr nach all ihren Verlusten am ehesten ein Freund ist. Er kannte Jamie und er kannte seinen Großvater –

der ebenfalls Pfarrer war. Jamie gehört schon lang nicht mehr der Gemeinde an, aber sie weiß, dass auch Vater Paul um ihn trauern wird, wenn die Nachricht erst in der Welt ist.

Während sie nebeneinander durch die leeren Straßen wandern, überlegt sie, ob sie die Beichte ablegen soll. Sie überlegt, ob sie ihm die Wahrheit über Kim erzählen soll. Sie überlegt, ob sie ihm von dem Kopf und den Frauen und dem Hotelzimmer erzählen soll. Sie möchte ihm gern erklären, dass sie nicht dazugehört hat, jedenfalls nicht richtig – dass sie die anderen nur im Auge behalten wollte. Sie möchte sich so gern jemandem öffnen. Als sie bei ihr zu Hause ankommen, tätschelt er ihr zum Abschied noch einmal den Arm, und sie schließt ihre Haustür, verriegelt sie, ohne einen Ton gesagt zu haben, wieder allein.

6

NOVA
3. JANUAR 2000

Nova war zweiundzwanzig, als sie zum ersten Mal nach der Scheidung ihrer Eltern Weihnachten feierten, und sie und ihr Bruder hatten ihre Mom gleich morgens in ihrem neuen Heim besucht. Die kleine Wohnung war zwar heruntergekommen und modrig, aber mit glitzernden Flatterbändern und Kunststoffgirlanden im Stechpalmenmuster geschmückt. In einer Ecke des Wohnzimmers hatte ein dürrer, aber echter Weihnachtsbaum über einem Stapel bunt verpackter Geschenke Wache gehalten. Es hatte nach Lebkuchen gerochen, und alles war zwar fremd, aber gleichzeitig auch vertraut gewesen. Nach dem Austausch von Geschenken, einem frühen Mittagessen mit einem Hackbraten und ein paar leicht schwermütigen Gesängen unter der musikalischen Begleitung von *Weihnachten mit den Schlümpfen* – einer Kassette, die Novas Bruder ihr als Gag geschenkt hatte – waren sie schließlich weitergewandert zu einem abendlichen Weihnachtsmahl bei ihrem Dad, während ihre Mutter allein zurückgeblieben war und ihnen mit tränenverhangenen Augen versichert hatte, dass alles in bester Ordnung sei.

Ihr Vater hatte das Geld für den besseren Anwalt gehabt und darum das Haus behalten, genau wie das Geschirr, sämtliche Möbel und in einem spektakulär kleinlichen Absatz der Scheidungsvereinbarung auch die Kartons mit den Christbaumkugeln und dem Weihnachtsschmuck, die seine Frau über viele Jahre hinweg gesammelt hatte. Sie hatten für niemanden einen Wert außer für Novas Mutter; sie waren ihre persönliche Erinnerung daran, wo sie als Familie gewesen waren und was sie alles unternommen hatten. In der brütenden Sommerhitze in Benidorm genau wie auf Kos, überall hatte sie einen schlampig lackierten Weihnachtsmann mit dem Namen der Hotelanlage aufgetrieben. Manchmal in voller roter Montur, manchmal nur in pelzbesetzter Badehose, aber sie hatte ihn jedes Mal gefunden. Novas Dad hatte argumentiert, der Schmuck müsse im Haus bleiben, weil er ihn beim ersten Nach-Scheidungs-Weihnachtsfest aufhängen und das Haus schmücken wollte, damit es *für die Kinder* aussah wie immer, obwohl beide schon erwachsen waren. Er hatte Nova versprochen, dass er ein Weihnachtsmahl vorbereiten würde, was seinen Worten zufolge ohnehin immer seine Aufgabe gewesen war, und dass er das Haus für ihre Ankunft um Punkt ein Uhr herrichten würde, doch als sie ankamen, war es im Wohnzimmer dunkel und trostlos, und der unverarbeitete Truthahn lag noch mit sämtlichen Innereien auf der Küchentheke. Ihr Vater hatte etwas von Überstunden an Heiligabend gegrummelt, und dass er keine Zeit gehabt hätte, sich mit Tannenbäumen und Truthähnen rumzuschlagen. Er hatte ihnen auch keine Geschenke besorgt, sondern jeweils einen verknitterten Zwanziger in eine Weihnachtskarte gesteckt, die mit einem knappen *Alles Liebe Dad* beschriftet war.

Im Lauf der Zeit war er weicher geworden. Von Jahr zu Jahr hatte er sich mehr Mühe gegeben, hatte den Truthahn zubereitet, den Christmas-Pudding flambiert und den verstaubten alten Kunststoffbaum aufgestellt. Widerwillig hatte er zugelassen, dass Nova den Weihnachtsschmuck zu ihrer Mutter brachte, und ein paar neue Christbaumkugeln gekauft. Seit diesem ersten traurigen Jahr hatte er ihnen immer ein Geschenk besorgt, meist etwas lähmend Praktisches aus den Sonderangebotskörben in seinem Discounter, oft etwas fürs Auto oder ein Küchengerät, das Nova genau einmal verwendete, bevor es oben auf dem Küchenschrank verstaubte. Dieses Jahr war es nicht anders gewesen; er hatte Nova eine metallbeschichtete Frostschutzmatte für die Windschutzscheibe und eine anständige Flasche Whisky überreicht, begleitet von dem Kommentar: »Soll scheißkalt werden über Neujahr, Kleines.« Nova verdrehte die Augen, bemerkte aber vor der Heimfahrt am Abend Eisblumen auf ihrem Auto und spannte zu Hause tatsächlich die Matte über die Scheibe.

Die Schutzmatte war wirklich praktisch, aber vier Tage später vergaß sie, die Ecken in den vorderen Seitenscheiben festzuklemmen, und am nächsten Morgen war die Matte weg. Während der letzten Tage hat sie sich stattdessen mit alten Zeitungen beholfen, eine der vielen Ausgaben des *Chronicle* vom Rücksitz ihres Wagens, die sie nach der Heimfahrt über die Windschutzscheibe breitet, um sie am nächsten Morgen frostüberzogen wieder abzulösen.

An dem Tag, an dem der Kopf entdeckt wird, ist es nicht anders. Sie setzt rückwärts in die schmale Gasse hinter ihrer Wohnung und manövriert den Wagen auf den Fleck, der nach dem unausgesprochenen Gesetz der Straße ihr persönlicher Stellplatz ist, steigt dann aus und deckt die Scheibe mit Monate alten Nachrichten ab, bevor sie erschöpft ins Bett fällt. Auch wenn der Morgen interessanter war als üblich, hat sie den Rest des Tages damit zugebracht, stundenlang Vermisstendateien zu durchforsten sowie Überwachungsbänder anzuschauen, wobei eine frühere Freundin auf dem Weg ins Hotel das einzig nennenswerte Ergebnis war. Könnte Zufall sein, aber das glaubt sie nicht. Kaysha ist immer als Erste zur Stelle, wenn es irgendwo Ärger gibt.

Nova ist hundemüde, aber sie braucht ewig, um einzuschlafen, und wacht am nächsten Morgen vierzig Minuten zu spät auf, weshalb sie mit der Zahnbürste im Mund die Treppe hinunterstürmt. Draußen kommt sie auf dem Eis ins Rutschen und kann sich gerade noch auf den Beinen halten. Erst als sie im Auto sitzt und den Motor angelassen hat, merkt sie, dass sie vergessen hat, die Zeitungsseiten abzulösen. Sie schnaubt über ihre Blödheit und blickt auf die Artikel hinter der Scheibe, während sie mit einer Hand die Tür öffnet. Neben einem Artikel über irgendeine Preisverleihung sticht, halb hinter einer anderen Seite verborgen, ein Gesicht heraus. Es ist seins.

7

ANA
4. JANUAR 2000

Wie immer ist Ana nach dem Reinigungstrupp die Erste im Gebäude. Die Stille wird nur vom Geklapper ihrer Absätze auf dem Linoleum durchbrochen, und dann von dem Zischen des eingeschalteten Durchlauferhitzers und dem Brodeln des Wasserkochers im Pausenraum. Dies ist ihre liebste Tageszeit. Sie liebt die Stille am frühen Morgen, darum steht sie jeden Tag vor Sonnenaufgang auf und überlässt es Tom, sich mit dem morgendlichen Chaos, den umgekippten Cornflakes-Schalen und unauffindbaren Turnschuhen herumzuschlagen, wofür sie im Gegenzug das abendliche Zubettbringen übernimmt.

Sie lehnt sich mit ihrem Kaffee auf der Bank zurück und genießt die Stille. Es ist der erste Arbeitstag nach den Weihnachtsfeiertagen, und noch hängen die festgepinnten Girlanden an den Wänden, die ansonsten nur mit verblichenen Gesundheits- und Sicherheitstipps, einem uralten Werbeposter für die *Slimming World* und hier und da mit einem uralten Spritzer Suppe dekoriert sind. Ana war im Jahr vor ihrer Heirat ein paarmal bei *Slimming World*, auch wenn es ihr nicht ums Abnehmen ging. Sie hoffte, dass sie in den Kirchen und Gemeindezentren, in denen die Abende stattfanden, auf Frauen treffen würde, die wussten, wie es sich anfühlt, wenn dir der eigene Körper nicht passt, Frauen, unter denen sie vielleicht Freundinnen finden würde. Anfangs fand sie die Teilnehmerinnen durchaus aufgeschlossen, wenn auch ein bisschen aufdringlich, doch nachdem sie mehrmals ohne ausgefülltes Ernährungstagebuch erschienen war oder schon wieder vergessen hatte, welche Tage welche Farbe hatten, wandte sich die Clique schnell wieder von ihr ab.

Auf einem der über den Pausenraum verteilten Tische steht der Karton mit den Wichtelgeschenken, in dem immer noch ein paar nicht abgeholte Gaben liegen. Vor beinahe zwei Wochen wurden als Höhepunkt der Weihnachtsfeier die Geschenke verteilt. Nacheinander mussten alle Beschenkten ihr Paket vor der versammelten Belegschaft öffnen. Größtenteils wurde die Anonymität schamlos ausgenutzt, was bedeutete, dass die meisten Geschenke unglaublich geschmacklos waren – doch die Weihnachtsfeier war der einzige Anlass im Jahr, bei dem jede Etikette vergessen und alles erlaubt war. Als Ana an die Reihe kam, wurde ihr ein hüfthohes, in Silberpapier eingeschlagenes und komplett mit Klebeband umwickeltes Geschenk überreicht. Es war überraschend leicht, und sie öffnete es lächelnd vor den Augen ihrer Kollegen. Sie brauchte Ewigkeiten, bis sie die Verpackung abgelöst hatte und in ihrer Hand eine männliche Aufblaspuppe hielt – wie sie betrunkene Frauengruppen beim Junggesellinnenabschied von Bar zu Bar schleppen –, auf deren Kopf ein körniges Foto von Anas Gesicht und eine billige schwarze Perücke geklebt war. Jamie stand am anderen Ende des Raumes, und sie fing seinen Blick auf. Er schmunzelte, und Ana schaffte es zu lächeln und zu nicken, bis das nächste Geschenk geöffnet wurde.

Bis vor Kurzem hatten die wenigsten gemutmaßt, dass sie trans war, das wusste sie genau. Sie war bei Parson's nie besonders beliebt gewesen, dafür mischte sie sich zu wenig unter die Kollegen, aber in letzter Zeit behandelten die Ana definitiv anders als früher. Fünf Minuten später weinte sie sich auf der Toilette aus und zog, ehe sie aus dem Gebäude floh, Lina vom HR beiseite. Lina verdrehte nur die Augen und erklärte Ana: »Das war doch nur ein Witz. Was erwartest du denn?«

Ana hört irgendwo im Gebäude eine Tür auf- und wieder

zugehen, und Merv von der Putzkolonne kommt in den Frühstücksraum geschlurft, wie immer mit einer Zeitung unter dem Arm.

»Guten Morgen.« Ana kippt die Reste ihres Kaffees ins Spülbecken und wäscht ihren Becher aus. »Hatten Sie schöne Weihnachten?«

»Aye, war in Ordnung. Ham Sie das gelesen, das über diese Type mit ohne Kopf?«

Ana lässt ihre Tasse fallen, die prompt auf den Fliesen zerspringt. Merv hat ihr die aufgeschlagene Zeitung hingestreckt, damit sie die Frontseite sieht, und drückt sie ihr jetzt in die Hand. Er verschwindet aus dem Raum, und sie hört ihn in dem Putzraum im Gang herumklappern. Auf der Titelseite steht:

> *Kopf ohne Körper sucht Hotel heim*
>
> *Am Montag in den frühen Morgenstunden wurde in einem hiesigen Hotel von einem Angestellten ein frisch enthaupteter Kopf entdeckt. Von dem restlichen Körper fehlt bislang jede Spur. Der Mann wurde noch nicht identifiziert, aber die Polizei glaubt, dass der Fall etwas mit den Aktivitäten eines Kults zu tun haben könnte, der in der Gegend sein Unwesen treibt …*

Darüber ist Gott sei Dank kein Foto von Jamie, sondern eines vom Hotel abgedruckt. Ihr war klar, dass dieser Artikel irgendwann erscheinen musste, ihr war klar, was drinstehen würde, aber er erschüttert sie trotzdem. Dass die Welt von Jamies Tod in Kenntnis gesetzt wurde, bedeutet, dass er real ist, dass er kein Geheimnis mehr ist, das nur sieben Frauen teilen.

Ana legt die Zeitung auf die Bank und bückt sich, um die Scherben ihres Bechers aufzuheben.

»Wech da, ich mach das schon«, sagt Merv, der mit Schaufel und Besen hinter ihr steht. Er tippt mit dem Besengriff auf ihren Arm, damit sie ihm Platz macht.

»Danke. Bitte entschuldigen Sie noch mal.« Sie steht auf und geht aus dem Raum.

Ihr Labor ist im obersten Stock und kleiner als die meisten anderen, dafür kann sie von dort aus über die Stadt blicken, und so schaut sie in ihren Mittagspausen meist den hin und her wogenden Menschenmassen auf der Straße zu, manchmal in Gesellschaft Jamies, der neben ihr einen Becher Instantnudeln aß. Sein Labor befindet sich nebenan, es ist größer und mit lauter neuen Instrumenten ausgestattet. Er wurde kürzlich mit einem hoch dotierten Preis ausgezeichnet und hat dem Unternehmen damit viel internationale Aufmerksamkeit verschafft. Zur Belohnung hat die Geschäftsleitung sein Labor brandneu eingerichtet. Alle sind neidisch, aber niemand spürt so brennenden Neid wie Ana. Jamie hätte sich nächste Woche mit einem großen deutschen Unternehmen treffen sollen, um über eine internationale Ausweitung seiner Forschungen zu diskutieren.

Am Vormittag platzt ihr Chef Phil in Anas Labor und will wissen, wo Jamie steckt. Er steht so dicht vor ihr, dass sie den Schweiß auf seiner Stirn glänzen sieht, und läuft immer röter an, je länger die Unterhaltung dauert, ohne dass er die gewünschte Auskunft bekommt.

»Sie müssen doch eine Ahnung haben, wo er steckt«, sagt er. »Ich habe in einer halben Stunde eine Telefonkonferenz mit den Deutschen, an der Jamie teilnehmen soll.«

Ana zuckt mit den Achseln. »Vielleicht hat er sich einfach verspätet? Es ist noch früh, er ist auch schon mal später gekommen.«

»Seine Frau hat gerade angerufen und nach ihm gefragt –

er hat ihr erzählt, er müsste über Neujahr auf Geschäftsreise gehen, aber er hat keinen Hotelnamen und keine Telefonnummer hinterlassen.«

»Ich habe ihr schon erklärt, dass er nie auf Geschäftsreise geht«, erklärt nun Lina vom HR, die schmunzelnd hinter Phil steht. »Wozu auch? Er arbeitet in einem Labor, was sollte er woanders machen? ›Sie sprechen von einem anderen Jamie‹, hat sie zu mir gesagt. ›Er ist oft auf Geschäftsreise.‹ Ich habe ihr erklärt, dass es bei uns nur einen Jamie gibt und dass der noch nie auf Geschäftsreise war. Ich sehe ihn jeden Tag. Offenbar hat er der armen Kuh was vorgespielt.«

Ana holt hörbar Luft. Sie weiß, wie sehr Sadia das verletzt haben muss. Sadia weiß zwar schon eine Weile von Jamies Affären, aber Ana glaubt nicht, dass sie ahnt, wie viele es waren.

»Sie müssen doch wissen, wo er sich rumtreibt, Sie stecken doch ständig unter einer Decke«, sagt Phil.

Ana verschränkt die Arme. Sie stecken schon länger nicht mehr unter einer Decke, aber sie hat nicht die Absicht, das irgendwem ins Gedächtnis zu rufen. »Wieso soll ausgerechnet ich wissen, wo er ist, wenn nicht mal seine Frau Sadia es weiß?«

»Sie müssen etwas wissen«, wiederholt er. »Irgendwas. Wen vögelt er diese Woche? Er hat doch immer eine Braut an der Hand, oder?«

»Keine, von der ich weiß. Falls ich etwas von ihm höre, gebe ich Ihnen Bescheid.«

Phil schnaubt, streicht über seinen dicken Schnauzbart und marschiert, mit einem dunklen Schweißfleck hinten auf dem Hemd und Lina im Schlepptau, aus dem Raum.

Es gibt eine Verbindungstür zwischen Anas Labor und dem von Jamie. Manchmal hielten sie während der Arbeit die Tür mit einem Klemmkeil offen und ließen die uralte Kassette laufen, die Ana sonst hinter ihrer Schutzkleidung im Schrank versteckte. Dann sangen sie Texte von Freddie Mercury durch die offene Tür mit. Ana lehnt mit verschränkten Armen in der Tür und lässt den Blick über seine sündhaft teure Ausstattung wandern. All das hätte eigentlich ihr zugestanden.

8

SADIA
4. JANUAR 2000

Kurz nachdem Sadia Spellman in Jamies Firma angerufen und sich nach ihm erkundigt hat, läutet Nova Stokoe an ihrer Haustür und bittet sie mitzukommen, um einen Leichnam zu identifizieren. Sadia ruft Tom an, Anas Mann, der Ameera abholen kommt, und fährt dann mit der Polizistin in die Gerichtsmedizin.

Nach einer Sekunde wendet Sadia sich ab und nickt. Sie hört den Reißverschluss. Der Anblick des schlaffen, grauen Gesichts ihres Ehemanns, das sie aus einem flachen Leichensack heraus ansieht, trifft sie härter als im Hotelzimmer. Da hatte ihr der Schock darüber hinweggeholfen. Diesmal spürt sie keinen Schock, nur Trauer. Sie weiß, dass sie ihn nie wiedersehen wird.

Später wird sie von der Polizistin befragt, die ihr erklärt, dass ihr das leidtue, aber so was muss sie schließlich sagen. Natürlich könnte es ein Ritualmord sein, aber eigentlich wirkt er vor allem *leidenschaftlich,* und wer wäre leidenschaftlicher als eine Ehefrau? *Genau,* denkt Sadie, *wer könnte leidenschaftlicher sein als eine Ehefrau, die alles aufgegeben hat, was ihr jemals etwas bedeutet hatte, um dafür mit einem Mann zusammen zu sein, der sie hemmungslos betrügt? Eine Ehefrau, die darauf vertraut hat, dass ihr Ehemann ein guter Mensch ist, und die von Fremden erfahren muss, dass er das nicht war. Ganz und gar nicht.*

Sadia trägt der Polizistin eine andere Version ihrer Beziehung vor. *Zehn Jahre lang glücklich verheiratet.* Keine Lüge. *Er ist – war – ein guter Vater. Natürlich haben wir manchmal gestritten, aber wer tut das nicht? Er war oft beruflich unterwegs. Das hat mich schon geärgert. Aber deshalb hätte ich ihn doch nicht verlassen. Ich habe ihn geliebt.*

Bis Ana ihre Tochter Ameera vorbeibringt, ist es fast fünf. Während Sadia befragt wurde, hat die Polizei ihr Haus durchsucht, aber offenbar nichts gefunden, was darauf hindeutet, dass Jamie zu Hause ermordet wurde, denn sie durfte wieder in ihre Wohnung. Als Ana ein paar Stunden später vorbeikommt, ist Sadia noch in Arbeitskleidung, und sie entschuldigt sich, weil Ameeras T-Shirt mit Mehl überzogen ist – sie hat nachmittags mit Anas Mann und Kindern gebacken. Ameera präsentiert Sadia ein leicht verbranntes, in ein Küchenpapier gewickeltes Shortbread, und Sadia erklärt ihrer Tochter unter einem erzwungenen Lächeln, dass sie es später essen wird. Ana hat auch Lasagne dabei, die sie im Ofen aufwärmt, während sie Sadia Tee macht und Ameera ins Bett bringt. Ana schließt die Arme um Sadia, als wollte sie verhindern, dass sie auseinanderfällt, und leistet ihr später beim Essen Gesellschaft. Ehe Ana heimgeht, lässt sie noch ein Bad ein.

»Ich hab Lavendel reingegeben«, sagt Ana und drückt Sadia noch mal an ihre Brust. »Pass auf, dass du dich nicht ertränkst.«

Sadia lacht zu laut und sinkt, kaum dass Ana gegangen ist, zu Boden. Als sie schließlich in die Badewanne steigt, ist das Wasser nur noch lauwarm, darum lässt sie die Hälfte ab und füllt neues nach. Während das Wasser einläuft, lehnt sie sich zurück und hält eine Zehe unter den Hahn, wo das Wasser so heiß über ihre Haut fließt, dass es sich schon wieder kalt anfühlt, bis die Haut zu brennen anfängt. Trotzdem zieht sie die Zehe nicht zurück, sondern schaut zu, wie das Wasser über ihren Fuß fließt. Ewigkeiten liegt sie in der Wanne, lässt das

Wasser kalt werden, um dann einen Teil abzulassen und die Wanne wieder aufzufüllen, bis kein heißes Wasser mehr nachkommt. Als die Wanne so kalt wird, dass sie es kaum noch aushält, lässt sie das Wasser ein letztes Mal ablaufen und hat dabei das Gefühl, dass gleichzeitig auch etwas von ihr im Abfluss verschwindet. Lavendel klebt an ihrer Haut.

Später holt Sadia ihre schlafende Tochter und legt sie zu sich in das Bett, das sie mit Jamie geteilt hat. Ameera wacht nicht auf, als Sadia sich an ihre Tochter kuschelt. Sie riecht Jamies Aftershave auf dem Kissen. Er sprühte immer etwas davon aufs Bett, wenn er länger wegmusste. Damit sie ihn nicht vergessen würde, sagte er jedes Mal. Wolken ziehen vorbei, und der Mond scheint durchs Fenster. Auf einmal erkennt Sadia Jamie in ihrer Tochter, ihr will nicht in den Kopf, wie ihr das bisher entgehen konnte. Sie hat seine Augenbrauen und sein Kinn, sie hat wie er die Marotte, die Lippen zusammenzukneifen, wenn sie zornig ist, und an ihrem Ohr zu zupfen, wenn sie traurig wird. Natürlich hat sie das.

Erst am folgenden Nachmittag fragt Ameera, wann ihr Papa nach Hause kommt. Er hat einen großen Teil ihres kleinen Lebens fern von zu Hause verbracht, sie ist es gewohnt, dass er weg ist. Sadia holt die Axt aus der Garage, hackt etwas Holz und bereitet im Garten ein Feuer vor. Sie wartet, bis die Welt dunkel geworden ist und der Himmel vor Sternen prickelt, dann wickelt sie Ameera in eine Decke und geht mit ihr nach draußen. Sie sitzen zusammengekuschelt auf der Hollywoodschaukel vor dem Feuer und schaukeln eine Weile, ehe Sadia sich zurücklehnt und nach oben zeigt.

»Siehst du den Stern da oben?«

»Ja«, sagt Ameera und deutet ebenfalls nach oben. »Den da?«

»Genau. Das ist Daddys Stern.«

»Wieso ist das Daddys Stern?«

»Daddy ist jetzt ein Stern. Er wohnt jetzt im Himmel.«

»Können wir ihn da besuchen?«

»Wir können ihn nur so sehen wie jetzt.«

In Ameeras dunklen Augen spiegelt sich der zunehmende Mond. Sie blickt lange schweigend nach oben. »Wieso ist Daddy jetzt ein Stern?«

»Allah braucht ihn.«

»Wozu?«

Sadia denkt nach. Noch vor wenigen Monaten hätte sie nicht daran gezweifelt, dass ihr Mann nach seinem Tod an einen *guten Ort* gehen würde. Wohin hätte sie nicht sagen können, diese Gewissheit hat sie schon lang verloren. Vielleicht gibt es diesen Ort gar nicht, aber falls er irgendwo existiert, würde Jamie dorthin gehen, davon war sie früher überzeugt.

»Allah hat ihn für eine besondere Aufgabe ausgesucht, weil er ein so guter Mensch war.«

»Und wir können ihn jetzt nicht mehr sehen?«

»Nur so«, sagt Sadia und zeigt wieder nach oben.

»Nur so«, wiederholt Ameera und drückt ihr Gesicht in Sadias Schulter. Minuten später ist sie eingeschlafen.

9

MAUREEN
4. JANUAR 2000

Maureen hat die Jalousien schräg gestellt, damit sie von ihrem Sessel aus die Straße im Blick hat, und trotzdem legt sie alle zehn Minuten den Stickring mit den vielen Garnen beiseite, steht auf und sieht aus dem Fenster. Ab und zu geht sie nach oben, wo sie die ganze Straße überblicken kann. Maureen und ihr Mann leben in einer langen Zeile von Reihenhäusern, die einst für Minenarbeiter errichtet und dann über Generationen hinweg weitergegeben wurden. Die Minen sind längst aufgegeben worden, aber die jahrhundertealten Häuser stehen immer noch. Maureen hat sich nie Gedanken gemacht, dass sie in der Mitte der Hausreihe wohnen, aber jetzt, wo Ärger ins Haus steht, sorgt sie sich, dass die Nachbarn etwas mitbekommen könnten. Selbst wenn sie John aus dem Haus schaffen kann, bevor sie anrücken, wird ihn garantiert irgendjemand aus der Nachbarschaft darauf ansprechen. Mrs Lothian von gegenüber klebt ständig mit der Nase am Fenster. Maureen ist klar, dass sie ihrem Mann alles erzählen sollte, bevor er es von anderen erfährt, aber das schafft sie einfach nicht.

»Herrgott noch mal, setz dich endlich hin, Maureen«, raunzt John sie schließlich an. »Was ist nur mit dir los?«

»He!«

»Ich weiß, ich soll den Namen des Herrn nicht unnütz in den Mund nehmen, aber du machst mich ganz kirre mit deinem ständigen Rumrennen und Rausschauen.«

»Ich bin einfach nur unruhig.«

»Und wonach hältst du Ausschau?« John verdreht den Hals, um ebenfalls aus dem Fenster zu sehen.

»Nichts Besonderem. Warum gehst du nicht eine Runde Golf spielen, wenn ich dir so auf die Nerven gehe?«

»Weil es wie aus Kübeln regnet und weil es eiskalt und schon fast dunkel ist. Was soll ich da auf dem Golfplatz?«

»Ach, dann einfach in den Pub, John? Du gehst nämlich mir auf die Nerven.«

John erhebt sich brummelnd aus seinem Sessel. »Fred!«, ruft er, woraufhin ein ergrauender Labrador aus der Küche getapst kommt und sich in der Tür streckt. »Auf mit dir! Wir verziehen uns in den Pub.«

»Um halb sieben gibt's Essen, Schatz«, sagt Maureen, während sie John in den Mantel hilft und ihm die Tür aufhält. Nach sechs werden sie bestimmt nicht mehr kommen.

»Du bist ein Schatz.«

»Ich weiß. Hab dich lieb.«

»Ich dich auch, du Irre«, sagt er. Er schiebt den Hund mit dem Innenrist des Fußes ins Freie, weil Fred Regen hasst. Maureen beugt sich aus der Tür und sieht beide davongehen, Fred dicht neben John, der seinen Schirm eher über den trottenden Hund als über sich hält. Sie lächelt, dann schaut sie kurz nach links und rechts und zieht sich ins warme Wohnzimmer zurück.

Sobald sie sich hingesetzt hat, steht sie wieder auf. Sie fragt sich, ob sie nicht lieber die Polizei anrufen und ihrem Elend ein Ende machen sollte. Sie greift nach dem Telefon und legt es wieder hin. Nein, natürlich nicht. Was sollte sie auch sagen? *Hallo, ich glaube, Sie haben den Kopf meines Neffen gefunden. Woher ich das weiß? Also. Das ist eine verzwickte Geschichte.* Nein. Sie wird einfach abwarten. Früher oder später werden sie auftauchen, sie werden ihr die traurige Nachricht überbringen, sie fragen, ob sie irgendetwas weiß, und sie wird sich überrascht geben. Schockiert, aber nicht allzu schockiert. Schließlich hat sie ihn seit Jahren nicht mehr gesehen, und sie standen sich nie besonders nahe. Sie fürchtet, dass sie den Namen oder die Adresse wiedererkennen könnten, wenn sie ihren Wohnsitz nachschlagen, und sich daraufhin erinnern, dass sie mit John Jones verheiratet ist – einem Ex-Kollegen –, und dass sie dann mit ihm Kontakt aufnehmen könnten statt mit ihr, aber das passiert bestimmt nicht. Das würde unprofessionell wirken, vor allem, wenn es um einen Todesfall geht. Das würden die Cops nicht tun.

John wird erst in ein paar Stunden zurückkommen, aber sie fängt schon an zu kochen, um sich irgendwie zu beschäftigen. Sie hätte gedacht, die ersten paar Tage, bis ihn jemand finden würde, wären die schlimmsten, aber das hier ist schlimmer. Maureens Finger sehen grässlich aus. Sie hat die Stunden, die sie eigentlich fürs Nähen vorgesehen hatte, damit verbracht, die Haut um ihre Nägel abzuzupfen. Angefangen hatte sie mit der toten Haut, doch als das erledigt war, hatte sie mit den Schichten darunter weitergemacht und an den winzigen wunden Stellen herumgefummelt, sie stellenweise mit der Nadelspitze gelöst, bis jeder Nagel von einem dunkelrosa Schlachtfeld umgeben war.

Auf der Titelseite der Zeitung von heute prangt ein Artikel über Jamies Kopf, allerdings ohne seinen Namen zu nennen. Sie nimmt an, dass sie auftauchen werden, sobald sie ihn identifiziert haben, immerhin ist sie seine einzige lebende Verwandte, abgesehen von seiner Tochter. Soweit sie weiß, haben sie noch nicht herausgefunden, wer er ist, trotzdem findet sie keine Ruhe, als könnte jede Sekunde die Polizei vor der Tür stehen. Vielleicht kommen sie überhaupt nicht.

Wenigstens braucht sie sich wegen der Kerzen keine Sorgen mehr zu machen. Seit sie bei ihrem ersten Treffen im Dunkeln gesessen hatten, weil das Licht nicht funktionierte, hatten die Frauen immer dieselben Kerzen angezündet. Maureen hatte es übernommen, sie jede Woche mitzubringen, eine kleine

Aufgabe, die ihr das Gefühl gab, wichtig zu sein, überhaupt etwas beizutragen. Als sie an Silvester heimgegangen war, hatte sie sich vorgestellt, wie die Fingerabdrücke sämtlicher Frauen sich ins Wachs eingeprägt hatten und wie die Polizei die Kerzen finden, die Fingerabdrücke zu den einzelnen Frauen verfolgen und sie alle nacheinander ins Gefängnis werfen würde. Als sie aus dem Hotel zurückkam, schnarchte John schon tief und fest, nach einer Ladung Pints im Prince höchstwahrscheinlich, und so stellte sie die Kerzen in einer Reihe im Kamin auf und zündete sie an. Von ihrem Sessel aus sah sie zu, wie sie abbrannten. Als die Sonne ins Wohnzimmer schien, war es auch um die letzte geschehen. Sie sammelte die letzten Wachsreste ein und schob sie unter die Karottenstrünke und Hundefutterdosen in ihrem Küchenabfalleimer. Sie spürte einen Anflug von Erleichterung, als sie durchs Küchenfenster beobachtete, wie die Müllmänner kamen und den Müll in ihren Wagen kippten – aber im Lauf des Tages verflog diese Erleichterung wieder, und nachmittags erfüllte sie wieder dasselbe Grauen, das sie ein paar Abende zuvor im Hotel gespürt hatte.

Die Kartoffeln liegen beim Schälen und Schneiden kühl in ihrer Hand. John besteht darauf, sie im Kühlschrank zu lagern. Eine seiner kleinen Eigenheiten. Sie brauchte lange, um sich nach ihrer Hochzeit an das Zusammenleben zu gewöhnen. Sie hatte davor so lange allein gelebt. Inzwischen sind sie vierzehn Jahre verheiratet. Es war eine kleine Feier gewesen; sie hatte ein paar Schwestern aus dem Krankenhaus und eine der Frauen vom Empfang eingeladen. John war schon einmal verheiratet gewesen und hatte aus seiner ersten Ehe einen Sohn und eine Tochter, die beide gekommen waren. Maureen hatte ein elegantes elfenbeinfarbenes Kostüm getragen und ein blaues Taschentuch von Alice in ihre Tasche gesteckt. Sie hatte weder den Farmer noch seine Familie eingeladen, aus

Angst, jemand könnte Jamie erwähnen oder vielleicht fragen, warum er nicht dabei war. John wusste nichts von Jamie und sollte auch nie von ihm erfahren, denn diesen Teil ihres Lebens wollte sie ein für alle Mal hinter sich lassen. Ihm das zu verschweigen, erschien ihr jetzt, da er alles erfahren würde, ausgesprochen dumm, aber inzwischen war es zu spät, das Thema anzusprechen; sie würde weiter lügen müssen. Sie schämte sich, dass sie ihren Neffen so kühl behandelt hatte, auch wenn sie meist überzeugt war, dass das durch sein Verhalten gerechtfertigt gewesen war. Jedenfalls sollte John diese Facette von Maureen nicht kennenlernen, sie war inzwischen eine andere.

Das letzte Mal sah sie Jamie lebend an seinem zweiundzwanzigsten Geburtstag, an dem einzigen Ort, an dem sie ihn je getroffen hatte, nachdem er weggegangen war. An jenem Tag war sie mit einem Strauß Nelken aus dem Supermarkt in der einen Hand und der Leine ihres Pudels in der anderen Hand in Richtung Friedhof gegangen. Sie hatte drei verschiedene Busse nehmen und dann noch anderthalb Meilen zu Fuß gehen müssen, um vom Dorf zu der kleinen Kapelle auf den Feldern zu kommen, wo Alice begraben lag. Sie hätte sich ein Taxi leisten können, sie hatte inzwischen einen richtigen Job, aber sie nahm sich gern Zeit für diese Reise.

Sie erblickte Jamie, als sie um die Kapelle herumging. Groß und dünn und mit kurzen, seitlich gescheitelten blonden Haaren stand er vor Alice' Grabstein. Er trug ein Hemd und eine Anzughose und sah entschieden eleganter aus als im Jahr zuvor, als er die schlecht geschnittenen Haare vorne kurz und hinten lang getragen und überhaupt ausgesehen hatte, als könnte er ein Bad in Domestos-Reiniger vertragen.

»Guten Morgen«, sagte sie, als sie das Grab erreichte. Sie blieb neben ihm stehen, den Blick dem Grabstein zugewandt, während ihr Hund schwanzwedelnd an Jamie hochsprang, um ihn zu begrüßen. Er bückte sich und streckte die Hand aus, aber ehe er den Pudel streicheln konnte, zog Maureen scharf an der Leine. »Sitz, Sassy!«

»Tante Maureen«, sagte er zur Begrüßung und sah dabei weiter den Hund an.

»Wie lange bist du schon hier?«

»Nicht lang. Seit wann hast du den Hund?«

»Ich nehme an, ich sollte dir zum Geburtstag gratulieren.«

»Ich weiß, dass du heute mit den Gedanken woanders bist«, sagte er leise und sah ihr ins Gesicht. Seine Miene, dachte Maureen, war beinahe gütig. Beinahe.

»Stimmt.«

»So wie immer«, sagte er schneidender.

»Stimmt«, sagte sie und dachte an seine Geburtstage, an denen es nie ein Geschenk, nie einen Kuchen, sondern immer nur diese stillen Ausflüge zum Friedhof gegeben hatte. Trotzdem konnte sie sich beim besten Willen nicht schuldig fühlen. Sie malte sich aus, wie Alice den Geburtstag ihres Sohnes gefeiert hätte, wenn sie auch nur einen davon erlebt hätte – vielleicht hätte sie Jahr um Jahr einen Riesenrummel gemacht, einen Kuchen gebacken und Ballons aufgeblasen, Jamie verhätschelt, ihn die Schule schwänzen lassen und mit ihm einen Ausflug in die Stadt gemacht, um ihm ein Spielzeug zu kaufen, das sie sich nicht leisten konnte. Vielleicht aber auch nicht. Maureen hatte immer so eine Ahnung, dass Alice, wenn sie überlebt hätte, irgendwann geflüchtet wäre, um ihr eigenes Leben zu leben, während Maureen ihren Sohn erzogen hätte. Vielleicht wäre sie jedes Jahr an Jamies Geburtstag aufgetaucht, eine strahlende, glamouröse Erscheinung, jedes Mal mit einem anderen reichen Freund, immer älter als sie und mit einem schnittigen Auto ausgestattet, um für einen Tag an Jamies Leben teilzuhaben und am nächsten Morgen verschwunden zu sein, wenn er aufwachte, sodass seine Welt ein wenig grauer zurückblieb. Vielleicht hätte sie ihn auch gar nicht besucht, und Maureen hätte sich mehr Mühe mit Jamie gegeben, hätte alles besser gemacht, weil sie in diesem Fall wahrscheinlich Alice und nicht den Jungen gehasst hätte.

Auch Jamie hatte einen kleinen, in braunes Papier gewickelten Strauß dabei. Er legte ihn auf dem Grab ab und zündete sich eine Zigarette an.

»Eine schreckliche Angewohnheit. Sie wird dich noch umbringen.«

»Würde dich das stören?« Jamie schmunzelte.

Maureen lächelte. »Sie hat früher auch geraucht. Sie hatte dieses kleine silberne Zigarettenetui mit ihren Initialen darauf. Irgendein Liebhaber hat es ihr geschenkt, nehme ich an. Aber mit der Schwangerschaft wurde ihr immer übel vom Rauchen, darum hörte sie auf. Als sie schwanger wurde, wurde ihr von allem übel.«

»Faszinierend«, kommentierte Jamie ironisch. Sie standen schweigend ein paar Minuten nebeneinander, dann ließ Jamie den Stummel fallen und drückte ihn mit dem Absatz aus.

Maureen bückte sich leise schnaubend und hob ihn auf. »Zeig etwas Respekt«, schimpfte sie, packte sein Handgelenk und drückte den Stummel in seine Hand. »Wieso kommst du überhaupt hierher? Du hast sie nicht mal gekannt. Du brauchst nicht herzukommen.«

Jamie schnippte den Stummel über die niedrige Friedhofsmauer auf das Feld dahinter und zuckte mit den Achseln. »Geburtstagstradition. Ich wünschte, ich hätte sie gekannt. Ich wette, sie wäre eine bessere Mutter gewesen als du.«

»Selbst wenn sie überlebt hätte, wärst du irgendwann bei mir gelandet«, giftete Maureen zurück und sah ihrem Neffen zum ersten Mal ins Gesicht. Er hatte nie die geringste Ähnlichkeit mit Alice gehabt. »Sie wollte dich sowieso nicht haben.«

»Hättest du mich weniger gehasst, wenn sie überlebt hätte?«

»Sie hat dich bloß nicht aus ihrem Unterleib schneiden lassen, bevor du auch nur Fingernägel hattest, weil ich das nicht zugelassen habe. Schön blöd von mir«, zischte Maureen und wusste im selben Moment, dass sie zu weit gegangen war.

Jamie sah Maureen finster an, spuckte ihr vor die Füße und ging weg. Maureen wartete, bis er verschwunden war, und sank dann auf eine Bank mit Blick auf das Grab. Der Hund sprang hoch, setzte sich neben sie und legte den Kopf auf Maureens Oberschenkel. Sassys Maul war nass vom Brackwasser einer Pfütze, das einen dunklen Fleck auf Maureens Rock hinterließ. Sie streichelte ihr übers Fell, bis sich ihr Atem beruhigt und der Herzschlag verlangsamt hatte.

Kurz nach seinem sechzehnten Geburtstag war er gegangen. Sie war zur selben Uhrzeit wie immer aufgewacht und aus dem Zimmer geschlichen, um wie immer ihren Kaffee auf der Türschwelle zu trinken; es war Sommer und die Sonne schon aufgegangen. Erst als sie ins Haus zurückging, um ihn aufzuwecken und in die Schule zu schicken, begriff sie, dass er weg war. Seine Sachen hingen nicht mehr im Schrank, und der alte Koffer lag nicht mehr unter seinem Bett. Mit leiser Scham erinnerte sie sich, dass sie der verschwundene Koffer mehr beschäftigt hatte als das Schicksal des Jungen – es war das einzige Gepäckstück gewesen, das sie und Alice dabeigehabt hatten, als sie in die Hütte gezogen waren.

Am Tag zuvor hatte Maureen einen Spaziergang um die Farm gemacht, so wie immer an trockenen Abenden, und hatte Jamie in einem schattigen Dickicht mit der Enkelin des Farmers erwischt. Evelyn, gerade zwölf geworden, lehnte mit dem Rücken an einem Baum, und Jamie überragte sie um einiges. Beide hatten Maureen nicht kommen gehört.

»Zeig sie mir endlich«, sagte Jamie eben. »Du hast es versprochen.«

Evelyn stockte und sah mit leicht offenem Mund zu Jamie auf, in den sie schon immer verliebt gewesen war. Sie legte die Hand an ihren Rocksaum.

»Jamie!«, rief Maureen, und beide schreckten zusammen. Jamie wurde bleich. »Geh nach Hause, Evelyn.«

Evelyn sah erst Jamie und dann Maureen an, verzog das Gesicht, als müsste sie weinen, und rannte dann über das Feld in Richtung Farmhaus.

»Was denn?«, fragte Jamie. Seine tiefe Stimme war ihr immer noch fremd, obwohl er schon vor Jahren seinen Stimmbruch gehabt hatte. Er sah sie mit großen Augen an, als wüsste er nicht, worüber sie so wütend war. Maureen hingegen wusste nicht, was sie sagen sollte, wusste nicht, was sie ihn fragen sollte oder wie sie ansprechen sollte, was sie gesehen oder auch nicht gesehen hatte.

»Nach Hause«, sagte sie nur und deutete auf die winzige Hütte am Feldrand, in der sie lebte. Jamie stapfte los, und sie folgte ihm den ganzen Weg schweigend mit zwei Schritten Abstand.

»Ich hab nichts gemacht«, sagte Jamie, als sie im Haus waren.

»O doch«, sagte Maureen.

Jamie zuckte in typischer Teenagerart die Achseln, was sie rasend machte.

»Was du auch von ihr wolltest – was es auch war –, das wirst du nie, nie wieder tun.«

Jamie stand vor Maureen, einen halben Kopf größer als sie, und starrte ausdruckslos die Wand in ihrem Rücken an.

»Hast du verstanden?«, fragte Maureen. Sie packte ihn am Kinn und zog sein Gesicht nach unten, damit er ihr in die Augen sah. Noch ehe sie begriff, dass er sie geschubst hatte, lag sie schon auf dem Boden. Er stand bedrohlich über ihr, und zum ersten Mal überhaupt bekam sie Angst vor ihm.

Trotzdem rappelte sie sich wieder hoch und baute sich vor ihm auf.

»Ich habe dich in diese Welt gezerrt, und ich hole dich auch wieder raus, wenn es sein muss«, erklärte sie halblaut. Eine Sekunde dachte sie, Jamie würde sie schlagen, aber dann drehte er sich um und schlug so fest gegen die Wand, dass der Badezimmerspiegel vom Nagel flog und auf dem Boden zersplitterte. Am nächsten Morgen war Jamie fort.

Einen Tag nachdem er verschwunden war, fuhr sie mit dem Bus in die Stadt und kaufte bei Fenwick's einen neuen Lederkoffer, kehrte damit in die Hütte zurück und packte ihre Sachen zusammen. Drei Tage wartete sie ab, doch der Junge kehrte nicht zurück, und so machte sie sich, als die Sonne hinter den Feldern unterging, die sie sechzehn Jahre lang bestellt hatte, auf in ein neues Leben.

Maureen stellt den Hackfleischauflauf in den Ofen. John kommt erst in einer knappen Stunde zurück, doch bis er wieder da ist, kann der Auflauf im Ofen bleiben, wo die Schichten aus Corned Beef, Zwiebeln, Erbsen und Kartoffeln nacheinander weich werden, bis in den Lücken Soße blubbert und sich Dampf unter der Alufolie sammelt.

Sie zuckt zusammen, weil jemand an die Haustür klopft. Es ist ein festes, selbstbewusstes Klopfen, das Maureen innehalten lässt. Grauen sickert durch ihre Glieder.

Sie tappt ins Wohnzimmer, schleicht barfuß über den Teppichboden und erkennt hinter dem Milchglas der Haustür das Neongelb einer Polizeijacke und daneben eine schwarze Silhouette. Sie öffnet die Tür, vor der eine Rothaarige im schwarzen Hosenanzug und ein großer Polizist stehen. Den Polizisten kennt sie nicht, die Rothaarige schon. Nova Stokoe. Sie war vor einigen Jahren auf Johns Abschiedsfeier, inzwischen hat sie zwar silberne Strähnen an den Schläfen und tiefere Falten zwischen Mundwinkeln und Nase, aber sie ist es ganz eindeutig. Nova lächelt nicht.

»Mrs Jones«, sagt sie und zeigt Maureen ihre Marke. »Detective Inspector Stokoe. Das ist Officer Adams. Dürfen wir hereinkommen?«

»Sie sind inzwischen Detective Inspector«, stellt Maureen fest. Sie tritt zur Seite und hält beiden die Tür auf. Sie weiß, dass John es mit Stolz erfüllen würde. Er konnte Nova immer gut leiden, beschrieb sie als lustig und klug, und Maureen war kurz eifersüchtig, bis sie erfuhr, dass Nova nicht an Männern interessiert war. »Herzlichen Glückwunsch.«

»Ich wusste nicht, ob Sie sich an mich erinnern würden«, sagt Nova, während sie und der Polizist eintreten; Maureen deutet zum Sofa, und die beiden nehmen darauf Platz.

»Wie könnte ich diese Haare vergessen?«, fragt Maureen. Ihr ist flau. »Möchten Sie zu John?«

Nova kneift die Lippen zusammen, und der Polizist legt seine Schirmmütze in den Schoß. »Nein. Ist er zu Hause?«

»Nein, Liebes. Im Pub.«

»Wir wollten eigentlich mit Ihnen sprechen, Mrs Jones. Wir haben schlechte Nachrichten.«

Maureen hofft, dass sie so verdattert und besorgt aussieht, wie sie es versucht.

»Möchten Sie zwei beide vielleicht einen Tee? Kaffee?« Sie steht neben ihrem Sessel und kratzt an ihren Fingerspitzen.

»Vielleicht setzen Sie sich lieber«, sagt Nova.

Maureen nickt und setzt sich in den Sessel. Sie ist viel nervöser, als sie gedacht hätte.

»Es geht um Ihren Neffen Jamie Spellman. Er wurde gestern tot aufgefunden.«

»Tot?« Maureen reißt die Augen auf und hofft, dass sie nicht zu theatralisch wirkt. Nova beobachtet sie genau, und Maureen hat das Gefühl, dass Nova in ihrer Miene nach Hinweisen auf ein schlechtes Gewissen sucht. Sie merkt, wie sie rot wird, beginnt zu zittern und hofft, dass das wie Trauer aussieht.

»Es tut mir leid, ich weiß, dass das ein Schock für Sie sein muss.«

»Wie ist er denn gestorben?«

»Ehrlich gesagt ziemlich …« Nova verstummt, und Maureen fragt sich, wie sie ihr den Zustand von Jamies Leiche beschreiben wird. Sie rätselt, ob Polizisten in der Ausbildung beigebracht wird, wie sie Verwandten klarmachen, dass ihre geliebten Angehörigen geköpft wurden.

Maureen legt den Kopf schief, und Nova schlägt erst die Beine über und stellt sie dann wieder nebeneinander.

»Es war ziemlich grausam«, fährt Nova fort und starrt finster zu Boden, ehe sie Maureen wieder ins Gesicht sieht – suchend, so empfindet es Maureen. »Er wurde geköpft aufgefunden, Mrs Jones.«

Gerade als sie *geköpft aufgefunden* sagt, geht die Haustür auf, Fred kommt hereingetrottet, schüttelt sich den Regen aus dem Fell, und im nächsten Moment tritt John ins Zimmer, einen Strauß rosa Lilien in der Hand – Maureens Lieblingsblumen. Maureen gefriert innerlich.

»Was ist denn hier los?«, fragt John.

10

KAYSHA
5. JANUAR 2000

Die Sonne scheint durch das rechteckige Dachfenster auf die Frau im Bett neben Kaysha. Die Bettdecke liegt zusammengeknüllt um ihre Knöchel, und jedes der durchsichtigen, winzigen Härchen auf dem sommersprossigen Bauch fängt das Licht ein, bis hinunter zu der hauchdünnen, brünetten Spur, die von der Senke ihres Nabels bis zu dem V von losen, kupferroten Locken zwischen ihren Schenkeln führt. Das Haar dünnt über den Schenkeln aus und verdichtet sich wieder an den Waden. Sie zieht ein Knie an, sodass der Fuß auf der Matratze zu stehen kommt. An einem Knöchel trägt sie ein jahrealtes, aber immer noch klar gestochenes Tattoo in Form einer Elster. Kaysha weiß, dass sie auf dem Rücken noch eine Elster trägt, deren ausgestreckte Schwingen auf ihren Schulterblättern ruhen. Wenn sie die Arme bewegt, fliegt der Vogel auf.

Nova lehnt mit dem Rücken am Kopfende des Bettes und liest ein Buch über Orangen, das sie sich vors Gesicht hält, um nicht von der Sonne geblendet zu werden. Sie trägt eine Brille, aber nur, weil sie glaubt, dass Kaysha schläft. Normalerweise ist sie dafür zu eitel, obwohl Kaysha es liebt, wie das runde Drahtgestell auf ihren Wangen ruht. Nova hat beim Lesen die Unterlippe nach innen gezogen und leicht die Stirn gerunzelt. Dieses Gesicht macht sie auch, wenn sie kurz vor dem Orgasmus ist, wenn sie in den letzten Sekunden davor absolut still wird und sich darauf konzentriert, endlich loslassen zu können. Es fällt ihr schwer, die Kontrolle abzugeben und sich ihrem Körper zu überlassen, aber Kaysha hat sie noch jedes Mal dazu gebracht.

Um Novas Gesicht ringeln sich ihre roten Locken, und eine davon wickelt sie beim Lesen um ihren Finger. Ihre Schulterblätter sind übersät mit kleinen Bissspuren, dunkel wie getrocknete Rosenblütenblätter, und die kalte Morgenluft – oder etwas in ihrem Buch – hat dafür gesorgt, dass ihre Nippel aufgerichtet sind.

Kaysha würde es nie zugeben, aber sie wacht nirgendwo lieber auf als in Novas unaufgeräumter Wohnung. Seit sechs Monaten war sie nicht mehr hier, seit ihrem großen Krach. Sie hatten sich oft gestritten und wieder versöhnt, aber der letzte Streit war der schlimmste von allen gewesen. Das letzte Mal war auf jeden Fall das letzte Mal gewesen, hatte sich Kaysha geschworen, aber der Zweck heiligt die Mittel.

»Ich mag es, wenn du die Brille aufhast«, sagt Kaysha.

Nova sieht sie an und lächelt. »Ich hab gewusst, dass du mich beobachtest, du perverses Stück.«

»Du bist auch nett zu beobachten.«

Nova zupft sich ein langes rotes Haar aus und legt es als Lesezeichen zwischen die Seiten. Dann schiebt sie die Brille auf die Nasenspitze und sieht Kayla über den Rand hinweg an. »Wissen Sie, was wir mit Spannern machen, Ms Jackson?«

Kaysha lacht, aber gleichzeitig durchläuft sie ein warmes Kribbeln. Sie schüttelt den Kopf und rutscht tiefer unter ihre Decke. Nova zieht eine Braue hoch und schiebt eine kalte Hand unter die Decke und über Kayshas Bauch.

»Sie werden bestraft.«

Kaysha zieht die Unterhose von gestern Abend wieder an und sieht sich nach ihren übrigen Sachen um.

»Du weißt schon, dass du dir eine von mir leihen kannst«, sagt Nova, die gerade vor ihrem Kleiderschrank steht. »Kein Mensch mag verkrustete Muschis.«

»Nein, das würde Sarah merken«, sagt Kaysha, obwohl Sarah das bestimmt nicht tun würde.

»Deine neue Freundin?«

»Ja.«

»Wie ist sie so?« Nova wirkt aufrichtig interessiert.

»Sie ist … anstrengend.«

»Liebst du sie?«

»An manchen Tagen glaube ich es. Wenn sie einen guten Tag hat. Dann glaube ich fast, ich liebe sie, dann will ich sie beschützen, aber ich bin nicht in sie *verliebt*, wenn du das verstehen kannst.«

»Lesbian Death Bed?«

»Noch ist im Bett nicht ganz tote Hose«, antwortet Kaysha schmunzelnd.

»Vielleicht solltest du Schluss machen.«

»Sie ist extrem verletzlich.«

»Ach ja?«

»Wir sind zu schnell zusammengezogen, und jetzt kann ich mich schlecht wieder entziehen.«

»Ein Klassiker«, sagt Nova.

»Lesben, wie?«

»Lesben.«

»Und ich bräuchte was zum Unterkommen, falls wir uns trennen.« Kaysha ist selbst überrascht, wie kühl sie klingt, aber tatsächlich lässt die Situation sie relativ kalt. Sie muss Sarah im Auge behalten, bis sie wieder auf eigenen Füßen stehen kann, doch danach wird Kaysha gehen.

Nova sieht sich vielsagend in ihrer Wohnung um. »Ich wüsste was, wohin du könntest.«

»Eher unwahrscheinlich, solange du mit PC Lebendes Elend zusammen bist«, sagt Kaysha und nickt zu einem gerahmten Bild von Nova und Ella hin. Beide tragen schwarzweiß gestreifte Fußballtrikots, Nova hat den Arm über Ellas

Schultern gelegt, und beide haben ein Bier in der Hand. Plötzlich beginnt es in Kaysha zu brodeln. Das warme morgendliche Nachglühen erlischt, und beide sind wieder da, wo sie vor sechs Monaten waren.

Nova kippt den Bilderrahmen nach vorn. »Das hat sie mir zu Weihnachten geschenkt. Ich hatte kein Geschenk für sie.«

»Wie geht es ihr?«

»Gut.«

»Wie kann es ihr gut gehen?«

»Es war doch kein Krebs.«

»Oh, tja, das ist gut.«

»Ja.«

»Aber du bist immer noch mit ihr zusammen.«

»Sieht so aus.«

Kaysha ist wütend und traurig und enttäuscht, hat aber keine Zeit dafür. Sie hätte sich gewünscht, Nova würde sie so begehren, dass sie Ella verlässt. Vielleicht hat sie damals kalte Füße bekommen, als Kaysha bei ihr einziehen wollte, oder vielleicht hat sie gemerkt, dass sie Ella lieber mag oder dass Kaysha nicht als feste Freundin taugt. Einen schrecklichen Augenblick rätselt Kaysha, ob Nova sich die ganze Geschichte nur ausgedacht hat, um sie loszuwerden – aber nein, so was würde Nova nicht tun, das steht fest. Ganz egal, was damals abgelaufen ist, sie darf sich keinesfalls wieder einwickeln lassen – sie muss nur in Novas Nähe bleiben, damit sie im Auge behalten kann, wie die Ermittlungen vorankommen.

»Ja, okay.« Kaysha atmet langsam aus. »Reden wir über was anderes. Ich will mich nicht streiten.«

»Fuck sei Dank.«

»Was steht heute bei dir an? Irgendwas Interessantes?«

Nova zuckt mit den Achseln. »Eigentlich nicht. Ich versuche immer noch, dieser Kult-Scheiße auf den Grund zu gehen.«

»Ich habe eins von ihren Kunstwerken gesehen. Vor ein

paar Wochen habe ich einen Artikel über eins ihrer toten Hühner in Whitley Bay geschrieben. Charmant.«

»Mmh. Sie sind schwer zu fassen. Aber jetzt … tja. Jetzt müssen wir sie kriegen.«

»Wie meinst du das?«

»Ich hab schon zu viel gesagt.« Nova wendet sich ab und bückt sich nach ihren Stiefeln.

»Glaubst du etwa, der Kult hatte was mit dem geköpften Typen zu tun?«

Nova sieht auf. »Wie kommst du darauf?«

»Ein Vögelchen hat mir ein paar Details vom Tatort gezwitschert.«

»Wie viele Vögelchen singen denn für dich?« Nova stellt einen Fuß auf die Armlehne des Sofas und beginnt ihren Stiefel zu schnüren.

Kaysha übergeht ihre Frage mit einem Lächeln. »Du glaubst also, es gibt eine Verbindung?«

»Vielleicht. Niemand macht sich wirklich groß Gedanken wegen der Ziegen und so … Bisher habe ich nur ermittelt, weil die Landwirte nervös sind. Es muss so aussehen, als würden wir was unternehmen«, sagt Nova und drückt Schaumfestiger in ihre Handfläche. Als sich der Schaum auf Apfelgröße aufgeblasen hat, beugt sie sich vor und lässt die Haare vor ihrem Gesicht baumeln, während sie die Masse einmassiert. »Jetzt geht's allerdings um größere Fische.«

»Habt ihr schon eine Ahnung, wer der Tote ist? Ist er von hier?«

Nova schüttelt den Kopf. »Wir warten noch auf die Ergebnisse des Gebissabdrucks, aber so kurz nach Neujahr kann das dauern.«

»Ja, kann ich mir vorstellen«, sagt Kaysha und weiß im selben Moment, dass Nova lügt, denn Sadia hat den Toten schon identifiziert.

11

SARAH
5. JANUAR 2000

Qualm steigt kräuselnd auf und sammelt sich unter der Zimmerdecke, als Sarah sich eine neue Zigarette an der in ihrer Hand anzündet. Sie hat ihren Lieblingssessel durchs Zimmer geschleift und dabei den Lack von den Dielen gekratzt, damit sie vor dem Fenster sitzen kann. Am Ende der Rasenfläche rauscht die Welt nach unten weg, um schneebestäubt auf der anderen Talseite wieder anzusteigen, und sie kann von hier aus die Straße sehen, die sich zwischen den Hügeln auf das Haus zuschlängelt.

Sie legt die Füße auf das Fensterbrett. Kaysha hat ihr versichert, dass sie am Morgen wieder zu Hause sein würde, aber die Sonne ist schon vor einer Stunde aufgegangen, und sie ist noch nicht zurück, daraus schließt Sarah, dass Kaysha noch an ihre Polizistenfreundin gekuschelt im Bett liegt. Dass ihre Freundin die Nacht mit einer anderen Frau verbracht hat, stört sie nicht sosehr – sie stört vielmehr, dass sie so spät heimkommt. Der Vorschlag, dass Kaysha ihre Affäre mit Nova wieder aufleben lassen sollte, kam von Sarah. Kaysha hatte die Brauen hochgezogen, als hätte sie den Gedanken nicht schon selbst gehabt. Sie hatten sich Richtlinien gesetzt, wie alles ablaufen sollte, hatten darüber gesprochen, dass Kaysha ehrlich bleiben müsse und dass sie nach einer Nacht mit Nova am Morgen zu Hause vorbeischauen sollte, bevor sie zur Arbeit geht. Sarah ist von wildem Stolz erfüllt, weil sie so reif an die Sache herangegangen ist, weil sie das große Ganze über ihre eigenen Bedürfnisse gestellt hat. Um andere zu schützen, lässt sie ihre Freundin mit einer anderen Frau schlafen – *sie ermutigt sie sogar dazu* –, mit einer Frau, in die Kaysha einst verliebt war. Sie ist selbstlos, versucht sie sich einzureden.

Sie hat schon vor einer Weile die zweite Flasche ausgetrunken, und langsam dringt der Schmerz des Hauses wieder auf sie ein, diese schwindlig machende, weitläufige Leere, dieser in den Wänden sitzende Hass, der die Ecken verdunkelt wie Moder. Er setzt sich in ihrer Lunge fest. Seit sie wieder hier ist, spürt sie, wie das Haus sie langsam vergiftet, so wie es alles vergiftet. Manchmal fragt sie sich, ob ihre Eltern so waren, wie sie waren, weil das Haus sie verbittert hat, oder ob es andersherum war. Sarah kann nicht sagen, wieso sie das Haus nicht verkauft oder niedergebrannt hat, um woanders neu anzufangen, warum sie nichts mit ihrem Leben angefangen hat, statt hier zu verrotten und auf der Lauer zu liegen wie ein Geist aus einem Dickens-Roman. Sie bringt einfach nicht die Kraft dafür auf. Das Haus erdrückt sie, ihre Gedanken erdrücken sie, und so sitzt sie in der Falle.

Sarah steigt über die Scherben eines Weinglases und den dunkelroten Fleck im Teppich und geht in den Keller, um eine neue Flasche zu holen. Ihr Dad hat Weine gesammelt, und als sie hierher zurückkam, warteten Hunderte Flaschen auf sie, hochgestapelt bis zur Decke an der Rückwand des Kellers. Inzwischen ist sie bei den guten Sachen angelangt, obwohl sie dafür mit einer Axt aus dem Schuppen den Weinschrank knacken musste. Mit dreizehn hatte sie ihren Vater einmal so wütend gemacht, dass er sie angeschnauzt hatte, warum sie *nicht ein bisschen mehr wie David sein* könne, worauf sie geantwortet hatte: *Du meinst tot?*, und sich nach einem kurzen Abstecher in den Keller in ihr Baumhaus verzogen hatte. Sie erinnert sich an sein Gesicht im Krankenhaus, als sie am Tropf hängend im Bett gelegen hatte, und ihr ist bewusst, dass er weniger ihretwegen als wegen seinem guten Wein so außer sich gewesen war. Sie hatte ihm erklärt, sie hätte nicht geahnt, dass es einer von den *sehr* teuren gewesen sei, aber das hatte sie sehr wohl, und danach hatte er einen abschließbaren Weinschrank einbauen lassen.

Sie greift aufs Geratewohl eine Flasche heraus und pustet den Staub weg. Es ist ein 1964er aus Portugal. In den Sechzigern haben ihre Eltern die Flitterwochen in Portugal verbracht, und sie fragt sich, ob sie damals diesen Wein gekauft und ihn für einen besonderen Anlass oder zum Vererben aufgehoben haben. Sie schnaubt bei dem Gedanken, dass sie jemals so sentimental gewesen sein könnten, und entkorkt ihn.

Als die Sonne höher steigt und die Schatten sich schärfen und langsam über die Holzdielen wandern, schläft Sarah in ihrem Sessel ein. Sie träumt schon wieder von Jamie. Jedes Mal, wenn die Erschöpfung sie überwältigt, sieht sie ihn in irgendeiner Gestalt vor sich. Manchmal so wie im Hotel, grotesk, aber harmlos, die verlogene Zunge dick und aufgedunsen in seinem Mund. Manchmal spricht er körperlos, aber gleichzeitig irgendwie lebendig zu ihnen, und nur Sarah begreift, dass er lügt, während alle anderen ihm gehorchen. In ihren schlimmsten Träumen ist er so wie früher, dann steht er groß und lächelnd vor ihr, und alles ist perfekt, bis auf einen Schlag alles ganz anders ist und er ihr etwas ins Ohr flüstert und sie sich Arme und Beine ausreißt, nur um ihm zu gefallen; sie reißt sich in Stücke, was in einem winzigen Aufschrei endet, und dann verlässt er sie, und sie ist wieder allein und versucht sich zusammenzuflicken, bis sie begreift, dass sie stirbt, und atemlos aus dem Schlaf schreckt.

Sarah hasst das gesamte Haus, auch und ganz besonders das Zimmer, in dem sie aufgewachsen ist. Mehrmals hat sie sich, an guten Tagen, darangemacht, die Wände der von ihr bewohnten Zimmer zu streichen, aber regelmäßig kehrt viel zu schnell die Dunkelheit zurück, und sie muss den Versuch abbrechen. Sie war nie gut darin, Dinge zu Ende zu bringen, sie kann nur Neues anfangen. Und so lebt sie inzwischen in einem Haus, das nur zur Hälfte ihres ist; die blaue Hälfte in der Küche, die violette Hälfte im Wohnzimmer. Das Gästezimmer war schon immer neutral eingerichtet und wurde nie benutzt, darum fühlt es sich völlig unpersönlich an.

Als sie Kaysha kennenlernte, waren sie gemeinsam nachts aus dem Pub und die Landstraßen entlanggetorkelt, trunken voneinander und für einen Abend immun gegen die Gefahren der Dunkelheit. Sarah hatte erzählt, dass sie allein auf dem Land in einem Spukhaus lebte, das sie ungewollt geerbt hatte, und Kaysha hatte sich darüber lustig gemacht, bis sie es mit eigenen Augen sah. Das efeubewachsene Landhaus hatte drei Stockwerke, inklusive Keller sogar vier, und war umgeben von überwucherten Rasenflächen und einem ummauerten Garten auf der Rückseite, hinter dem ein Nadelwald lag. Von den Fenstern im obersten Stock konnte man über das ganze Tal blicken, hauptsächlich Felder und Weiden und ein paar Dörfer, die von einer Brücke über den Oberlauf des Derwent verbunden wurden.

»Und ich dachte, du willst mich verarschen«, sagte Kaysha, die Augen weit aufgerissen, als Sarah die Haustür aufschloss. Sie fragte Sarah, ob sie ihr das Haus zeigen würde, und Sarah erfüllte ihr diesen Wunsch, denn sie war betrunken und übermütig genug, um nicht die volle Wucht des Grauens zu spüren, das sie regelmäßig bei der Vorstellung überkam, Davids Zimmer oder das ihrer Eltern zu betreten. Bei jedem der spinnwebenverhangenen Zimmer, die seit dem Ableben ihrer Bewohner nicht mehr betreten worden waren, hatte Kaysha aufgestöhnt, ohne dass Sarah hätte sagen können, ob sie begeistert oder schockiert oder beides war. Kaysha meinte, das

Haus sei wie ein Filmset, es sei so perfekt konserviert, dass es sich schon irreal anfühlte. Das Bett von Sarahs Eltern war immer noch ungemacht, die Anziehsachen ihres Dads lagen immer noch rund um den Wäschekorb, auf der Kommode stand immer noch ein Glas mit eingetrocknetem Wein.

Das Baumhaus war voller Spinnen und längst vergammelter Herrenmagazine, die Sarah aus dem Stapel ihres Dads geklaut hatte; außerdem lagen in einer Ecke leere Weinflaschen und eine halb volle Taschenflasche Wodka, die sie offenbar vergessen hatte, als sie das letzte Mal vor vielen Jahren heraufgeklettert war. Dort oben küsste Kaysha sie zum ersten Mal, in der Feuchtigkeit kniend, und Sarah wurde es dabei genauso schwindlig wie damals mit vierzehn, als sie leicht beschwipst auf genau demselben Fleck gesessen und davon geträumt hatte, andere Mädchen zu küssen. Wie gern sie einmal einen Jungen küssen würde, konnte sie überall herumerzählen und tat es auch, aber von Mädchen zu träumen erlaubte sie sich nur, wenn sie allein in ihrem Baumhaus war. An manchen Tagen war es ein süßes Gefühl, voller Potenzial, dann malte sie sich aus, wie sie im Anzug mit einer niedlichen Frau und einem Hund Familie spielte. An anderen Tagen war das Gefühl düster und schwer, das waren die Tage, an denen sie die Schere über ihre Handgelenke zog und die Schnitte anschließend mit Armreifen kaschierte.

Zwei Wochen nachdem sie sich kennengelernt hatten, lief Kayshas Mietvertrag aus, und während dieser zwei Wochen hatte sie so viel Zeit bei Sarah verbracht, dass sie keine neue Bleibe gefunden hatte. Sie fragte Sarah, ob sie ein paar Tage bei ihr wohnen könnte, bis sie was Neues gefunden hatte, und von da an sorgte Sarah dafür, dass Kaysha zu beschäftigt war, um weiterzusuchen. Das warme Gefühl, dass außer ihr noch jemand im Haus war, eine Frau, die klug und lebensfroh war, erfüllte selbst die düsteren Ecken des Landsitzes, sodass Sarah zum ersten Mal seit Davids Tod wenigstens vorübergehend glücklich war.

Als Kaysha am späten Vormittag nach Hause kommt, steht Sarah wartend in der Tür. Sie küsst Kaysha, sobald sie mit Schneeflocken im Haar ins Haus tritt, dann drückt Sarah sie gegen die Haustür und küsst sie begehrlicher, sie beißt ihr in die Unterlippe und bohrt die Fingernägel in Kayshas Schultern. Kaysha schiebt sie weg.

»Was soll das werden?«

»Ich will dich ficken«, sagt Sarah und senkt den Kopf, um Kaysha auf den Hals zu küssen.

»Du bist betrunken«, sagt Kaysha und streift die Schuhe von den Füßen. »War ja klar.«

»Na und?«

Kaysha hält kurz inne und kneift die Lippen zusammen. »Schon okay.«

»War sie gut?«

»Was?«

»Besser als ich?«

»Lass die Scheiße.«

»Also, sie hat bestimmt mehr Erfahrung, schließlich ist sie eine erfahrene Lesbe.«

»Lass das.«

»Schon gut, du kannst es ruhig aussprechen. Sag einfach: ›Sarah, sie ist besser im Bett als du.‹«

»Ich werde dieses Gespräch nicht mit dir führen.« Kaysha schiebt sich an Sarah vorbei und verschwindet nach oben. Sarah wühlt die Finger in ihr Haar und zieht fest an. Sie hat nie gelernt, inneren Schmerz zu empfinden, ohne auch ihrem Körper welchen zuzufügen.

12

NOVA
5. JANUAR 2000

Nova klopft an und öffnet gleich darauf die Tür. Das Labor ist klein, aber hell, und auf einem Arbeitstisch direkt vor dem raumbreiten Fenster sitzt eine große Frau in einem weißen Kittel. Sie hält eine Tupperdose mit Salat in der Hand und sieht leicht überrascht auf, als Nova ungebeten eintritt.

»Ana Cortês? Verzeihen Sie, dass ich Sie beim Essen störe.« Nova lässt die Tür offen und geht auf die Frau zu. Das Labor ist sauber und aufgeräumt, aber alles sieht in die Jahre gekommen aus; in einer Ecke blättert die Wandfarbe ab, und das Linoleum hat Risse, die mit schwarzem Isolierband überklebt wurden. »Ich untersuche den Tod von Jamie Spellman. Darf ich Ihnen ein paar Fragen stellen?«

Die Frau klippt den Deckel auf ihre Tupperdose und rutscht von der Laborbank. Sie sieht Nova an, aber ohne zu lächeln. Sie ist eine Handbreit größer als Nova und strahlt eine mühelose Eleganz aus. Ihr dunkles Haar hat sie zu einem Pferdeschwanz gebündelt, aus dem einzelne Strähnen locker auf ihren langen Hals fallen. Sie trägt kein Make-up bis auf einen tiefroten Lippenstift, und die obersten Knöpfe ihrer Bluse stehen offen. Ein goldenes Kruzifix ruht auf der goldbraunen Haut über ihrem Brustbein.

»Befragen Sie alle hier?«, fragt sie.

Nova zuckt mit den Achseln. »Nicht alle. Man hat mir erzählt, dass Sie beide sehr eng zusammengearbeitet haben. Ich dachte, Sie könnten mir vielleicht etwas über ihn erzählen.«

Ana nickt, verschränkt die Arme und lehnt sich an den Labortisch. »Was möchten Sie denn wissen?«

»Wann haben Sie ihn zuletzt gesehen?«, fragt Nova und zieht dabei das Notizbuch aus der hinteren Hosentasche.

»Am Dreiundzwanzigsten. Da haben wir mittags zu arbeiten aufgehört, weil danach die Weihnachtsfeier losging. Ich bin früh weg, gegen drei. Ich glaube, er blieb noch länger, aber das weiß ich nicht.«

Nova notiert Zeit und Ort und nickt. »Haben Sie viel Zeit miteinander verbracht? Hier? Oder außerhalb der Arbeit?«

»Sein Labor ist gleich da drüben.« Ana nickt zu einer Tür in der Ecke hin. »Ich habe ihn also oft gesehen. Wir waren befreundet.«

»War Ihre Beziehung rein beruflich, Ms Cortês?«

»Mrs«, stellt Ana klar. Sie hebt das Kinn an und legt die linke Hand auf das Kruzifix, sodass Nova den Ehering am Ringfinger sehen kann. »Wir haben zusammen studiert, und er hat mich für den Job hier empfohlen. Wie gesagt, wir waren befreundet. Aber nicht mehr, falls Sie das andeuten wollten.«

Nova senkt den Kopf. »Mein Beileid.«

»Danke.«

»Stand er sonst jemandem hier besonders nahe? In romantischer oder anderer Hinsicht? Oder außerhalb der Arbeit?«

Ana zögert. »Ich bin auch mit seiner Frau befreundet. Er hatte Affären, vermute ich, aber ich habe ihm immer gesagt, dass ich nichts davon wissen will.«

Nova nickt. »Was ist mit Verbindungen … zweifelhafter Art? Ist Ihnen bekannt, ob er Verbindungen zu irgendwelchen Unterweltkreisen hatte? Zum organisierten Verbrechen oder Ähnlichem? Einem Kult vielleicht?«

Ana sieht sie stirnrunzelnd an. »Einem *Kult?*«

Nova legt den Kopf leicht schief. »Es ist ein ungewöhnlicher Mordfall, darum müssen wir auch ungewöhnlichen Wegen nachgehen.«

»Er hätte einen guten Guru abgegeben«, sagt Ana und wirkt im nächsten Moment leicht verärgert, als hätte sie etwas gesagt, was sie lieber nicht hätte sagen sollen.

»Was meinen Sie damit?«, fragt Nova.

Ana verschränkt wieder die Arme und lächelt. »Nichts weiter. Er sah gut aus und war charmant, das ist alles.«

»Dürfte ich mich in seinem Labor umsehen?«

Ana nickt und führt Nova nach nebenan. Sein Labor ist mindestens doppelt so groß wie das von Ana und mit viel mehr Geräten ausgestattet. »Das sieht alles sehr komplex aus.«

»Ist es auch«, bestätigt Ana.

»Ich habe gehört, dass er an aufregenden Themen geforscht hat.« Nova schlendert durch den Raum und schaut dabei in Schränke und Schubladen, in denen nur Bücher und Reagenzgläser sind, nichts Persönliches. »Ich habe gesehen, dass er vor ein paar Monaten einen bedeutenden Preis verliehen bekam.«

Ana sieht Nova eine Sekunde lang an, ehe sie antwortet. »Ja. Er war brillant. Sein Tod ist ein großer Verlust.«

»Und worum ging es bei seinen Forschungen?«

Ana hält kurz inne und holt dann tief Luft. »Er wollte zur Aufklärung alter Vergewaltigungsfälle beitragen. Eine Methode entwickeln, wie sich Vergewaltiger anhand winziger Samenspuren identifizieren lassen. Er hatte eben einen wichtigen Durchbruch erzielt.«

»Beeindruckend«, sagt Nova. Ana zieht die Brauen hoch und schweigt. »So wichtig, dass ihn jemand deswegen umbringen könnte? Ein Konkurrent vielleicht?«

»Vielleicht.«

»Wissen Sie, ob er irgendwelche Feinde hatte?«

Wieder legt Ana den Daumen auf ihr Kruzifix. »Er ist – er war ein komplexer Mensch. Ich war zwar mit ihm befreundet, aber sonst hatte er kaum Freunde. Manchmal konnte er sehr nett sein, manchmal gar nicht.«

Nova nickt. »Aber keine Rivalen, die Ihnen in den Sinn kommen?«

Ana zuckt mit den Achseln, und Nova fragt sich, wie eng Anas Beziehung mit Jamie wirklich war.

»Werden Sie seine Projekte übernehmen? Offenbar haben Sie eng zusammengearbeitet.«

»Ja, sicher – ich würde mich geehrt fühlen, aber ich muss abwarten, was das Management dazu sagt. Ich werde hier nicht so respektiert wie Jamie. Schon gar nicht ohne seinen Einfluss.«

»Das Management übergeht Sie?«, fragt Nova und weiß dabei genau, was Ana meint. Als sie vor einer Stunde hier ankam, sprach sie zuerst mit dem Geschäftsführer des Labors. Er erklärte ihr schwitzend und um Worte ringend, was für ein verheerender Verlust Jamies Tod für das gesamte Unternehmen war, dass sie Förderungsgelder verlieren würden, wenn sie niemanden fänden, der sein Projekt weiterführte, und – also – das meiste davon hatten sie bereits ausgegeben. Er murmelte etwas davon, er könne zwar *Cortês nehmen, sie weiß immerhin, was sie tut, sehr kompetent, vielleicht noch kompetenter als Jamie, aber das würde zahllose Konferenzen und Besprechungen mit ihr nach sich ziehen, und ehrlich gesagt kriege ich da eine Gänsehaut. Eine von denen, Sie wissen schon … hält sich für eine Frau, und wir müssen alle mitspielen. Wir hatten alle den Verdacht, dass Jamie … na ja, immerhin steckten die beiden ständig zusammen. Ich habe schon mit ihr gesprochen, aber sie behauptet, sie wüsste nicht, wie es so weit mit ihm kommen konnte. Ich wette, sie weiß es sehr wohl.*

Solchen Typen kann man kein Wort glauben. Nova hatte steif vorgeschlagen, dass er seinen Angestellten mehr Respekt entgegenbringen sollte, dann hatte sie sich nach der Rezeptionistin umgedreht und sie gefragt, wie sie zu Anas Labor kommen würde, während der Leiter mit offenem Mund danebenstand.

»Ich bin die beste Wissenschaftlerin hier«, sagt Ana und zuckt mit den Achseln. »Und jetzt vergleichen Sie mein Labor mit dem hier.«

Nova nickt. »Klingt schwierig.«

»Es macht mich rasend, aber was soll ich machen?«

Nova sieht Ana sekundenlang ins Gesicht. Sie sieht den tiefen, stillen Zorn. Möglich, dass ihr die Sicherungen durchgebrannt sind.

»Womit beschäftigen Sie sich außerhalb der Arbeit, Mrs Cortês?«

»Da passe ich auf meine Kinder auf, Detective. Oder verbringe Zeit mit Freunden. Ich lese oder schaue fern. Führe den Hund aus«, antwortet sie. »Oder trauere um verlorene Freunde.«

»Hier ist meine Karte«, sagt Nova, und dann schlägt sie in ihrem Notizbuch eine leere Seite auf und notiert eilig die Adresse einer LGBT-Selbsthilfegruppe, zu der sie manchmal geht und in der sie Erfahrungen austauschen. In der Gruppe war auch eine Frau, eine blonde Femme, die stets in Begleitung ihrer Partnerin kam, einer Butch. Sie war Grundschullehrerin gewesen und gefeuert worden, nachdem man sie geoutet hatte. Natürlich hatte die Schulleitung einen anderen Anlass vorgeschoben, aber jeder kannte den wahren Grund. »Ganz inoffiziell. Das ist eine Selbsthilfegruppe, die Sie vielleicht ganz nützlich finden könnten. Meist tauschen wir uns nur aus, aber es sind auch ein paar Anwälte dabei, verstehen Sie? Nur für alle Fälle.«

Ana nimmt den Zettel und wird rot, als sie den Zettel in die Tasche steckt. »Ich komme schon zurecht.«

»Ich weiß. Sie erscheinen mir sehr kompetent.« Nova senkt die Stimme zu einem Flüstern. »Der Laborleiter ist ein Arschloch.«

Ana schweigt, aber sie zieht lächelnd eine Schulter hoch.

»Ich melde mich, falls ich noch mehr Fragen habe«, sagt Nova und wendet sich zum Gehen. »Danke für Ihre Hilfe.«

13

MAUREEN
6. JANUAR 2000

Der Tag, an dem Maureen Spellmans Neffe durchbrannte, war der Tag, an dem ihr Leben begann. Als junges Mädchen hatte sie sich oft ausgemalt, wie ihr Leben ablaufen würde. Sie würde mit einundzwanzig heiraten – einen halbwegs gut aussehenden Mann, älter, aber nicht sehr viel älter, den sie umsorgen konnte und den es nicht stören würde, wenn sie nach der Hochzeit weiterarbeitete, wenigstens bis zum ersten Kind. Nach einem Jahr Ehe würde sie einen Sohn bekommen – den sie nach ihrem Großvater mütterlicherseits Jack taufen würde. Jack hätte Maureens blaue Augen und das dunkle Haar ihres Ehemanns. Ein paar Jahre später würde sie eine Tochter zur Welt bringen – Susan –, ein reinliches und gehorsames Mädchen, das die Leute liebevoll ansehen würden, um dann zu sagen: *Ach, Maureen, die wird mal eine Herzensbrecherin.* Wenn die Kinder dann groß wären, würde sie vielleicht wieder als Krankenschwester arbeiten. Falls ihr Mann Geld haben sollte – das war ihr nicht so wichtig, aber falls ja –, dann würden sie früher in Pension gehen und ein paarmal im Jahr verreisen können. Sie hatte sich immer gewünscht, mal nach Italien zu fahren.

Als Alice damals in der Tinte saß, war Maureen schon fünfundzwanzig und hatte noch nicht einmal einen Verehrer. Die Zeit verging schneller, als sie sich vorgestellt hatte, aber das war nicht weiter schlimm – auf ihrer Station gab es einen neuen Arzt, dessen Augen erstrahlten, wenn er sie sah, das bildete sie sich zumindest ein. Jedenfalls erstrahlten ihre Augen, wenn sie ihn sah. Alice war erst siebzehn, und sie war ganz anders als

Maureen. Sie träumte nicht von morgen, sie lebte im Jetzt. Maureen wusste, dass Alice viel schöner war als sie – Maureen hatte große Hände und Füße, stumpfes, kupferrotes Haar und ein bisschen zu kleine Augen für ihr rundes Gesicht. Alice war zierlich und hatte Rehaugen und dazu dunkelbraunes Haar, das sie kurz geschnitten trug wie dieses Model, von dem damals alle besessen waren. Und sie hatte ein sirenengleiches Lächeln. Sie war leidenschaftlich und leicht reizbar, aber hinterher machte sie dir sofort eine Tasse Tee zur Versöhnung. Natürlich musste sie früher oder später in Schwierigkeiten geraten.

Maureen kauerte in der offenen Tür einer Toilettenkabine im Krankenhaus, als sie Alice das Ergebnis ihres Schwangerschaftstests mitteilte. Alice weinte, weil es positiv war, und Maureen gab ihr zur Beruhigung eine Zigarette, aber davon musste Alice würgen. Alice öffnete die Beine und ließ die Zigarette zwischen ihre Schenkel fallen, sodass sie zischend in der Schüssel erlosch.

»Hast du seine Telefonnummer?«

»Ich weiß nicht mal, wie er heißt.«

»Ach, Alice«, sagte Maureen und fuhr sich mit der Hand übers Gesicht. »Du musst ihn finden.«

»Warum?«, fragte Alice und sah Maureen an, als wäre sie verrückt geworden.

»Du willst doch nicht im Kloster landen.«

»Maur…«

»Was weißt du über ihn? Wo hast du ihn aufgegabelt?«, fragte Maureen, und sofort schossen ihr diverse Möglichkeiten in den Kopf. Falls Alice nicht wusste, wer der Vater war, musste sie eben einem armen Idioten vorgaukeln, dass das Baby von ihm sei, und ihn dann überreden, sie zu heiraten. Sie sah ihre Schwester an. Selbst so blass und kränklich war sie schön. Sie würde mit Leichtigkeit jemanden finden, der sie heiraten wollte.

»Ich werde kein Kind bekommen«, sagte Alice und packte Maureens Handgelenk. Ihre Hände waren kalt, ihr Blick entschlossen.

»Was redest du da? Natürlich bekommst du es, das habe ich dir gerade erklärt.«

»Du musst mir helfen, es loszuwerden.«

Maureen und Alice wuchsen in einem Pfarrhaus am Stadtrand auf. Maureens Zimmer hatte ein Fenster zum Friedhof, und oft beobachtete sie von dort, wie Alice aus ihrem Zimmer auf das Küchendach und von dort auf den Kunststoffdeckel der Mülltonne kletterte, dann zwischen den Grabsteinen hindurchflitzte und über die niedrige Mauer kletterte, um in dem dichten Wäldchen dahinter zu verschwinden, fast immer, um einen Jungen zu treffen. Am nächsten Morgen saß sie dann mit einem Schal beim Frühstück, um die Knutschflecken an ihrem Hals zu überdecken. Maureen missbilligte ihr Verhalten – *kein Mann wird dich heiraten, wenn du mit jedem gleich schläfst, den du an einer Straßenecke aufgabelst,* erklärte sie Alice –, aber sie deckte ihre Schwester jedes Mal.

Ihr Dad legte größten Wert auf Disziplin. Maureen hatte schon als kleines Kind gesehen, wie er ihre Mutter verprügelt hatte. Auch sie wurden manchmal geschlagen. Alice öfter als sie, aber manchmal hatte er so schlechte Laune, dass er schon auf eine winzige Bemerkung hin Maureen eine Ohrfeige verpasste und sie hinterher um Vergebung beten ließ. Maureen wusste nicht immer, wofür sie betete, aber sie betete trotzdem. Ihr Dad war kein Trinker, er war nur zornig. Ihre Mutter war gestorben, als Alice fünf war, und ab da war Maureen für Alice verantwortlich gewesen.

Maureen hatte schon gesehen, wie Mädchen im Krankenhaus gestorben waren, nachdem sie mit Gewalt versucht hatten, eine Fehlgeburt auszulösen; wie sie nach verhunzten

Operationen auf irgendeinem Küchentisch verblutet waren oder sich zu Tode erbrochen hatten, nachdem sie Bleichmittel oder Giftpflanzen geschluckt hatten. Sie hatte diese Mädchen immer für dumm und unverantwortlich gehalten. Sich Schwierigkeiten aufzuhalsen, die sie leicht hätten vermeiden können, wenn sie nur die Beine zusammengehalten hätten, sich so große Probleme aufzuladen, dass sie lieber ihr Leben riskierten, als ein Kind zu bekommen. Und nicht nur ihr Leben, sondern auch Gottes Zorn, denn Mord blieb Mord. Sie hätte das für ihre Schwester nicht ertragen, unverantwortlich oder nicht, und darum hatte sie Alice überredet, das Kind zu behalten.

Als Alice' Bauch einen Monat später zu wachsen begann, hinterließ Maureen ihrem Vater eine am Wasserkocher lehnende Nachricht, und beide kletterten um vier Uhr morgens mit nichts als einem gemeinsamen Koffer aus Alice' Zimmerfenster. Maureen hatte einen Handel mit einem Farmer weit draußen auf dem Land abgeschlossen, der eine leer stehende Hütte hatte und Hilfe beim Lammen brauchte.

Sechzehn Jahre lebte Maureen in dieser Hütte. Sie verbitterte zusehends, während sie ein Lamm nach dem anderen mit den Füßen voran aus seiner Mutter zerrte und sich vor ihren Augen neues Leben entfaltete. Lämmer bringen ihre Mutter nicht um, wenn sie mit den Füßen voran geboren werden, im Gegensatz zu Jamie. Unzählige Male schaute sie zu, wie die Mutter ihr Baby sauber leckte und das Lamm anschließend seine ersten wackligen Schritte im Heu versuchte. Ein paar Jahre später half sie dann demselben Lamm, sein eigenes Kind zu gebären, vielleicht sogar Zwillinge, ehe es schließlich zum Schlachter trottete. Ihr eigenes Leben zog währenddessen an ihr vorüber, und als sie die Hütte verließ, war sie über vierzig. Sie war schon fünfundvierzig, als sie John kennenlernte, der mit einem gebrochenen Bein auf ihre Station kam und sie bat, ihre Telefonnummer auf seinen Gips zu schreiben. Das war 1985, und da hatten ihre Monatsblutungen längst ausgesetzt, obwohl sie sich nichts sehnlicher gewünscht hätte als ein Kind von John, ein Kind, das sie beide gezeugt hatten und das in ihr heranwuchs.

Maureen bringt eine weitere Tasse Tee ins Gästezimmer, in dem John sich seit Stunden verkrochen hat. Sie umsorgt ihn belämmert und übertrieben aufmerksam, seit Nova sie besucht hat und ihr nichts anderes übrig blieb, als ihm von Jamie zu erzählen – natürlich nicht die ganze Wahrheit. Nur das Notwendigste. John hatte eher verletzt als wütend reagiert. Er fragte sie, wie sie ihm die Wahrheit über ihren Neffen hatte verheimlichen können. Sie sollten keine Geheimnisse voreinander haben. Sie erklärte ihm, sie hätte sich ein neues Leben aufbauen wollen, in dem niemals sein Name fiel, sie hätte alles hinter sich lassen wollen, die Erinnerungen seien zu traumatisch. Sie hatten sich mehrmals lang und ernst ausgesprochen, auch darüber, ob sie ihm noch mehr verheimlichte. Sie hatte an die flackernden Schatten im Hotelzimmer gedacht, an den sich verdichtenden Todesgeruch in der kalten Luft und das brennende Bleichmittel zwischen ihren Fingern, und ihm erklärt: *Nein, sonst nichts.*

Das Gästezimmer ist ein mittelgroßes Zimmer auf der Rückseite des Hauses, das so gut wie immer im Schatten liegt und in dem nur manchmal morgens im Sommer lange Sonnenstrahlen über die linke Wand streichen. Es ist vollgestellt mit Dingen, die sie nicht oft brauchen – einem hölzernen Stockbett, falls die Enkelkinder hier übernachten, einem Regal mit bunten Plastikdosen voller Stickvorlagen und Fäden, Wasserfarben und halb fertiger Gemälde, ein paar ungelesenen Biografien berühmter Menschen, Krimskrams, für den nirgendwo anders Platz ist. Maureen versucht sich gern an neuen Hobbys und besorgt dann alle nötigen Utensilien, nur um zwei Wochen später ärgerlich aufzugeben, weil sie keine Fortschritte macht. In einer Ecke steht ein L-förmiger Schreibtisch, den sie auf einem Flohmarkt gekauft haben. Auf einer Seite wurde mehrmals KATY eingeritzt, und die Überreste abgeschälter Sticker kleben am Lack. Er sieht schäbig aus, aber er hatte genau die richtigen Maße und nur einen Fünfer gekostet. Das ganze letzte Jahr über hat Maureen immer wieder erklärt, dass sie ihn abschleifen und neu lackieren würde, aber sie kommt einfach nicht dazu.

Über dem Schreibtisch sind Hängeregale angebracht, die normalerweise mit Dutzenden Notizbüchern und Fotoalben und Aktenordnern gefüllt sind, Reminiszenzen an Johns vierzigjährige Laufbahn bei der Polizei. Er hat jeden Zeitungsartikel und jedes Foto aufbewahrt, und dazu heimlich angefertigte Kopien besonders interessanter Polizeiberichte, die er über Jahre hinweg abgeheftet hat, mit geschwärzten Namen von Opfern und Zeugen, obwohl er die meisten davon im Gedächtnis hat. John sitzt mit seiner Brille am Schreibtisch, umgeben von Akten und Ordnern, die sich auf Tisch und Boden stapeln. Er sitzt über ein paar Papiere gebeugt und versucht den verschmierten Abdruck eines alten Artikels aus dem *Chronicle* zu entziffern. Er blättert die Zunge schnalzend weiter, während Maureen seinen leeren Becher durch einen vollen ersetzt und ein paar Doppelkekse mit Vanillecreme danebenlegt.

»Hast du gefunden, wonach du suchst, Schatz?«, fragt sie, doch John nimmt sie gar nicht zur Kenntnis. »Sag mir Bescheid, wenn ich dir helfen kann.«

Als sie schon fast wieder aus dem Zimmer ist, fragt John: »War er ein Spellman?«

»Wenn er seinen Namen nicht geändert hat«, antwortet Maureen von der Tür aus. »Warum?«

»In welchem Jahr wurde er geboren?«

»Fünfundsechzig.«

John kritzelt etwas auf einen Zettel und sagt sonst nichts, darum geht Maureen mit Tränen in den Augen nach unten, wo sie den Becher ausspült und das Abendessen vorbereitet. Sie hätte ihm irgendetwas erzählen sollen, ihm erklären sollen, dass Jamie sich Smith oder Black oder Davidson genannt hätte, etwas Gewöhnliches, aber sie erträgt es nicht, ihn noch weiter anzulügen. Vielleicht ist genau das ihre Strafe für alles.

Gerade, als sie sich eine Stunde später mit einer Tasse Tee vor den Fernseher setzen will, ruft John aus dem Gästezimmer nach ihr, und sie eilt wieder nach oben. Den ganzen Tag hat er sie kühl behandelt, und sie ist froh, dass er überhaupt mit ihr sprechen will, und sei es auch über Jamie. Er sitzt mit übereinandergeschlagenen Beinen und dem Teebecher in seiner Hand am Schreibtisch und sieht ausgesprochen zufrieden aus. Er beordert sie mit einem Nicken zu sich her und deutet auf einen Artikel, der innen in die Rückseite eines Notizbuchs geklebt wurde. Maureen beugt sich vor und sieht ihn sich an. Das auf dem Foto ist tatsächlich Jamie, allerdings vor Jahren. Er sieht kaum anders aus als bei ihrer letzten Begegnung auf dem Friedhof; korrekt gekleidet, glatt rasiert und jungenhaft dünn. Sein Gesicht ist ernst, und er hat den Arm um die Schultern einer zierlichen Frau mit schulterlangem Haar und scharfen Gesichtszügen gelegt. Olive.

Die Schlagzeile lautet: *Teenager stirbt an berüchtigter Selbstmörderklippe.* Stirnrunzelnd nimmt Maureen ihrem Mann das Notizbuch ab.

Am Meer wurde gestern am Fuß einer Klippe, im Schatten der Klosterruinen, der leblose Leichnam eines Mädchens aus Tynemouth gefunden. Kimberley Farrugia (16) war laut ih-

rer untröstlichen Mutter ein fröhliches, lustiges Mädchen, das nach dem Suizid ihres Vaters zwei Jahre zuvor Depressionen entwickelt hatte. Die Mutter und ein Freund der Familie, Jamie Spellman, sahen das Mädchen in den Tod springen. Sie waren auf der Suche nach Kimberley, nachdem sie gemerkt hatten, dass sie am Sonntagabend aus dem Haus geschlichen war.

Der restliche Text ist nicht zu entziffern. Maureen betrachtet wieder das Foto. Es ist kaum etwas darauf zu erkennen, aber etwas an der Art, wie Jamie seinen Arm um die Frau gelegt hat, und daran, wie Olive sich in seine Schulter schmiegt, deutet darauf hin, dass sie miteinander geschlafen haben. Sie hat sich das öfter gefragt. Olive hat das während ihrer Treffen nie zugegeben, sie hat fest behauptet, dass sie nur befreundet gewesen seien, aber sie spricht immer sehr gut über Jamie und betont immer wieder, dass sie nicht weiß, warum sie in die Gruppe aufgenommen wurde – was sie aber nicht davon abhält, regelmäßig zu kommen.

»Ich wusste doch, dass ich den Namen schon mal gehört habe«, sagt John triumphierend und pikst mit dem Finger auf das Bild. »Ich kann mich an den Fall erinnern, hab zeitweise daran gearbeitet. Eigentlich war ich nicht zuständig, aber irgendwer wurde gefeuert oder war im Urlaub, irgendwas in der Art.«

»Hast du je rausgefunden, was sich damals abgespielt hat?«, fragt Maureen. Das Datum auf dem Artikel verrät ihr, dass sie schon mit John zusammen war, als er in diesem Fall ermittelte, aber er nahm seine Arbeit immer sehr ernst und hat ihr nie von laufenden Ermittlungen erzählt, darum überrascht es sie nicht, dass er das nie erwähnt hat.

John reibt sich mit der Hand übers Kinn. »Ich hatte so einen Verdacht.«

»Du glaubst nicht, dass das Mädchen gesprungen ist?«

»Wäre möglich«, sagt John. Er lehnt sich zurück und deckt die Augen mit einer Hand ab, was anzeigt, dass er sich etwas ins Gedächtnis zu rufen versucht. »Mir kam damals zu Ohren, dass sie schon mal auf dem Revier gewesen war und sich über ihn beschwert hatte, über *deinen* Jamie.«

»Er ist nicht *mein* irgendwas«, sagt sie.

»Früher war er es aber, hab ich recht? Aber das ist vorbei und vergessen.« Johns Blick wird hart. »Jedenfalls hatte das junge Mädel offenbar behauptet, dass er sie verfolgen würde, dass er ihr unheimlich sei, aber niemand hatte eine Anzeige aufgenommen. Paul, der Beamte, mit dem sie gesprochen hatte, kannte die Mutter des Mädchens, und die Mutter meinte, er sollte der Kleinen keine Beachtung schenken, die hätte es gerade schwer, und sie wäre ihm dankbar, wenn er keine große Sache draus machen würde. Mir war das suspekt, also habe ich später einen Blick in ihr Zimmer geworfen, nach einem Tagebuch gesucht oder so was, aber da war nix.«

»Ich wette, er hatte irgendwas geplant.« Maureen spürt, wie Zorn und Abscheu und Scham sie durchströmen.

»Na ja, du hast ihn besser gekannt als irgendwer sonst, oder?«

Maureen bläht die Nasenlöcher und hält sich zurück. »Als Kind, ja, und damals war er … schrecklich. Verstört. Nicht normal. Wer weiß, was später aus ihm geworden ist.«

»Komisch. Genau das Wort hat die Mutter des Mädchens auch benutzt, um sie zu beschreiben. Verstört. ›Kim war verstört‹, sagte sie immerzu.«

»Also …«

»Vielleicht sagen Eltern so was, wenn sie bei der Erziehung ihrer Kinder keine besonders gute Arbeit geleistet haben, wenn ihre Kinder aus dem Ruder laufen oder wenn sie ihnen nicht genug Beachtung schenken und nicht mitbekommen, dass ihr Kind in Gefahr ist, dann spielen sie sich was vor und behaupten: *Ach, das Balg ist nur verstört, das hat nichts mit meiner Erziehung zu tun.*«

»Du hast keine Ahnung, wie das für mich war.«

»Du und du. Immer geht es nur um dich, Maur.«

»Das ist nicht …«

»Ich habe mich damals durchaus gefragt … weißt du, er war unheimlich, hat kaum geblinzelt, was weiß ich. Damals habe ich mich durchaus gefragt, ob er sie vielleicht umgebracht hat, aber als ich die beiden befragt habe, haben sie heilige Eide geschworen, dass das Mädchen sich hinuntergestürzt hätte. Ohne einen Beweis konnte ich nichts unternehmen. Aber falls doch … was bist du dann?«

Maureen reißt die Augen auf. So hat John sie noch nie angesehen, so kalt und anklagend. Es ist, als wäre etwas zwischen ihnen zerbrochen, als wäre plötzlich jedes Verständnis verloren gegangen.

»Falls er jemanden umgebracht hat, falls er das wirklich getan hat, hat das nichts mit mir zu tun. Ich hatte ihn nicht mehr … kaum noch gesehen, seit er fünfzehn war.«

»Tja, es ist die alte Frage, nicht wahr? Veranlagung oder Umwelt?«

»Veranlagung. Eindeutig Veranlagung.«

»Dachte mir, dass du das sagst«, kommentiert John mit einem kleinen, traurigen Lächeln. »Ich werde mal bei Nova Stokoe anläuten. Keine Ahnung, ob diese Olive irgendwas weiß, vielleicht hat sie ihn seit Jahren nicht gesehen, vielleicht aber doch.«

Angst durchbohrt Maureens Herz wie ein Pfeil. Wenn jemand sie in Schwierigkeiten bringen kann, dann Olive, das ist ihnen allen klar. Falls Nova mit ihr spricht, könnte alles auffliegen. Dann könnten sie alle im Gefängnis landen.

»Ach, ich glaube, das ist nicht nötig.« Sie versucht, möglichst ruhig zu klingen, und legt eine Hand auf Johns Arm. »Lass Nova einfach ihre Arbeit tun, Schatz.«

»Ein Tipp kann nicht schaden.«

»Vielleicht schickst du sie damit auf die falsche Fährte.«

»Was verheimlichst du eigentlich?« John steht auf. Er ist viel größer als sie und sieht streng auf sie herab. Sie fühlt sich winzig, so als wäre sie geschrumpft und er gewachsen, als würde er den ganzen Raum ausfüllen und sie wäre nichts neben ihm. Am liebsten würde sie ihm alles erzählen. Sie fragt sich, ob er sie je wieder respektieren könnte, falls sie ins Gefängnis müsste, falls sie alle ins Gefängnis müssten. Vielleicht würde dadurch das Gleichgewicht in ihrer Beziehung wiederhergestellt.

»Nichts. Sonst nichts. Ich finde bloß – es ist einfach nicht mehr deine Aufgabe.«

»Du musst ihn wirklich gehasst haben«, sagt John, und seine Mundwinkel verziehen sich zu etwas, das ihr fast wie ein Feixen erscheint.

»Wie meinst du das?«

»Man sollte doch annehmen, du würdest wollen, dass der Mord an deinem Neffen aufgeklärt wird, oder?«

14

KAYSHA
6. JANUAR 2000

Die Uhr im Turm vor dem Rathaus schlägt neun Uhr, als Kaysha bei Nova ankommt. Wenn sie zusammen sind, fühlt es sich jedes Mal an, als könnte es das letzte Mal sein, und so reißen sie sich die Kleider mit einer Verzweiflung vom Leib, die nur aus Verlustangst entsteht. Sie schaffen es nur bis zu dem Lammfellimitat vor dem Kamin, wo sie im flackernden Licht schwitzen. In einem äußerst intimen Moment stört sie ein wiederholtes Vibrieren in der Tasche von Kayshas Jeansjacke, die gleich hinter der Tür auf dem Boden liegt. Die Vibrationen lassen die emaillierten Anstecker auf der Jacke auf den Fliesen klappern, und Nova hält inne.

»Willst du rangehen?«

»Nein.« Kaysha wühlt die Finger in Novas Haar und drückt ihr Gesicht wieder nach unten. Irgendwann verstummt das Telefon, und Kayshas Schultern sinken entspannt in das künstliche Fell. Sekunden später schrillt ein blecherner Klingelton aus Novas Nokia-Handy, das auf dem Couchtisch liegt.

»Ist das etwa *Inspector Gadget?*«, fragt Kaysha und sieht Nova über ihren Körper hinweg an.

Die Angesprochene wird rot. »Halt den Mund«, sagt sie. Sie küsst Kayshas Schenkel und richtet sich auf.

»Nicht jetzt«, sagt Kaysha und packt Nova am Handgelenk, als die auf Händen und Knien zu ihrem Handy krabbeln will. »Ich bin so kurz davor.«

Nova sieht erst Kaysha und dann ihr Handy an. Kaysha streckt den Rücken durch und zieht an Novas Handgelenk, und Nova dreht sich lächelnd wieder um.

Als Nova hinterher unter der Dusche steht, legt Kaysha ein paar zusätzliche Scheite aufs Feuer und sieht dann nach ihrem Handy. Sie hat eine Voicemail von Maureen bekommen, in der sie ihr flüsternd erklärt, dass ihr Mann einen alten Artikel gefunden hätte, der Olive mit Jamie in Verbindung bringt, weshalb er jetzt mit Nova Kontakt aufnehmen will. Maureen braucht ihr nicht zu erklären, warum das gefährlich ist. Wenn Olive befragt wird, kann die ganze schmutzige Geschichte auffliegen. Olive ist immer noch in Jamie verliebt, sie hält ihn immer noch für unschuldig. Kaysha ist inzwischen klar, dass es ein Fehler war, Olive in die Gruppe zu holen. So wie Kaysha es sieht, kann Olive unmöglich akzeptieren, was Jamie getan hat, weil sie dann auch akzeptieren müsste, dass sie selbst den Wolf in ihr Haus gelassen und ihm höchstpersönlich den Tisch gedeckt hatte.

Kaysha löscht die Sprachnachricht und macht bei Novas Handy dasselbe. Sie sorgt sich, dass Maureens Mann noch einmal Kontakt aufnehmen könnte, darum blockiert sie seine Nummer und schaltet anschließend das Handy aus. Gleich darauf geht die Dusche aus, und sie hört, wie Nova auf ihren merkwürdigen, immer knarrenden Holz-Badvorleger tritt. Kaysha schiebt das Handy unters Sofa, und im selben Moment öffnet Nova die Badezimmertür.

»Soll ich uns Pizza bestellen?«, fragt Nova lächelnd und knotet die Schlaufe ihres Bademantels zu.

Eine Stunde später liegen sie zusammen auf dem Sofa und schauen zu, wie Sarah Michelle Geller und Selma Blair in *Eiskalte Engel* auf ihren ersten Kuss zusteuern. Kaysha zupft zuerst die Peperonistücke von ihrem Pizzastück und isst sie, dann folgt der Käse und zum Schluss, nachdem sie die Tomatensoße von ihren Fingern geschleckt hat, der Boden. Nova isst ihre Hälfte, vegetarisch, ganz normal.

»Dafür bin ich damals fünfmal ins Kino gegangen«, erzählt Nova, bevor sie das Band zurückspult und sich den Kuss noch einmal ansieht.

»Hätte ich nicht anders erwartet.« Kaysha sitzt zwischen Novas Knien und schaut zu ihr auf. Sie isst das letzte Stück Pizza und wischt sich die Hände an der Decke ab, in die sie sich gewickelt hat.

»Ferkel. Nimm ein Geschirrtuch oder sonst was.«

»Ich will mich auf keinen Fall bewegen, also ist es das hier oder dein Bademantel.«

»Wehe dir, der ist aus Seide.«

Kaysha lässt grinsend ihre Finger über Novas blauem Morgenrock zappeln. Nova beugt sich vor und klappt den Pizzakarton zu.

»Das war schön«, sagt Kaysha.

»Warst du jemals in New York?«, fragt Nova.

»Nein.«

»Ich würde gern mal hin. Ich möchte mal die Pizza probieren.«

»Drüben heißt das *Pizza Pie.*«

»Mir gefällt das … du weißt schon, wenn ihnen im Film die Pizza so in den Mund baumelt. Das fand ich immer voll cool. Ich will einfach nur diese Schlabberpizza probieren.«

»Du willst also in New York mit all den Galerien, Theatern und Sehenswürdigkeiten im Grunde nur eine labbrige Pizza essen?«

»Genau.«

Als Kaysha lacht, schlingt Nora die Arme um sie und küsst sie auf den Scheitel. So läuft das schon seit drei Jahren, immer wieder finden sie zusammen und verstoßen sich anschließend aufs Neue. Der Reiz des Verbotenen wirkt erotisierend, ständig horchen sie sich gegenseitig aus, flüstern sie sich im Morgengrauen vertrauliche Informationen zu, als wollten sie sich gegenseitig für die Nacht bezahlen. Kaysha kann sich richtig dafür begeistern, sie liebt das Gefühl der Gefahr, wenn sie aufgrund eines Gerüchts, das sie in zwielichtigen Bars oder einschlägigen Drogencafés aufgeschnappt hat, Nova die richtige Richtung weisen kann. Im Gegenzug bekommt sie Tipps für ihre nächste große Story, etwa den Namen eines Hotels, in dem sich ein Mord ereignet hat. Manchmal kennt sie ihn schon.

Kurz bevor Kaysha mit Sarah zusammenkam, hatten sie und Nova beschlossen, es mit einer festen Beziehung zu probieren. Vor allem Nova hatte die heimlichen Treffen und verstohlenen Küsse satt und wollte etwas Ernsthaftes. Ein ganzes Leben hatte sie damals vor Kaysha ausgebreitet wie eine Landkarte, dabei alle Falten glatt gestrichen und genau ihre gemeinsame Route beschrieben. Sie würden zusammenziehen, irgendwohin an den Stadtrand, wo sie ein Haus mit Garten mieten konnten, vielleicht sogar eine Dachwohnung mit Terrasse, mitsamt einem Hof voller Topfpflanzen, deren grüne Tentakel an den Wänden hochklettern würden. Und sie hätten eine Küche mit Kochinsel, einen so schönen Raum, dass sie sich gegenseitig schwören würden, backen zu lernen, nur um es dann doch nie umzusetzen. Sonntags würden sie den ganzen Vormittag im Bett liegen, manchmal verkatert, und Zeitung lesen. Nachmittags würden sie Cluedo spielen, und Kaysha würde das Spielbrett umwerfen, weil sie nicht verlieren kann – dafür würde sie regelmäßig beim Scrabble gewinnen. Vielleicht würden sie eines Tages heiraten, falls das je legal werden sollte. Möglicherweise würden sie eines Tages, falls sie es wollten, irgendwie ein Kind bekommen. Vielleicht sogar zwei. Kaysha hatte nie ernsthaft an eine Heirat gedacht, aber das Leben, das Nova ihr beschrieb, wirkte so lebendig, so reklamemäßig perfekt, dass sie sich unwillkürlich von der Vorstellung verzaubern ließ.

Beide waren damals in einer Beziehung. Kaysha war seit vier Jahren mit Gillian zusammen. Gillian war ursprünglich eine alte Schulfreundin gewesen, die irgendwann zu einer festen Freundin geworden war, und für kurze Zeit war ihre Beziehung richtig romantisch gewesen. Ein Jahr bevor Kaysha Schluss machte, waren sie in eine sexlose Freundschaft zurückgefallen, hatten aber vergessen, das Etikett wieder zu ändern. Ihre Beziehung war nie besonders leidenschaftlich gewesen, darum war Gillian nicht überrascht, als Kaysha sich schließlich von ihr trennte. Sie wirkte beinahe erleichtert. Gillian beichtete, dass sie ebenfalls jemanden kennengelernt hatte, was Kaysha einen Stich versetzte, obwohl sie genau wusste, dass sie kein Recht hatte, böse zu sein. Das Haus, in dem sie wohnten, gehörte Gillian, und Kaysha versprach, bis zum Monatsende auszuziehen. Bestimmt hätte Gills neue Flamme bis dahin ohnehin den Umzugswagen bestellt.

Nova brauchte länger, um sich mit ihrer Freundin auszusprechen. Sie erzählte Kaysha, dass sie es immer wieder versuchte, aber dass Ella jedes Mal das Thema wechseln würde. Schließlich, zwei Tage vor Kayshas geplantem Einzug, setzte sich Nova mit Ella zusammen und erklärte ihr, dass ihre Beziehung beendet sei – behauptete sie jedenfalls. Ihre Worte stießen auf taube Ohren. Ella erklärte ihr, dass sie einen Knoten entdeckt hatte. Sie war deswegen noch nicht beim Arzt gewesen, aber sie hatte schreckliche Angst, darum konnte Nova sie nicht guten Gewissens verlassen. Kaysha fragte Nova, ob sie Ella nicht auch als gute Freundin unterstützen könnte und ob sie es für richtig hielte, trotz fehlender Liebe bei Ella zu bleiben, nur weil sie krank sein könnte. Nova erklärte ihr, sie könnte nicht mit jemandem Schluss machen, der Krebs haben könnte. Kaysha sammelte ihre Sachen zusammen und zog ab, mit gebrochenem Herzen, aber fest entschlossen, dieses Spiel kein zweites Mal mitzumachen. Sie versprach sich selbst, dass sie nie wieder so etwas über sich ergehen lassen würde. Sie musste nach vorn blicken, sich in ein Projekt stürzen, sich ablenken. Und das hatte sie getan.

Eine Woche später trieb Kaysha Sarah auf, die erste Frau auf ihrer Liste von Frauen, die unter Jamie gelitten hatten, und es machte sofort klick. Sarah bot ihr eine Unterkunft an – in ihrem Landhaus gab es viele leere Zimmer. Sarah war geradeheraus und hatte einen düsteren Humor, und in ihr brannte ein ebensolcher Zorn wie in Kaysha. Sie verfügte über ein prall gefülltes Konto, das sie nur geerbt hatte, weil ihre Eltern niemanden gehabt hatten, dem sie es sonst hinterlassen konnten; trotzdem arbeitete sie schwarz für einen Fünfer pro Stunde in dem Pub unten an der Straße, *bloß so zum Spaß*. Kaysha erkannte schon bald, wie gebrochen Sarah innerlich war und wie die jeden Nachmittag fällige Flasche Wein ihr einerseits half, Haltung zu bewahren, und sie andererseits zerfraß. In jener ersten Nacht blieben Kaysha und Sarah bis zum Morgengrauen wach und erzählten sich gegenseitig ihre Geschichte. Sie weinten beide, dann redeten sie weiter, und schließlich wurden sie wütend und begannen zu planen. Als es dämmerte und sie miteinander schliefen, war der Sex leidenschaftlich und zornig und befriedigend. Kaysha fand Sarah attraktiv – sie mochte Frauen, die für sich selbst sorgen konnten –, aber ihr war klar, dass sie sich nicht wirklich auf sie einlassen konnte, nicht nachdem die Sache mit Nova so schiefgelaufen war.

Nova ist eingedöst. Ihr Kopf hängt über der Armlehne des Sofas, ihr Morgenmantel ist aufgegangen, und Kaysha kann ihre Wange auf die sommersprossige Brust betten. Sie lauscht Novas Herzschlag, spürt die Wärme ihre Haut, atmet ihren Duft ein. Ihre Körper fügen sich so gut zusammen, dass etwas in Kaysha darauf reagiert und sie unwillkürlich hofft, sie könnten in einem Paralleluniversum ohne Mordermittlungen, also auch ohne Sarah und Ella, völlig vorbehaltlos zusammen sein. Nova bewegt sich im Schlaf, als hätte sie Kayshas Gedanken gehört, drückt Kaysha an sich und murmelt etwas, das sich zu sehr nach *Ich liebe dich* anhört, als dass Kaysha es ignorieren könnte. Kurz vor dem Einschlafen wünscht sie sich, sie könnte ewig in diesem Augenblick leben.

15

SADIA
7. JANUAR 2000

Mit siebzehn hatte Sadia zum ersten Mal das Gefühl, alles verloren zu haben. Damals saß sie in einem muffigen Krankenhauszimmer, das für schwierige Gespräche reserviert war. Auf dem Tisch stand eine Vase mit künstlichen Lilien, und die Fenster ließen sich nicht öffnen, darum war die Luft dampfig und roch wie in jedem Krankenhaus süßlich und nach Chemie. Der Arzt bat Sadia und ihre Mutter, auf ihn zu warten, während er ein weiteres Mal die Ergebnisse ihres Scans prüfte, und Sadia kaute auf ihren Nägeln, bis ihre Mutter ihr die Hand vom Mund wegzog. Als der Arzt zurückkehrte und sich setzte, sah er blass aus. Sadia fragte sich, wie oft er in diesem Zimmer wohl schon ein Todesurteil ausgesprochen hatte.

»Ich habe leider schlechte Neuigkeiten«, sagte er.

»Ich sterbe«, sagte Sadia, doch ihre Mutter brachte sie leise zum Schweigen. Der Arzt lächelte.

»*So* schlecht auch wieder nicht«, sagte er und fuhr sich, gleich wieder ernst, mit der Hand übers Gesicht. »Die gute Nachricht ist, dass Sie nicht krank sind. Alles … funktioniert so, wie es soll. Aber die schlechte Nachricht ist, dass nicht alles vorhanden ist.«

»Wie meinen Sie das?«, fragte Sadias Mutter. Sie schob ihre Finger zwischen Sadias und drückte sie.

»Ganz einfach ausgedrückt, wurden Sie ohne Uterus geboren – darum hat Ihr Monatszyklus bisher nicht eingesetzt.«

»Was heißt das?«, fragte Sadia und legte instinktiv die freie Hand auf ihren Unterleib. »Also … was macht … was passiert jetzt?«

»Der Uterus ist der Ort, an dem ein Fötus heranwachsen würde.« Er zog einen Notizblock aus der Tasche und zeichnete eine grobe Skizze. Sadia hatte im Biologieunterricht Zeichnungen des Fortpflanzungsapparats gesehen, sich aber nie große Gedanken darüber gemacht, darum waren ihr die verschiedenen Bezeichnungen inzwischen entfallen – doch der Arzt zeigte sie ihr nacheinander auf, wobei er jeweils mit dem Stift auf die entsprechende Stelle tippte. Sie hatte die zwei kleinen runden Eierstöcke, aber die waren an eine nutzlose Masse angeschlossen, wo eigentlich ein Uterus sein sollte, und diese Masse erstreckte sich nach unten bis zu ihrer Vagina, die seinen Worten nach zu flach war, weshalb Sadia manuelle Erweiterungsübungen bräuchte, sonst würde sie später Schwierigkeiten beim Sex haben. Sadia lief daraufhin rot an, während ihre Mutter zischte: »Darüber kann sie sich Gedanken machen, wenn sie verheiratet ist!«

Der Arzt redete weiter, als hätte er nichts gehört. »Der springende Punkt ist, dass ohne einen Uterus ein Monatszyklus unmöglich ist, genau wie eine Schwangerschaft. Es tut mir leid, Sadia.«

Sadias Mutter sah ihn mit großen Augen an und Sadia vollkommen verständnislos.

»Und Sie können das nicht heilen?«, fragte Sadia.

Der Arzt schüttelte den Kopf und rieb mit der Hand über sein unrasiertes Kinn. »Da können wir leider gar nichts tun. Es tut mir leid.«

Sadia verstummte und starrte still auf die Spitzen ihrer weißen Nikes, die unter dem Saum ihres Rocks hervorsahen, während ihre Mutter zahllose Fragen stellte, ohne eine einzige befriedigende Antwort zu erhalten, bis sie endlich nach Hause durfte.

Sadia hatte sich nie viele Gedanken gemacht, ob sie irgendwann Kinder haben wollte, denn das war immer eine abstrakte Gewissheit gewesen – dass ihre Zukunft, die noch zu weit entfernt war, als dass sie sich jetzt schon den Kopf darüber zerbrechen musste, ähnlich aussehen würde wie ihre jetzige Familie: Sie würde auf die Uni gehen, heiraten und irgendwann Kinder bekommen. Sie hatte sich nie Gedanken über Kindernamen gemacht, nie infrage gestellt, ob es ihr bestimmt war, Mutter zu werden, denn das war für sie keine Frage – Erwachsenwerden und Mutterschaft waren Geschenke, die sie öffnen würde, wenn der richtige Zeitpunkt gekommen war. Sie hatte sich nie besonders nach Kindern gesehnt, bis ihr erklärt wurde, dass sie ihr für alle Zeit versagt bleiben würden.

Tagelang lag sie im Bett und überlegte sich Babynamen, träumte von einem Sohn, der ihre Augen hätte, oder von einer Tochter, in deren schwarzen Locken sich die Sonne fangen würde, wenn sie lachend über den Spielplatz rannte. Sadia fragte sich, ob es überhaupt einen Mann gab, der sie heiraten würde, wenn doch feststand, dass sie ihm kein Kind gebären konnte und dass sie sogar beim Sex Schwierigkeiten haben würde. Auf einmal sah sie eine ganz neue Zukunft vor sich, eine, die in jeder Hinsicht öde war. Sie überkam das Gefühl, dass ihr etwas, was ihr rechtmäßig zustand, aus den Händen gerissen worden war, bevor sie überhaupt begriffen hatte, um was für ein großes Geschenk es sich handelte.

An jenem Nachmittag stellte sie zum ersten Mal in ihrem Leben Allahs Güte und tatsächlich auch seine Existenz infrage. Je länger sie über die grausame Wirklichkeit nachsann, in die es sie plötzlich verschlagen hatte, desto mehr zweifelte sie an ihrem Glauben. Ständig bekamen Frauen Babys, gewollt oder ungewollt, während jene, die keine Kinder wollten, zu gefühllosen Gorgonen erklärt wurden, denen etwas Entscheidendes im Leben fehlen würde und die nie wahre Liebe kennenlernen würden – und nun hatte ein Gott, der Sadia bisher immer zur Seite gestanden hatte und den sie genauso innig geliebt hatte wie Er sie, sie zu einer dieser minderwertigen Halbfrauen gemacht. Immer wenn sie an die Menschen gedacht hatte, die weniger vom Glück beschienen waren als sie, hatte sie die Sprüche wiederholt, die sie selbst so oft gehört hatte – Gottes Wege sind unergründlich, vertrau auf Ihn und hilf, wo du kannst. Jetzt gehörte sie selbst zu diesen Unglückseligen, und sie traute Ihm nicht mehr.

Die Wochen vergingen, und sie verhielt sich so, wie es von ihr erwartet wurde; sie ging zur Schule, sie betete, sie kochte und putzte und kümmerte sich um ihre Geschwister, wenn ihre Eltern arbeiten waren, aber sie tat alles ohne jedes Gefühl. Es war, als hätte sie irgendwie die Kraft verlassen, etwas zu empfinden. Sie war in einem Leben gefangen, das bisher auf ein festes Ziel zugesteuert hatte, auf ein Happy End, zu dem es nun nie kommen würde. Irgendwann begann sie, in ihren freien Stunden durch die Stadt zu fahren. Manchmal raste sie über die Ringstraße, einmal rund um Manchester und viel schneller als erlaubt, nur um aus dem Haus zu kommen. Bald begann sie die letzte Stunde zu schwänzen und fuhr noch weiter aus der Stadt hinaus; anfangs achtete sie noch darauf, wie gewohnt um vier Uhr zu Hause zu sein, später war ihr das egal. Wenn sie dann um Mitternacht auftauchte, ließ sie die Strafpredigten ihres Vaters ohne jedes Gefühl über sich ergehen und nahm, wenn die Schlüssel für ihr eigenes Auto konfisziert wurden, eben das Auto ihre Mutter. Sie streifte durch Klein- und Großstädte oder malerische Dörfer, raste über schmale Straßen, die sich in heidebedeckten Tälern auf und ab schlängelten, und entging getrieben vom Adrenalin mehrmals nur um Haaresbreite einem Unfall.

An einem Sonntag fuhr sie stundenlang durch die Gegend, bevor sie beschloss, dass sie an den Strand wollte, dass sie auf das endlose Meer schauen wollte, woraufhin sie Ausschau nach Hinweisschildern auf eine Küstenstraße hielt, bis sie eine gefunden hatte. Sie landete in der Nähe von Newcastle, wo sie an einer Klippenkante neben den Ruinen einer alten Kirche oder Burg stand. Die Sicht war klar, und unten drängten sich die Menschen am Strand oder saßen in den Cafés, die sich an die Klippen schmiegten. Es wehte ein starker Wind, unter ihr krachten schaumgekrönte Wellen gegen die Felsen, und sie malte sich aus, wie sie in die Tiefe stürzen würde, wie ihr die Luft ins Gesicht blasen und sie sich eine Sekunde lang absolut frei fühlen würde, bevor alles abrupt zu Ende wäre. Sie breitete die Arme aus und schloss die Augen, lehnte sich in den Wind und ließ ihr Haar, das sie seit einigen Wochen nicht mehr unter einem Schleier trug, wild um ihr Gesicht wehen.

»Vorsicht«, sagte jemand neben ihr und schloss die Finger um ihr Handgelenk. »Du wärst nicht die Erste, die hier runterfällt.«

Der Mann lud sie auf einen Drink ein, und sie nickte, obwohl sie eigentlich keinen Alkohol trank und er wahrscheinlich zu alt war, um eine Siebzehnjährige einzuladen. Er war größer als sie, hatte das helle Haar zur Seite gekämmt und Augen, die in der Sonne funkelten. Er wirkte selbstbewusst und völlig unaufgeregt, so als würde er jeden Tag ein Mädchen auf einer Klippe ansprechen und auf einen Drink einladen. Sie hoffte, dass er es nicht tat.

Er führte sie zu einem Pub ein Stück weiter an der Klippe, und Sadia setzte sich draußen auf eine Bank, während der Mann – der sich als Jamie vorgestellt hatte – hineinging. Er hatte sie nicht gefragt, was sie trinken wollte, und kam mit einer Flasche Weißwein und zwei Gläsern wieder heraus. Eigentlich hätte es sich gefährlich anfühlen müssen, mit einem Fremden vor einem Pub in einer unbekannten Stadt zu sitzen, aber irgendwie schaffte er es, dass sie sich entspannte. Vom ersten Augenblick an hatte sie sich magnetisch von ihm angezogen gefühlt, und bis sie die Flasche Wein ausgetrunken hatten, war sie überzeugt davon, dass sie füreinander bestimmt waren. Er hatte ihr das Leben gerettet. Sie hätte von der Klippe geweht werden und sterben können, aber Jamie hatte ihr das Leben gerettet.

Sie unterhielten sich den ganzen Nachmittag, während die Touristen erst in dichten Trauben und dann nur noch vereinzelt an ihnen vorbeizogen, bis das Jubeln der in der Brandung spielenden Kinder längst verstummt und die Luft kühler geworden war und Jamie Sadia seine Jacke anbot. Sie roch gut, wie teures Aftershave.

»Sie steht dir«, erklärte Jamie ihr. Nachdem ihr das erste Glas zu Kopf gestiegen war, hatte sie nur noch an ihrem Wein genippt, und sie fühlte sich ausgesprochen wohl, alles wirkte fröhlicher, lockerer. Die Welt war warmherziger geworden. »Hast du einen Freund?«

Sadia wurde rot. »Nein.«

Jamies Mundwinkel zuckte nach oben, und er streckte die Hand über den Tisch. Seine Hände waren sauber und ordentlich, und sie konnte sehen, wie sich die Knochen und Sehnen unter der Haut anspannten, während er ihr Handgelenk streichelte. »Gut.«

»Ich war noch nie richtig verliebt.« Etwas in ihr drängte sie, die Wahrheit zu sagen, die ganze Wahrheit, mehr, als er zu wissen brauchte. »Und ich werde nie richtig lieben können, weil ich keine Kinder kriegen kann.«

Es war das erste Mal, dass sie es jemandem erzählte, der das nicht längst wusste, und sie erwartete, etwas Besonderes dabei zu empfinden, eine übergreifende Traurigkeit oder ein

Gefühl von Wertlosigkeit, doch das tat sie nicht, sie fühlte sich nur taub. Sie konnte es selbst noch nicht wirklich glauben.

Jamie kniff die Lippen zusammen und nickte. »Wieso nicht?«, fragte er und drückte ihre Hand.

»Hab keine Gebärmutter«, sagte sie. »Meine Mum flippt aus, sie glaubt nicht, dass mich irgendwer heiraten wird.«

Das brachte ihn so zum Lachen, dass sich Fältchen in seinen Augenwinkeln bildeten und sein Kopf in den Nacken fiel. Sie sah seine rosa Zunge und stellte sich vor, wie sie an ihrem Hals aufwärtsglitt, und bei dem Gedanken wurde ihr warm.

»Wenn du mich fragst, bist du so schön, dass du dir absolut keine Sorgen zu machen brauchst, ob ein Mann dich will«, sagte er. »Du solltest dir eher Gedanken machen, wen du aus der Schlange von Verehrern auswählst. Kinder kann man auch auf andere Art bekommen.«

»Das hast du nett gesagt«, meinte Sadia.

»Ich verrate dir ein kleines Geheimnis«, sagte Jamie und beugte sich über den Picknicktisch. Sie beugte sich ebenfalls vor, bis ihr Gesicht dicht vor seinem war. Sie spürte seinen warmen Atem auf ihrer Wange. »Ich kann auch keine zeugen. Vielleicht war es uns bestimmt, dass wir uns heute treffen.«

Ihre Romanze entwickelte sich in rasendem Tempo, und schon in der folgenden Woche fuhr Sadia ein letztes Mal nach Hause, um ihre Sachen zu holen. Ihre Eltern waren wütend, verwirrt, besorgt, aber sie zog trotzdem aus. Jamie hatte aufmerksam zugehört, während Sadia von ihrem Leben und ihrer Familie erzählt hatte, von ihrer Unfruchtbarkeit und ihrem Gefühl, dass niemand wirklich nachvollziehen könne, was das für sie bedeutete, wie entfremdet und ausgeschlossen sie sich plötzlich von jener Gemeinschaft fühlte, die sie immer geliebt hatte. Jamie hatte ihr stets beigepflichtet, hatte ihr versichert, dass sie etwas Besseres verdient hatte, dass sie einen Neuanfang an einem neuen Ort und eine neue Liebe brauchte. Einen Tag nach ihrem achtzehnten Geburtstag heirateten sie, damals kannten sie sich drei Monate, und zum ersten Mal seit ihrer Diagnose fühlte sich Sadia wieder wie ein ganzer Mensch, denn Jamie liebte sie für das, was sie ihm geben konnte, und machte sich keine Gedanken darüber, was ihr fehlte.

Sie wohnen in einem frei stehenden Haus mit vier Zimmern, das sich in den Ausläufern des Waldes versteckt. Von der Straße aus ist es nicht zu sehen, obwohl man unten im Garten die Autos auf der Landstraße dahinter vorbeifahren hören kann. Nachbarn gibt es keine – in der einen Richtung auf knapp vierhundert Metern kein weiteres Haus, und in der anderen nur den dichten Wald. Früher liebte sie diese Einsamkeit; sie fühlte sich geborgen, vor allem nach Ameeras Geburt, die Bäume waren für sie wie ein Mutterleib, der ihrer Familie Sicherheit und Schutz bot. Jamie bestand von Anfang an darauf, dass sie nicht zu arbeiten brauchte, dass er für sie sorgen würde, und zuerst empfand sie das als Luxus, sie fühlte sich geliebt und ausgefüllt, vor allem, als Ameera in ihr Leben trat. Sie hatte keine eigenen Freunde, sondern nur die von Jamie, und die arbeiteten alle zur selben Zeit wie er, darum verbrachte sie die Tage allein. Oft hatte sie abgesehen von ihrer Tochter mit niemandem Kontakt außer mit den Angestellten in den Cafés, in denen sie saß, und in den Läden, die sie besuchte. Sie begann sich für deren Leben zu interessieren, als würde sie eine Vorabendserie anschauen, verfolgte die Höhen und Tiefen und malte sich aus, sie selbst würde das alles erleben. Tatsächlich war ihr gar nicht klar, wie einsam sie war, nachdem sie ständig erklärt bekam, was für ein beneidenswertes Leben sie führte. Keine Arbeit, Abgeschiedenheit, eine wunderschöne Tochter und ein gutaussehender Ehemann, der für sie sorgte.

Erst jetzt begreift Sadia, wie schrecklich einsam sie ist – da war niemand, der hätte hören können, wie sie sich gegenseitig durch die Küche anbrüllten, der das Zerschmettern einer Glasvase oder den dumpfen Schlag einer Faust gegen einen Brustkorb mitbekommen hätte. Niemanden, der einen Mord bemerkt hätte.

16

OLIVE
7. JANUAR 2000

Zwischen Heiligabend und dem dritten Januar ist die Bibliothek regelmäßig geschlossen, aber in diesem Jahr erscheint Olive weder am fünften noch am sechsten Januar zu ihrer ersten Schicht. Als ihre Chefin anruft, erklärt Olive ihr, sie sei krank, zieht sich dann die Decke über den Kopf und wartet weiter auf den Schlaf. Am siebten läutet das Telefon dreimal über den Tag verteilt, aber sie reagiert nicht. Als Julia später an ihre Tür klopft und durch den Briefkastenschlitz nach ihr ruft, rutscht Olive an der Wand auf den Boden, presst sich an die Heizung und hält die Luft an, obwohl die Vorhänge zugezogen sind.

Knapp zwanzig Minuten klopft Julia immer wieder an die Tür, und zwischen dem Klopfen kann Olive hören, wie sie sich leise mit jemandem unterhält. Vermutlich ist es Nancy, Julias junge Protegé – ein Mädchen, dessen Haut und strähniges Haar die Farbe von wässrigem Porridge haben und dessen Persönlichkeit ebenfalls an Porridge erinnert, findet Olive. Sie hört Julia seufzen und ankündigen, dass sie jetzt die Polizei rufen würde, sie mache sich ernsthaft Sorgen, das sehe Olive überhaupt nicht ähnlich, da müsse was nicht stimmen.

»Alles gut!«, ruft Olive daraufhin. »Ich bin krank. Ansteckend. Geht nach Hause.«

»Olive?«, Julias Finger schieben sich durch den Briefschlitz, und sie versucht, ins Haus zu spähen. Olive hat gute Lust, den Deckel zuzuknallen, die vorwitzigen Finger einzuklemmen und dann zu beobachten, wie sie rosa anlaufen, bis Julia sie aufheulend zurückzieht. »Alles in Ordnung? Machst du uns auf?«

»Geht nach Hause«, sagt sie wieder und hustet gezwungen. »Ihr steckt euch nur an.«

»Sollen wir den Arzt rufen, Olive?«

»Es ist nur eine Grippe.«

»Nancy, ruf gleich mal in der Notambulanz an, ja?«

»Ich brauche keinen Arzt!« Olives Stimme steigt bei jedem Wort höher. Ein paar Sekunden bleibt es draußen still, dann hört sie die beiden Frauen tuscheln.

»Wir gehen jetzt. Nimm dir ein, zwei Wochen frei, Olive. Wir kommen schon zurecht. Sag mir Bescheid, falls du irgendwas brauchst … und gute Besserung«, sagt Julia angespannt, dann hört Olive, wie die beiden abziehen. Minutenlang bleibt sie reglos sitzen, in ihrem Nachthemd in der Ecke unter der Garderobe kauernd. Es ist stockfinster in ihrer Wohnung, nur ab und zu erhellt ein vorbeifahrendes Auto den Flur durch das Fenster über der Tür.

Olive kann sich selbst riechen, sie spürt, wie ihr das seit Tagen verfettende Haar an der Kopfhaut klebt. Gewöhnlich wäscht sie es jeden Morgen, aber in den letzten Tagen und Nächten und den Stunden dazwischen war sie völlig neben der Spur. Das macht die Stille. Früher liebte sie die Stille, sie liebt sie eigentlich immer noch. Darum ist sie so gern in der Bibliothek, denn selbst wenn dort jemand mit ihr spricht, dann nur ganz gedämpft, als wäre sie allein in einer Kirche. Die Menschen beten nur flüsternd und machen sich dabei vor, dass sie Gott um Hilfe bitten würden, aber Olive weiß, dass sie in Wahrheit die Hilfe von jedem erhoffen, der nahe genug ist, sie zu hören. Sie hat ihr ganzes Leben lang ihr Flüstern gehört und sich taub gestellt.

Selbst als Alonso noch am Leben und Kim noch klein war, genoss Olive jeden Tag die stille Stunde, nachdem Alonso zur Mine gefahren war und bevor Kim wach wurde, in der sie Kims Lunchbox vorbereitete, die Kruste von ihrem Sandwich schnitt und vorsichtig einen Streifen von Bauch der Satsuma löste, um ihn anschließend wieder einzusetzen, damit Kims kleine Kinderfinger die Frucht leichter schälen konnten. Manchmal machte sie das auch völlig gedankenverloren für Alonsos Lunch. Dann bügelte sie Kims Hemd vor dem Fernseher, verfolgte die lautlos vorbeiziehenden Schlagzeilen oder versuchte einen Grasfleck aus dem weißen Polyester zu reiben, das sie erst am Vortag gewaschen und gebügelt hatte. Falls sie irgendwas dreckig machen konnte, Kim gelang es garantiert. Ihre Tochter zog das Chaos an, sie war laut und fröhlich und lustig, genau wie ihr Dad. Sie hatte sein Lächeln geerbt, ein breites, offenes Strahlen, bei dem sie die Augen zukniff und jeder winzige Zahn in ihrem Mund zu sehen war. Grübchen so groß, dass man hineinfallen konnte.

Inzwischen dröhnt die Stille in ihren Ohren, und obwohl das Haus schon seit über zehn Jahren so still ist, hat sie sich noch nie so schrecklich allein gefühlt. Sie ist gern allein, dennoch war es schön gewesen zu wissen, dass es irgendwo jemanden gab, dem sie einst etwas bedeutet hat. Jetzt sind alle, die sie je geliebt hat, tot. Sie presst die Finger gegen das kleine goldene Kruzifix um ihren Hals.

Schließlich geht sie in die Küche und stellt das Radio an. Im ersten Moment gellen ihr die Akkorde der *Mondscheinsonate* geradezu in den Ohren, trotzdem dreht sie die Lautstärke bis zum Anschlag auf und legt das Radio ins Spülbecken, um den Schall zu verstärken. Sie öffnet eine Schublade und holt eine Handvoll sauberer, gebügelter Handtücher heraus, wirft sie in die Waschmaschine, stellt das längste Waschprogramm ein und schaltet auch den leeren Wäschetrockner ein. Sie macht den Fernseher an, landet bei einer Quizshow, stellt sie ebenfalls so laut wie möglich und setzt sich auf das Sofa. Sie schlägt die Beine übereinander, schaut zu, wie die Teilnehmerfamilie lacht und der Moderator ein großes, glänzendes Bleaching-

Grinsen aufleuchten lässt. Es ist unglaublich laut im Haus. So laut, dass es kein Wunder ist, wenn sie das rhythmische Stampfen der Musik in Kims Zimmer nicht hört, unter dem sie sich oben für ihren Ausgehabend mit ihren Freundinnen bereit macht, alle inzwischen in den Zwanzigern und damit beschäftigt, in den Beachbars abzuhängen, miteinander zu lachen oder auch mit den Männern, die sie vielleicht küssen werden. Kein Wunder, dass sie Kim nicht auf ihren turmhohen Absätzen durchs Bad klackern hört, auf der Suche nach ihrem blauen Lidschatten, auch nicht das Knarren des Geländers, wenn sie darauf herunterrutscht, um mit einem Drink in der Küche vorzuglühen, obwohl sie weiß, dass Olive das nicht leiden kann. Es ist so laut, dass sie unmöglich hören könnte, wie Alonso aus der Garage hereinkommt, einen neuen Song trällernd, mit falscher Melodie und falschem Text und mehr grauen Haaren im Bart, als sie je zu sehen bekam. Sie wird auch das Brutzeln nicht hören, wenn er eine Handvoll Shrimps in die Pfanne wirft, wird das Klirren nicht hören, wenn er und Kim anstoßen, bevor sie ihr Glas leert und ihren Vater zum Abschied auf die Wange küsst. Wahrscheinlich würde sie nicht einmal das Knallen der Tür hören, die vom Wind ins Schloss geschlagen wird, wenn Kim durch die Haustür verschwindet und Alonso gleichzeitig durch die Küchentür in den Garten geht, um dort zu Abend zu essen. Sie hört nicht, wie in ihrer Abwesenheit Jamie auf der Suche nach ihr ins Haus schleicht, jung und gesund, die Bibel in seiner Hand, und nach oben huscht, zu ihr ins Bett. Sie sind immer noch da, denkt sie, während sie in einen leichten Schlummer abdriftet, sie schleichen nur durch den Krach im Haus, in Grabesstille.

17

KAYSHA
7. JANUAR 2000

Die Stimme des Nachrichtensprechers im großen Fernseher drüben im Wohnzimmer ist kaum über dem Klappern des Geschirrs in der Küche herauszuhören. Das Ritual hat sich seit ihrer Kindheit nicht verändert. Kaysha, die Älteste und Verantwortungsvollste, wäscht ab. Deja, die ewige Langweilerin, trocknet ab, und Dev räumt ein. Er tänzelt dabei herum, auch wenn er inzwischen erwachsen ist, so wie sie alle. Er lässt eine Tasse fallen und lacht.

»Dev!«, ruft ihre Mutter Roxy aus dem Wohnzimmer, weil er schon immer ungeschickt war und sie das genau weiß. »Pass doch auf.«

»Das war Deja!«, ruft er zurück und bückt sich, um die Scherben aufzuheben. »Sie hat das mit Absicht gemacht.«

Sie hören ein ungläubiges »Hmmh« von ihrer Mutter, während Deja ihren Zwillingsbruder finster ansieht, die Augen verdreht und ihre Haare über die Schulter wirft.

»Total kindisch«, sagt sie, drückt ihr Geschirrtuch in Kayshas Hand und stakst aus der Küche. Kaysha und Dev krümmen sich vor Lachen und räumen die letzten Sachen weg. Die beiden waren sich schon immer nahe, trotz des Altersunterschieds und obwohl Dev und Deja Zwillinge sind. Sie witzeln immer, dass Deja ohne jeden Sinn für Humor geboren wurde, dass Dev im Mutterleib sämtliche Persönlichkeitsgene abbekommen hat und für Deja nur die Vorliebe für Hausarbeit und der Hang zum Organisieren längst geregelter Dinge übrig blieb.

Nächste Woche steht ihr siebenundzwanzigster Geburtstag

an, doch weil Dev dann mit ein paar Freunden an einem Strand in Marbella sein wird, feiern sie heute mit einem Familienessen und einer Geburtstagstorte aus dem Supermarkt vor. Sie haben die Kerzen noch nicht angezündet, aber Dev hat schon den Finger in den Zuckerguss getunkt. Sarah, die Kayshas Familie nur ein einziges Mal getroffen hat, ist auch eingeladen, aber Kaysha wollte nicht, dass sie dabei ist. Beide Zwillinge sind zurzeit Single, weil Deja vor ein paar Wochen mit ihrem Freund Schluss gemacht hat und Dev gerade keine Freundin hat, obwohl er sie ansonsten durchwechselt, als würden sie morgen verboten, eine schöner als die andere. Kaysha ist es ohnehin am liebsten so, denn wenn nur die Familie beisammen ist, gehen alle früher oder später ins Bett, nur Kaysha und ihre Mutter bleiben die halbe Nacht wach und reden. Kayshas Mutter ist für sie der liebste Mensch auf Erden. Sie ist ihre Seelenverwandte, sie erzählen sich gegenseitig alles. Fast alles. Kaysha hat seit dem kurzen, angespannten Telefonat an Neujahr kein richtiges Gespräch mehr mit ihrer Mutter geführt, und sie freut sich nicht gerade auf die Unterhaltung, die ihr jetzt bevorsteht. Sie weiß, dass sie ihre Mutter nicht anlügen kann, aber sie will sie auch in nichts hineinziehen. Kaysha sieht Roxy schon an, dass sie es kaum erwarten kann, mit ihr zu reden. Sie weiß, dass irgendwas nicht stimmt.

Nachdem das Geschirr weggeräumt ist, zünden sie die Kerzen auf dem Kuchen an, und die Zwillinge beugen sich vor, um sie auszupusten. Deja zündet sie ein zweites Mal an, weil sie darauf besteht, dass Dev alle Kerzen ausgeblasen hat, bevor sie auch nur Luft holen konnte, darum müssen alle ein zweites Mal *Happy Birthday* singen, diesmal nur für Deja. Sie spielen Monopoly, und Dev gewinnt, nachdem Kaysha ihm für einen Dollar die Parkstraße verkauft hat und er ein Hotel daraufstellt, auf dem Deja landet, weshalb sie spektakulär verliert, und so geht sie ins Bett. Um neun verzieht sich Dev zum

Telefonieren nach draußen und verschwindet ein paar Minuten später mit einem Funkeln in den Augen, das alle nur zu gut kennen. Romesh, der Vater der Zwillinge, aber nicht von Kaysha, sitzt schlafend in seinem Sessel, und so sind nur noch Kaysha und ihre Mutter übrig. Kaysha merkt, dass sie nervös ist wie nur selten in Roxys Gegenwart.

Roxy zieht Kaysha zu sich her, und Kaysha legt den Kopf in Roxys Halsbeuge. Der Fernseher läuft leise, aber beide schauen nicht wirklich hin.

»Also, was ist los, mein Küken?«, fragt Roxy sanft.

»Kann ich dir nicht erzählen«, sagt Kaysha und weiß, dass Roxy diese Antwort respektieren, aber sich nur noch mehr Sorgen machen wird.

»Na gut«, sagt Roxy und streicht über Kayshas Haar. »Hat es was mit deiner Arbeit zu tun und ist vertraulich?«

Kaysha schüttelt den Kopf, obwohl sie weiß, dass Roxy das Thema nicht weiterverfolgen würde, wenn sie Ja gesagt hätte. Aber sie kann ihre Mutter nicht anlügen, das konnte sie noch nie. Kayshas Magen rumort. Sie hasst es, Roxy Dinge zu verheimlichen, selbst wenn es nicht anders geht.

Roxy schweigt eine Weile, dann erkundigt sie sich, wie es Sarah geht. Kaysha zuckt mit den Achseln. Sie will nicht über Sarah sprechen. Sie kann sich selbst nicht leiden, wenn sie daran denkt, wie sie Sarah behandelt.

»Nicht so toll.«

»Wieder an der Flasche?«, fragt Roxy.

»Genau«, sagt Kaysha. Vor Weihnachten hat Sarah ihren Alkoholkonsum einen Monat lang drastisch reduziert. Sie redete davon, alles zu verkaufen und die Welt zu bereisen, irgendwo anders neu anzufangen. Kaysha hätte ihr beinahe geglaubt. Doch seit Silvester trinkt sie mehr als je zuvor.

»Du musst nicht bei ihr bleiben, weißt du? Du bist hier immer willkommen.«

»Ich weiß«, sagt Kaysha, die zwar ihre Familie über alles liebt, aber keinesfalls wieder mit ihr zusammenleben will.

»Du bist nicht für sie verantwortlich.«

»Sie hängt im Moment eben ein bisschen in den Seilen.«

Sie schauen wieder in den Fernseher, wo ein Detektiv im Anzug über den Bildschirm rennt, einem bewaffneten Mann hinterher.

»Du triffst dich wieder mit der Polizistin.«

Kaysha sieht sie von der Seite an. »Woher weißt du das?«

»Ich weiß so was eben«, sagt Roxy. »Ich dachte, ihr hättet Schluss gemacht.«

Kaysha setzt sich auf, dreht sich zur Seite, sodass sie mit dem Rücken zur Armlehne sitzt, und schiebt ihre Zehen unter den Schenkel ihrer Mutter.

»Mach dir wegen Nova keine Sorgen.«

»Ich habe nichts gesagt«, erklärt Roxy, aber gleichzeitig verschränkt sie die Arme. Sie schließt die Augen und wartet stumm ab, und Kaysha weiß, dass ihre Mutter sich gerade auf ihren Atem konzentriert, dass sie ihren Zorn wegzuatmen versucht oder ihre Angst, oder welches Gefühl auch immer sie umtreibt, wenn sie sich vorstellt, dass ihre Tochter mit einer Polizistin schläft. Roxy hat diese Technik von einem Hindu gelernt, der in ihrer Jugend nebenan gewohnt hatte. Der Mann und seine Frau seien immer sehr nett zu ihr gewesen und hätten Roxy gezeigt, wie sie ihren Zorn besiegen konnte, nachdem ihr Vater abgehauen war. Ein einziges Mal hatte er danach Kaysha und ihren Geschwistern eine Weihnachtskarte geschickt, mit einem Fünfer für alle Kinder, aber wiedergesehen hatten sie ihn nie.

Roxys Dad war *weiß* gewesen, ihre Mutter Schwarz. Roxy hatte die hellste Haut unter ihren Geschwistern oder in ihrer Gemeinde, und ihre *weißen* Freunde erklärten ihr immer wieder, wie neidisch sie auf ihre »Bräune« wären, sie hielten im Sommer ihre Arme neben Roxys, um festzustellen, ob ihre sonnengebräunte Haut Roxys Hautton angenommen hatte, oder sie sagten ihr, sie hätten sie *für weiß gehalten*, als sei das ein Kompliment. Roxy hatte das tatsächlich als Kompliment aufgefasst, bis sie alt genug war, um zu begreifen, dass sie damit in Wahrheit sagten, *wir halten dich für einen Menschen*, und dass sie, wäre Roxy so dunkel gewesen wie ihre Mutter, sie niemals für schön gehalten hätten.

»Vergiss nicht, wie sie uns behandeln«, sagt Roxy schließlich.

Kaysha legt stöhnend die Hand auf ihre Augen. Sie haben diese Unterhaltung schon Dutzende Male geführt. »Ich weiß, Mum. Aber sie ist nicht alle – du weißt schon. Sie ist anders.«

»Natürlich ist sie das«, sagt Roxy und hievt sich aus dem Sofa. »Tee?«

»Ja, bitte«, sagt Kaysha und lauscht dem schweren Schnaufen ihrer Mutter in der Küche, dann dem Surren des Wasserkochers und dem Klappern der Tassen. Bis zu ihrem dreizehnten Lebensjahr lebte Kaysha in Brixton, und sie weiß so gut wie jeder andere, wie Schwarze von der Polizei behandelt werden.

»Weiß sie auch, wie sie dich behandelt haben, als du vergewaltigt wurdest?«, fragt ihre Mutter.

Kaysha windet sich innerlich, aber ihre Mutter hatte nie davor zurückgescheut, darüber zu sprechen, was damals passiert ist. *Das Wort nicht auszusprechen macht es nicht ungeschehen*, sagte sie immer. Kaysha empfindet grundsätzlich ähnlich und bemüht sich immer, kein Blatt vor den Mund zu nehmen, aber wenn es um ihr eigenes Trauma geht, empfindet sie anders. Sie hat Nova nie von der Vergewaltigung erzählt, sie findet, dass das nur sie etwas angeht, sie will nicht, dass Nova sie anders als bisher oder als Opfer sieht.

Als Kaysha nicht antwortet, bläht Roxy die Nasenlöcher

auf. »Du hast ihr nichts erzählt, weil du Angst hast, dass sie dich genauso behandelt wie diese Leute damals. Tief drinnen weißt du, dass sie auch nicht anders ist.«

»So eine Beziehung haben wir nicht, Mum. Wir haben nur Sex.«

Roxy hustet in ihren Tee, und Romesh bewegt sich in seinem Sessel, beginnt aber gleich wieder zu schnarchen.

»Blödsinn. Ich hab dich doch gesehen, nachdem sie dich das letzte Mal abserviert hat. Das ist mehr als nur Sex«, sagt Roxy. »Wenn du ihr nicht vertraust ...«

»Ich vertraue ihr aber.«

»Wenn du es sagst.«

»Also, jetzt kann ich es ihr jedenfalls nicht mehr erzählen, oder?«, sagt Kaysha und nickt zum Fernseher hin. Die Abendnachrichten haben begonnen, und Jamies Gesicht leuchtet vom Bildschirm. Auch alle Zeitungen haben über ihn berichtet. Es ist die Art von Story, die Kaysha sich normalerweise sofort unter den Nagel gerissen hätte, doch diesmal hat sie einer Kollegin den Vortritt gelassen. Sie wollte nichts Nettes über ihn schreiben müssen, und genau das wird erwartet, wenn jemand gestorben ist, selbst wenn er ein Arschloch war.

»Die Polizei ermittelt nach dem Tod eines Mannes aus Newcastle, der brutal ermordet in einem Hotel in Byker aufgefunden wurde«, beginnt die Nachrichtensprecherin. Roxy beugt sich in ihrem Sessel vor und lauscht mit offenem Mund. Kurz sieht sie zu Kaysha hinüber.

»Das ist er«, stellt Roxy fest, die Augen weit aufgerissen.

Kaysha nickt. »Seit ein paar Tagen wird in allen Zeitungen darüber berichtet.«

»Ich hatte davon gehört, aber ich hatte ja keine Ahnung, dass er das ist.«

»Doch.«

»Deswegen warst du die ganze Woche so aufgelöst.«

Kaysha sagt nichts, sondern starrt stumm auf den Teppichboden.

»Kay.«

»Ich hab ihn nicht umgebracht.«

»Okay.«

»Wirklich nicht, das musst du mir glauben. Ich war das nicht.«

»Aber du weißt, wer es war?«

Kaysha massiert ihren Nacken. »Das versuche ich gerade herauszufinden.«

»War es Sarah?«

Kaysha spürt, wie wütend sie die Unterstellung ihrer Mutter macht, doch die Wut lässt nach, sobald sie sich vor Augen hält, wie oft sie sich selbst gefragt hat, ob es wohl Sarah war. »Nein, ich war fast den ganzen Tag mit ihr zusammen, als er umgebracht wurde. Sie war höchstens eine Stunde oder so allein.«

»Eine Stunde reicht, um jemanden umzubringen.«

»Sie hat nur eine große Klappe, mehr nicht«, sagt Kaysha. »Sie könnte das gar nicht durchziehen.«

»Aber sie hätte ein Motiv gehabt?«

»Das haben viele.«

18

KAYSHA
MAI 1985

Der Schmerz erreichte Kayshas Brust und strahlte in ihre Schultern aus, in ihr Schlüsselbein, ihren Hals und den Hinterkopf, der gerade auf etwas Hartes krachte. Der Nasenring wurde in ihr Septum gedrückt, und jemand pustete in ihren Mund; sie fühlte sich, als wäre sie fast ertrunken, als hätte sie zu lang den Atem anhalten müssen und als müsste sie sterben, aber gleichzeitig empfand sie eine tiefe Ruhe. Die Schläge hörten auf, dann hörte sie Schritte, sie hustete kurz, und dann spürte sie jemanden an ihrer Seite und hörte eine Stimme, die erleichtert ihren Namen aussprach.

Als sie zum zweiten Mal zu sich kam, spürte sie Finger, die sich erst seitlich in ihren Hals bohrten, dann in ihr Handgelenk, und wieder hörte sie ihren Namen, tief und leise. Diesmal war sie nicht mehr ganz so kraftlos, wenigstens nicht völlig, darum öffnete sie ein Auge, konnte aber wenig mehr sehen als den Schatten eines Menschen und Licht dahinter, und sie fragte sich, ob das eine Art Heiligenschein war, bevor sich ihr Auge wieder schloss und sie erneut wegdriftete.

Beim dritten Mal drückte das Licht gegen ihre Lider, und sie konnte beide Augen öffnen, und sie war in einem ihr unbekannten Raum, und Panik flatterte in ihr auf, tief in ihrem Innersten, an einer fast unzugänglichen Stelle, und irgendwie ahnte sie, dass etwas Schlimmes vorgefallen sein musste, aber es dauerte lang, bis sie spürte, dass ihr Körper auf die

Gefahr reagierte, dass sie weglaufen wollte, aber selbst da konnte sie sich kaum bewegen.

Schließlich kam jemand in den Raum, derselbe Mann wie zuvor. Er lächelte sie an, hielt einen Becher Wasser in der Hand und half ihr, sich aufzusetzen und zu trinken. Er zitterte. Sie hustete, weil ihre Kehle ausgetrocknet und wie zugeschnürt war, und sie fragte sich kurz, ob sie wohl eine allergische Reaktion hatte, und gleich darauf fragte sie sich, ob sie in einem Krankenhaus war, und dann ging ihr auf, dass sie es nicht war.

Im Raum stank es nach Schweiß, billigem Parfüm und feucht süßlich nach Fäulnis. Sie hatte das Wasser kaum hinuntergeschluckt, da musste sie sich übergeben, woraufhin der Mann sie nach vorne zog und zwischen ihre Schultern klopfte. Sie erbrach sich über ihre nackten Knie und auf den Boden und konnte nicht aufhören zu würgen, weil sie sich nicht weit genug vorbeugen konnte. Als ihr Magen endlich nichts mehr hergab, fühlte sie sich kurzfristig wohler und sah sich um und begriff, dass sie den Mann kannte, der sich um sie kümmerte. Jamie. Seinen Nachnamen wusste sie nicht. Er war der Freund eines Freundes, er ging auf ihre Uni, im September war sie eines Abends auf einer Party in seiner Wohnung gewesen und dann weitergezogen. Ihr wollte nicht in den Kopf, wieso sie wieder hier war. Sie konnte sich nicht erinnern, dass sie vorgehabt hatte hierherzukommen.

Jamie half ihr auf, und sie würgte erneut, während er sie festhielt, aber es kam nur noch Galle. Er führte sie aus dem Zimmer über einen dunklen Gang in ein Bad, wo er ihr erklärte, dass sie sich duschen sollte. Dann drehte er die Dusche auf, die über einer Badewanne hing, und erst als sie in der Wanne saß, begriff sie, dass sie schon nackt war. Jamie zog den Duschkopf aus der Halterung, reichte ihn ihr und sagte, sie solle sich abspülen, aber er ließ sie nicht allein, er blieb auf der Toilette sitzen, den Blick auf den Boden gerichtet. Er atmete angestrengt durch die Nase ein und durch den Mund wieder aus, als würde er sich bemühen, ruhig zu bleiben.

»Danke«, sagte sie, und die Stimme brannte dabei in ihrer Kehle. Er sah sie an, und sie zog schamhaft die Knie an die Brust, um sich zu bedecken, obwohl er längst alles gesehen hatte.

»Alles okay?«, fragte er leise und freundlich. Er wischte sich über die Stirn.

»Bin ich gestorben?«, fragte Kaysha und richtete den lauwarmen Wasserstrahl auf ihre Knie, um das Erbrochene wegzuspülen. Der Gestank stach ihr in die Nase, sie musste schon wieder würgen, und Jamie legte einen Finger unter seine Nase.

»Nein«, sagte er.

»Du hast mich wiederbelebt«, sagte Kaysha.

»Ja«, sagte er und sah sie an. Er war blass und legte immer wieder die Hand auf seine Brust, als wollte er sich vergewissern, dass sein Herz noch schlug. »Ich hatte Angst, dass es viel schlimmer um dich steht. Aber dir ist nichts passiert.«

»Was ist denn passiert?«, fragte sie und richtete die Dusche auf ihre schmerzende Brust. Das Bad wurde nur von einer Straßenlaterne hinter dem Milchglasfenster erhellt, aber sie erkannte dunkle Flecken auf ihren Brüsten, frische blaue Flecken oder Bisse. »Mir tut alles weh.«

Jamie gab einen merkwürdigen Laut von sich. »Ja, ich war echt … ich konnte deinen Herzschlag nicht spüren.«

»Danke«, flüsterte sie wieder. Ihre Zähne klapperten. Sie griff nach einem Stück Seife und begann sich einzuseifen. Die Seife flutschte ihr aus den Fingern, und sie fischte sie aus dem fingertiefen Wasser, das sich auf dem Wannenboden gesammelt hatte. Als sie ihre Schenkel einseifte, merkte sie, dass auch sie wehtaten. Sie berührte ihre Vulva und sog die Luft zwischen den Zähnen ein. Der Schmerz überwältigte sie aus heiterem Himmel, presste ihr die Luft aus den Lungen und hinderte sie kurz am Atmen. Jamie sah sie an.

»Alles okay?«, fragte er, und sie nickte.

»Kannst du mich kurz allein lassen?«, fragte sie.

»Ich würde ungern rausgehen, falls du wieder in Ohnmacht fällst«, sagte er, drehte sich aber um, sodass er mit dem Rücken zu ihr und dem Gesicht zur Wand saß. Die Situation war ihr unangenehm, aber sie war immer noch völlig konfus und müde und froh, dass er sich um sie kümmerte. Sie holte tief Luft und legte einen Fuß auf dem Badewannenrand ab, tastete ihre Vagina ab und biss sich auf die Lippe, um nicht laut aufzuschreien. Der Schmerz war messerscharf und dumpf zugleich, und als sie die Finger herauszog, fühlten sie sich glitschig an.

»Kannst du das Licht anmachen?«, fragte sie, und Jamie beugte sich zur Seite und zog an einer Schnur, und das Licht strahlte so hell auf, dass sie kurz die Augen zusammenkneifen musste. Die Helligkeit bereitete ihr Kopfschmerzen, trotzdem sah sie ihre Finger an. Sie waren mit Blut überzogen, hellem und frischem Blut, nicht mit Menstruationsblut. Und etwas mehr, etwas Milchigem, weshalb sie versuchte, noch etwas mehr davon herauszuholen, nur um sicherzugehen. Ihr Herz schlug viel zu schnell, als sie die Masse zwischen den Fingern zerrieb und begriff, was es war.

Als sie den Kopf hob, saß Jamie immer noch mit dem Rücken zu ihr, aber er beobachtete sie über den Spiegel, mit großen Augen und ohne zu blinzeln. Ein Schluchzer platzte aus ihr heraus. Jamie rührte sich nicht.

»Was ist denn passiert?«, fragte sie und seifte sich trotz der Schmerzen ein. Am liebsten hätte sie das Seifenstück in ihr Inneres geschoben, jede Spur ihrer selbst ausgelöscht.

»Wie meinst du das?« Er schlug die Beine übereinander.

Erst jetzt fiel ihr auf, dass er einen Bademantel trug und dass seine dürren weißen Beine unter dem Stoff herausragten wie Luftwurzeln. Das Wasser wurde allmählich kalt, und Kaysha bibberte.

»Was ist denn passiert?«, fragte sie wieder. Sie ließ ihre Hand- und Fußgelenke kreisen, zog Knie und Ellbogen an, um festzustellen, ob sie sich inzwischen wieder bewegen konnte. Ihr Körper war unendlich schwer, alle Gliedmaßen fühlten sich wie abgelöst und müde an.

»Jetzt ist alles okay«, sagte er und sah wieder gegen die Wand statt in den Spiegel. Er knetete seine Hände. »Keine Angst.«

Sie wollte ihm erklären, dass gar nichts okay war, dass sie kaum die Arme heben konnte, dass sie bestimmt nicht allein gehen und schon gar nicht rennen konnte, dass sie nicht wusste, warum sie hier war und was passiert war. Sie sagte nichts.

»Soll ich dir raushelfen?«, fragte er.

»Kann ich ein Handtuch haben?«

Auf dem Boden lag ein Haufen von Handtüchern, und Jamie sah kurz darauf.

»Ich glaube, in meinem Zimmer hab ich eins, das sauberer ist«, sagte er und ging aus dem Bad, ließ die Tür aber einen Spaltbreit offen. Sekunden später war er wieder da. »Es ist nicht direkt sauber, aber immer noch besser als die da.«

Er beugte sich über Kaysha, legte einen Arm um sie und half ihr aufzustehen. Er roch nach altem Schweiß, und sie musste würgen, aber es kam nichts mehr. Als sie aus der Wanne stieg, wäre sie fast ausgerutscht und musste sich an Jamies Schulter festhalten, und dabei öffnete sich sein Bademantel. Ehe er ihn wieder zuziehen konnte, konnte Kaysha kurz seine Brust sehen. Sie war kreuz und quer von dunkelrosa Striemen überzogen, manche so tief, dass sie rot glänzten, und nach ein paar Minuten war ihr klar, dass es Kratzwunden waren.

Kaysha saß auf Jamies Bett, wo die Luft so kalt über ihre Haut wehte, dass sie bibberte, trotzdem war ihr heiß. Jamie hob einen Kleiderhaufen am Fuß des Bettes auf und legte ihn neben sie hin. Es waren ihre Sachen, und sie zog sich an, während er den Blick abwandte. Ihr fehlte eine Socke, das fiel ihm auf, und er schaute unter dem Bett nach, konnte aber nichts finden, sodass er ihr eine aus seiner eigenen Sockenschublade gab. Er trug immer noch seinen Morgenmantel und saß auf seinem Schreibtischstuhl, den Hinterkopf gegen die Wand gelehnt, die nackten Zehen fest auf den Boden gestemmt. Nach einer Weile stand er auf und zog sich ebenfalls an, und als er ein schwarzes Hemd über den Kopf zog, erinnerte sie sich, dass sie ihn am Abend zuvor gesehen hatte, erinnerte sie sich an ein Bild in einer Bar, wo es nach Wodka roch und er ihr ein Glas mit etwas Blauem in die Hand drückte.

Kaysha wollte ihn fragen, was in dem Drink gewesen war, sie wollte ihn fragen, was sie in seinem Zimmer machte, benebelt, halb tot, voller Blutergüsse und Sperma. Sie wollte ihm erklären, dass sie auf keinen Fall mit ihm geschlafen hätte, wenn sie irgendwie bei Sinnen gewesen wäre, im Leben nicht. Sie wollte ihm erklären, dass sie wusste, warum er so nervös war – nicht weil er sich Sorgen um sie machte, nicht weil er sich schämte, sondern weil er sie beinahe umgebracht hätte. Sie wollte ihm erklären, dass sie genau wusste, was er getan hatte, aber sie sagte nichts, und als er sie fragte, ob er sie nach Hause fahren solle, nickte sie und antwortete lächelnd: »Ja, bitte.«

Nachdem Jamies Auto nicht mehr zu sehen war, rief Kaysha ein Taxi und fuhr zum Polizeirevier. Es war kurz nach fünf, und die Sonne kletterte bereits über den Horizont. Sie zog sich nicht um, sie ging einfach so aus dem Haus, und der Taxifahrer meinte: *Wohl 'ne anstrengende Nacht gehabt, Kleine?*, und als sie nicht antwortete, sagte er: *Kein Grund, sich zu schämen, ich hab das oft genug selbst erlebt.*

Das gesamte Polizeirevier roch intensiv nach Desinfektionsmittel, so stark, dass es hinten in Kayshas Nase brannte, als hätte sie Grippe. Sie atmete durch den Mund, um den Geruch auszublenden und nicht zu würgen. Zuerst war ihr der Geruch am Schalter aufgefallen, wo sie darauf gewartet hatte, dass ein Polizist sie ansprach, nachdem sie das Revier betreten hatte. Da vorn hatte die frische Luft, die durch die immer wieder aufgehende Tür zur Straße hereingeweht wurde, den Geruch verdünnt, doch in der ehemaligen Zelle, in die man sie jetzt gebracht hatte und die der Polizist als »Warteraum« bezeichnet hatte, lag er umso schwerer in der Luft.

Es gab kein Fenster im Raum und keine Birne in der Deckenlampe. Neben der Toilette stand eine Stehlampe, die alles in gelbes Licht hüllte. In einer Ecke lag ein Stapel mit zerfledderten Zeitschriften auf dem Boden, und an einer Wand hing ein Poster. Darauf lehnte unter der Zeile *Die Polizei – immer an deiner Seite* ein grinsender Comic-Polizist mit dem Knüppel in der Hand an einer Notrufsäule. Jemand hatte ein paar seiner Zähne geschwärzt.

Kaysha schloss die Augen. Die Echos der Stimmen und der Stiefelschritte in den Gängen schienen sich gegenseitig zu verstärken, selbst das Rasseln in ihrer Lunge erschien ihr unerträglich laut. Ihr Körper war unendlich schwer. Sie konzentrierte sich auf ihre Kopfschmerzen und auf die Blutergüsse an ihrer Hüfte, auf das dumpfe Pulsieren in ihrem Unterleib, bis der Schmerz sich ausbreitete und sie komplett ausfüllte.

Nach einer Ewigkeit trat ein weißhaariger Polizist in die Tür, lehnte sich in den Türrahmen und verschränkte die Arme. Er war groß und kräftig, und die Augen hinter der Brille sahen größer aus, als sie waren.

»Ms Jackson?« Er musterte sie langsam. Kaysha nickte, und er gab ihr mit einem Kopfnicken zu verstehen, dass sie ihm folgen sollte. Sie gingen in einen Raum mit zwei Stühlen und einem Schreibtisch. Im Raum war es zu heiß und zu hell, und eine Wand bestand aus schwarzem Glas. Kaysha wusste, dass das ein Einwegspiegel war, und fragte sich, ob auf der anderen Seite jemand zusah. Der Polizist setzte sich und bedeutete Kaysha, ihm gegenüber Platz zu nehmen, dann zog er ein paar Papiere und einen abgekauten Kugelschreiber aus einer Schublade. Er klopfte die Papiere auf dem Schreibtisch zu einem Stapel, zündete sich eine Zigarette an und sah Kaysha dann in die Augen.

»Also«, sagte er und blies den Rauch gegen die Decke. »Weswegen sind Sie hier?«

Kaysha holte tief Luft. »Ich wurde vergewaltigt.«

»Von wem?«, fragte er und sah sie über die Brille hinweg an.

»Von jemandem namens Jamie.«

»Jemandem namens Jamie«, wiederholte er und machte sich eine Notiz. »Und wo war das? Wann?«

»Gerade eben … vor ein paar Stunden. Ich war bei ihm zu Hause, glaube ich.«

»Glauben Sie?«

»Ich kann mich an kaum was erinnern.«

»Weswegen waren Sie in seinem Haus?«

»Weiß ich nicht. Ich bin nur dort aufgewacht«, sagte Kaysha.

»Und wo waren Sie, bevor Sie in seinem Haus waren?«

Kaysha schilderte tonlos, woran sie sich erinnern konnte, konzentrierte sich dabei auf die Fakten und versuchte, sich nicht von ihren Emotionen aus der Fassung bringen zu lassen. Sie erzählte ihm, dass sie sich mit einer Freundin in der Stadt treffen wollte, um mit ihr die letzte Prüfung im Jahr zu feiern.

»Was studieren Sie?«, fragte der Polizist, und sein Stift schwebte über dem Papier.

»Englische Literatur«, sagte sie.

Er zog eine Braue hoch. »Dann sind Sie bestimmt gut im Geschichtenerfinden?«

»Wie meinen Sie das?«

Der Polizist schmunzelte kopfschüttelnd und schnippte den Zigarettenstummel in einen leeren Mülleimer zu seinen Füßen. »Erzählen Sie weiter.«

Kaysha erzählte weiter. Sie war gegen sieben im Pub angekommen und Denise noch nicht da gewesen. Im Pub war mehr los, als sie erwartet hatte, denn an diesem Abend fand ein Quiz statt, und weil sie nicht daran teilnahm, hatte sie an der Bar sitzen müssen. Sie hatte mitbekommen, wie sich am anderen Ende der Bar ein Pärchen trennte. Der Mann weinte, nachdem die Frau gegangen war, und Kaysha hatte das Gefühl gehabt, in einem intimen Moment zu stören. Der Mann hatte sich schniefend an den Spielautomaten gestellt und die Tasten unnötig brutal bearbeitet. Irgendwann war ihm dabei wohl das Geld ausgegangen, denn er schlug noch einmal gegen den Automaten und stürmte dann aus dem Pub. In diesem Moment rutschte Jamie auf den Barhocker neben ihrem und nickte zum Spielautomaten hin. *Ziemliche Lusche,* hatte er gesagt, ohne jede Begrüßung. Sie hatte ein paar Sekunden gebraucht, um zu begreifen, dass sie ihn kannte, wenn auch nur entfernt, und er nicht irgendein Aufreißer war.

Sie unterhielten sich eine Weile, und sie erkundigte sich nach seinem Studiengang, seinen Freunden, ob er einen Job hätte oder nicht, während er sie nur fragte, mit wem sie sich treffen wolle und wie lange sie noch warten müsse. Er erzählte, dass er Naturwissenschaften studierte und dass die Prüfungen der Hammer gewesen waren. Sie erklärte dem Polizisten, dass sie immer wieder nach Denise Ausschau gehalten hätte, die aber nicht aufgetaucht war, jedenfalls nicht, soweit sie sich erinnern konnte. Kaysha erzählte, dass Jamie ihr irgendwann erklärt hatte, sie sei eine Schönheit, eine wahre Amazone, und dass sie die Augen verdreht hatte und auf die Toilette gegangen war. Als sie zurückkam, hatte Jamie ihnen beiden einen neuen Drink bestellt. Ein Papierschirmchen und eine Cocktailkirsche schmückten den Rand ihres Glases. Sie fand, dass der Cocktail eigenartig schmeckte, aber sie hatte ihn noch nie getrunken und wusste daher nicht, wie er schmecken sollte. Das war ihre letzte halbwegs klare Erinnerung, bevor sie aufgewacht war.

»Wie viel haben Sie getrunken?«, fragte der Polizist, in dessen Mundwinkel die nächste Zigarette hing.

»Ich hatte nur zwei Drinks«, sagte sie.

»Was waren dann die *zwei* Drinks?«

»Der erste war ein Wodka Tonic, und der, den er mir gekauft hat, war ein Cocktail, irgendwas Fruchtiges.«

Der Polizist nickte und kritzelte etwas auf sein Blatt. »Und haben Sie Ihren Drink irgendwann unbeaufsichtigt gelassen?«

»Nein, aber er hat mir den neuen bestellt, während ich auf der Toilette war.«

Der Polizist verdrehte die Augen, lehnte sich zurück und verschränkte die Arme. »Miss Jackson, hat Ihnen Ihre Mutter nicht beigebracht, dass man einen Drink nie unbeaufsichtigt lassen soll?«

»Nein. Sie war vollauf damit beschäftigt, meinem Bruder beizubringen, dass er keine Drogen in fremde Drinks schütten soll.« Die Worte purzelten ungewollt aus Kayshas Mund.

Der Polizist schnaubte. »Ich bin nicht überzeugt, dass Sie unter Drogen gesetzt wurden.«

»Ich war nicht betrunken.«

»Trinken Studenten nicht immer schon zu Hause, bevor sie ausgehen?«

»Manchmal schon, aber …«

»Wahrscheinlich waren Sie einfach betrunken«, sagte er.

»War ich aber nicht.«

»Haben Sie irgendwelche Erinnerungen an den angeblichen Vorfall?«

»Nein.«

»Haben Sie irgendeine Erinnerung daran, dass Sie der sexuellen Aktivität widersprochen haben?«

»Nein, aber …«

»Woher wollen Sie dann wissen, dass der sexuelle Kontakt nicht einvernehmlich war? Wenn Sie sich von einem Mann Drinks spendieren lassen, sendet das ein gewisses Signal aus. Das wissen Sie doch bestimmt.«

Kaysha starrte stumm auf ihre Hände, und Tränen stiegen ihr in die Augen. Sie war hergekommen, um die Vergewaltigung anzuzeigen, denn genau das hatte sie anderen Mädchen immer geraten. Sie gehörte einer Gruppe von – größtenteils *weißen* – Frauen an ihrer Uni an, die sich für einen besseren Umgang mit Opfern von sexueller Gewalt einsetzte, und ihre wichtigste Botschaft war, nach einem sexuellen Übergriff so schnell wie möglich zur Polizei zu gehen. Denn: Je mehr Menschen Vorfälle meldeten, desto eher wäre die Polizei gezwungen, ihnen Gehör zu schenken und etwas zu unternehmen. Die Gruppe hatte Demonstrationen auf dem Campus organisiert und Protestveranstaltungen vor dem Grey-Monument, wo Passanten sie regelmäßig mit Zwischenrufen zu stören versuchten – meist mittelalte *weiße* Männer, die sie als Schlampen beschimpften. Einmal hatte ein Mann eine von Kayshas Freundinnen zu Boden gestoßen und sie beschimpft, dass es ihr recht geschehen würde, wenn sie vergewaltigt würde. Auch damals hatte die Polizei nicht eingegriffen.

»Frauen wie Sie sind gefährlich.«

»Ich will nur eine Vergewaltigung anzeigen.«

»Woher wissen Sie, dass es eine Vergewaltigung war?«

»Weil ich bei ihm auf dem Fußboden aufgewacht bin und nackt war und er mich wiederzubeleben versuchte.«

»Er versuchte Sie wiederzubeleben?«, wiederholte der Polizist und beugte sich über den Schreibtisch.

Kaysha nickte und schloss die Augen. »Er machte eine Herzdruckmassage.«

»Er wollte Ihnen also das Leben retten?« Der Polizist fuhr sich durch die Haare und drückte sie dann wieder glatt. »Dieser Mann hat Ihnen das Leben gerettet, und jetzt wollen Sie ihn wegen einer Vergewaltigung anzeigen?«

»Er hat mich davor vergewaltigt.«

»Richtig.«

»Glauben Sie mir nicht?«

Der Polizist rutschte auf seinem Stuhl herum und rieb mit einer Hand über seine grauen Stoppeln. »Ich weiß nicht, was Sie erwartet haben, Miss Jackson. Sie lassen sich von einem Mann einladen, Sie haben Ihren Drink unbeaufsichtigt stehen lassen, und so wie sich das für mich anhört, sind Sie aus freien Stücken mit ihm nach Hause gegangen. Ich kann keinen Mann wegen Vergewaltigung verhaften, wenn er glaubte, dass Sie mit ihm schlafen wollten, oder?«

Kaysha presste die Handballen in ihre Augen und hielt sekundenlang den Atem an. »Und das ist alles?«

»Hören Sie, Sie sollten sich so eine Anschuldigung gut überlegen, Miss Jackson. Eine Vergewaltigungsanzeige könnte das Leben dieses jungen Mannes ruinieren. Überlegen Sie sich, welche Konsequenzen es haben wird, wenn Sie auf Ihrem Standpunkt beharren.«

Kaysha sackte auf ihrem Stuhl zusammen und spürte, wie ihre Kopfschmerzen explodierten.

»Möchten Sie, dass jemand Sie nach Hause fährt?«, fragte der Polizist. Kaysha öffnete die Augen. Er faltete seine Notizen zusammen und steckte den Stift in die Brusttasche.

»Machen Sie keinen Test?« Sie sah ihn fassungslos an. »Keinen Abstrich?«

»Sie meinen das Vergewaltigungs-Kit?«

»Genau«, sagte Kaysha.

»Das verwenden wir nur bei Vergewaltigungsfällen, Miss Jackson, nicht bei sexuellen Missverständnissen«, sagte er und schob sie mit dezentem Nachdruck aus der Tür. Als sie sich umdrehte, sah sie gerade noch, wie er seine Notizen in den Mülleimer fallen ließ.

Kaysha lehnte sich vor dem Polizeirevier an die Wand und versuchte sich zu orientieren. Sie kannte sich in diesem Teil der Stadt nicht aus. Hier gab es nur Bürogebäude und Lagerhäuser und außerdem ein geschlossenes Restaurant, in dem sie noch nie gewesen war – keine Ladengeschäfte und keine Frauen mit kleinen Kindern. Als sie noch ein kleines Mädchen war, hatte ihre Mutter ihr immer erklärt, falls sie sich irgendwann verlief, sollte sie am besten eine Frau mit kleinem Kind um Hilfe bitten. Das sei am sichersten. Sie befand sich in einer steilen Straße, und unten konnte sie zwischen den Gebäuden das aufstrebende Gitterwerk einer Stahlbrücke erkennen. Sie hatte die Brücken noch nie auseinanderhalten können, abgesehen von der Tyne Bridge natürlich, weil die auch auf den Bierflaschen war, und die war es nicht. Sie ging in die entgegengesetzte Richtung, weg vom Fluss und dem Verkehrsrauschen zu.

Irgendwo schlug eine Kirchturmuhr neun Uhr. Kayshas Erleichterung, in einen vertrauten Teil der Stadt zurückgefunden zu haben, wurde erstickt von einem Gefühl klaustrophobischer Enge, als sie von der Menschenmenge durch die an- und absteigenden Straßen geschoben wurde, die von dunkelblau-weiß gestreiften Buden gesäumt waren. Passanten zwängten sich zwischen aufgestapeltem frischem Obst und erdigem Gemüse durch, zwischen Kleiderständern voller herabgesetzter Designerjeans und Körben mit Batterien und Feuerzeugen und Zigarettenpapier und Vorhangringen, aufgehäuftem Frischfleisch auf Kühltheken und Schwärmen von leblosen, toten Fischen. In den Schaufenstern der Geschäfte hingen elegante pastellfarbene Kostüme, und vor dem Burger-Wagen unten in der Northumberland Street saßen Männer in Overalls und rauchten. Ein orange-weißer Doppeldecker zuckelte zwischen den Geschäften die schmale Straße entlang, und Kaysha folgte einer Menge, die kurz davor die Fahrbahn überquerte. Der Bus hupte, und alle beschleunigten ihre Schritte, um noch rechtzeitig den Gehweg zu erreichen.

»Harte Nacht gehabt, Süße? Noch Lust auf'n Ritt?«, rief ihr einer der Männer zu, als sie am Burger-Wagen vorbeiging. Sie zeigte ihm, ohne aufzusehen, den Finger, und er rief ihr »Schlampe« hinterher, während seine Freunde lachten. Kaysha drängte sich durch die Menschen. Sie hatte ihr ganzes Geld für das Taxi zum Polizeirevier ausgegeben, jetzt musste sie die vierzig Minuten nach Hause gehen. Je weiter sie sich vom Stadtzentrum entfernte und in die Wohnviertel vordrang, desto verwaister wurden die Straßen. Die Filialen der großen Markengeschäfte und die Cafés wurden seltener, immer öfter tauchten überfüllte Eckläden auf, die ihre Waren in Körben und Fächern auf den Gehweg stellten, oder billige Frühstücksrestaurants, die ein volles englisches Frühstück für drei Pfund anpriesen. In jedem zweiten Laden befand sich ein Take-away, und an jeder Kreuzung schlängelten sich Reihenhäuser bis zum Horizont. Unter den vielen Menschen hatte sie klaustrophobische Beklemmungen bekommen, aber in den stillen Straßen fühlte sie sich noch unwohler. Sie malte sich aus, wie fremde Hände sie in eine der kleinen Seitenstraßen zogen, wie sich kalte Finger auf ihren Mund pressten und ihren Schrei erstickten, wie sie ins Dunkel gezerrt und verprügelt und vergewaltigt und ermordet wurde, ohne dass es jemand in den leeren Straßen mitbekommen hätte, und wie hinterher ihr Leichnam unauffindbar im Spalt zwischen einem Schuppen und einem Zaun abgelegt wurde. Als sie ihrem Zuhause näher kam, begann sie schneller zu gehen und schließlich zu laufen. Bis sie in ihre Straße bog, rannte sie in vollem Tempo und war völlig außer Atem. Sie wohnte in einem großen Reihenhaus mit fünf anderen Studentinnen zusammen, und am Erkerfenster unten klebte ein Poster mit der Aufschrift *Mehr Kohle für Minenarbeiter*.

Im Flur war es dunkel und im Haus still. Kaysha schloss die Tür hinter sich ab, ließ die Schuhe von ihren Füßen in den Haufen neben der Tür segeln und rannte nach oben ins Bad. Sie zog ihr Kleid und ihren BH aus, warf beides in den Abfalleimer zu den Tamponhüllen und Schminktüchern und drehte die Dusche auf. Sie atmete immer noch schwer. Ihre Lunge fühlte sich wie zugeschnürt an, und das Herz hämmerte unter ihren Rippen, sie konnte es pochen hören, es in den Handflächen unter ihren Fingerspitzen spüren. Ihre Augen waren voller Tränen, und ein trockenes Schluchzen füllte die kurzen Pausen zwischen ihren Atemzügen. Das Bad war klein und vollgepackt mit Handtüchern und Shampooflaschen, Feuchtigkeitscremes, Seifen und Schwämmen und Luffas, Bodysprays, Parfüms, Flaschen mit Haaröl und Conditioner, Zahnbürsten, Zahnpastatuben und Mundspülungen, Pantoffeln und getragener Unterwäsche, Pyjamas und Spiegeln und dem ungewaschenen Badvorleger. Kaysha fühlte sich, als würde alles über sie hereinbrechen, als würden die Dunkelheit und der Schmutz in diesem Raum und im ganzen Haus sie allmählich erdrücken, sich um sie herum auftürmen, immer weiter anwachsen und sie zur Bewegungslosigkeit verdammen. Kurz bevor die Welt endgültig zusammenbrach, kletterte Kaysha auf den Warmwassertank und drückte das Fenster auf, schob den Kopf zum Spalt hin vor und schnappte nach Luft, als würde sie zum ersten Mal überhaupt Atem schöpfen.

19

ANA
JULI 1997

Ana kam erstmals auf die Idee, nachdem sie über Kaysha Jackson gesprochen hatten. Sie saß mit Jamie im Pub bei einem ausgedehnten Mittagessen, ausgedehnter, als sie es allein zu machen gewagt hätte, und beide schwelgten in Erinnerungen an die Studienzeit. Die Unterhaltung begann ganz fröhlich, sie unterhielten sich über die Bars, in denen sie damals verkehrten, die viel zu süßen Shots, die sie dort getrunken hatten, über alte Freunde und Geliebte. Nach einer Weile verdüsterte sich Jamies Gesicht, und er sagte: *Erinnerst du dich noch an diese Fotze, die behauptet hat, ich hätte sie vergewaltigt?* Ana nickte. Sie erinnerte sich nur zu gut. Sie erinnerte sich an den Morgen, an dem alles angefangen hatte. Jamie hatte in der Küche gesessen, als sie verkatert und beseelt nach einer langen Nacht mit ihrem ersten Freund Chris nach unten gegangen war, um ein Glas Wasser zu trinken. Jamie hatte geweint, und sie hatte ihn noch nie weinen sehen, aber sie erinnerte sich immer noch an die Zärtlichkeit dieses Augenblicks, an die Tränen, die ihm über die Wangen bis runter zu den Mundwinkeln gerollt waren. Sie hatte nicht gewusst, ob sie sich in ihn verlieben oder ihn lieber bemuttern sollte, und wie leicht ihr beides gefallen wäre.

Als er sie bemerkte, versuchte er etwas zu sagen, brachte aber nur ein Schluchzen heraus, daraufhin nahm sie ihn in die Arme, drückte ihr Gesicht in sein Haar und küsste ihn auf den Scheitel, während er sich an sie klammerte und sie seinen feuchten Atem an ihrem Schlüsselbein spürte. Sein Körper wollte nicht aufhören zu beben, obwohl sie ihm über den Rücken rieb und ihn zu beruhigen versuchte, und ihr war klar, dass sie wahrscheinlich nach Sex und Schweiß und Alkohol roch, aber das tat er auch, darum war das okay. Sie erinnerte sich noch an die aufgestapelten Pizzakartons neben der Tür zum Garten, an die Türme von schmutzigem Geschirr in der Spüle, an Jamies Fingernägel, die sich in ihre Taille bohrten, während er weinte. Sie wusste, dass er vor niemandem sonst geweint hätte, und darum war dies für sie fortan der Moment, der ihre Freundschaft zementiert hatte, denn damals hatte er begriffen, dass er vor ihr verletzlich sein konnte. Er vertraute ihr. Ab da fühlten sie sich wie blutsverwandt.

Als er sich ausgeweint hatte, gestand er Ana heiser, dass er etwas Dummes gemacht hatte. Er hatte Drogen genommen, zusammen mit einem Mädchen namens Kaysha, der Freundin einer Freundin, die Ana nur flüchtig kannte. Er erzählte, dass sie miteinander geschlafen hätten, dass er sich nur verschwommen erinnern könnte, aber dass sie miteinander geschlafen hätten und dass sie darauf bestanden hätte, mit ihm nach Hause zu kommen, obwohl sie eigentlich nicht sein Typ war. Ana hatte ihm nickend zugehört, immer noch mit einer Hand auf seiner Schulter. Jamie erzählte, dass sie beide nach dem Sex eingeschlafen wären und er, als er wieder aufgewacht war, festgestellt hätte, dass Kaysha nicht mehr atmete. Ana hatte sich kurz entsetzt gefragt, ob oben vielleicht eine Leiche lag, aber er erklärte ihr, dass er Kaysha eine Herzdruckmassage gegeben hätte, dass der Schock ihn ernüchtert hätte und er darum genau gewusst hätte, was zu tun war. Er hatte sie ins Leben zurückgeholt und sie in die Dusche gebracht, nachdem sie sich überall übergeben hatte, er hätte sich um sie gekümmert, aber trotzdem hätte er Angst, dass sie ihn wegen einer Vergewaltigung anzeigen würde, die er nie begangen hatte. Dann weinte er wieder, und Ana drückte ihn wieder an sich.

Als Frau glaubte Ana instinktiv grundsätzlich der Frau. Wie fast alle Frauen, die sie kannte, hatte auch sie Übergriffe der einen oder anderen Art erlebt. Sie glaubte grundsätzlich der Frau, denn Beweise gab es so gut wie nie. Sie hatte viel Zeit damit verbracht, andere behutsam zu korrigieren, wenn sie behaupteten, Frauen würden Übergriffe erfinden, um Männern zu schaden. *Keine Frau macht so was,* sagte sie dann jedes Mal. *Wirklich keine. Höchstens eine, die total gestört ist.* Aber Jamie glaubte sie. Sie kannte ihn, er würde niemandem etwas antun. Das hatte er nicht nötig. Er sah so gut aus, er fand so leicht Frauen, die mit ihm schlafen wollten, er würde keinesfalls eine Frau vergewaltigen. Eindeutig nicht.

Sie ist nicht mal mein Typ, sagte er immer wieder. *Wahrscheinlich hätte ich gar nicht mit ihr geschlafen, wenn wir nichts genommen hätten.* Ana hatte gedacht, dass Kaysha sehr wohl Jamies Typ war, aber sie sagte nichts, weil sie ihn nicht noch mehr aus der Fassung bringen wollte. Sie war unglaublich wütend auf Kaysha, weil sie mit ihrer Lüge Jamie schadete, aber auch allen anderen Frauen, die einen echten Übergriff melden wollten und ignoriert wurden. Kaysha und Frauen wie sie waren das Problem. Wenn es solche Frauen nicht gäbe, würde den anderen vielleicht zweifelsfrei Glauben geschenkt.

Ana schlug vor, dass sie Kaysha besuchen könnte – irgendwer wusste bestimmt, wo sie wohnte –, um mit ihr zu reden, ihr aus ihrer Panik zu helfen, ihr zu erklären, dass sie betrunken gewesen war und Jamie nicht länger als Vergewaltiger verunglimpfen durfte, dass sie vielleicht aufhören sollte, so viel zu trinken oder Drogen mit Menschen zu nehmen, die sie eindeutig nicht gut genug kannte, um sich in ihrer Gegenwart sicher zu fühlen. Jamie presste die Lippen zusammen und legte eine Hand an Anas Wange, als sie den Vorschlag machte, aber dann schüttelte er den Kopf. Er sagte, das würde so aussehen, als fühlte er sich schuldig und wäre verzweifelt, außerdem wollte er nicht, dass Ana in die Sache verwickelt wurde. Ana nickte und versicherte ihm, dass sich der Sturm bestimmt bald legen würde – immerhin stand sein Wort gegen das von Kaysha, und die Polizei glaubte so gut wie immer dem Mann –, was Ana bei Vergewaltigungsvorwürfen sonst massiv aufstieß. Diesmal allerdings war es von Vorteil, denn Jamie sagte die Wahrheit.

Ana machte sich wochenlang Sorgen, betete jeden Abend für Jamie und auch für Kaysha, endlich das Richtige zu tun. Als sie von ihrer Freundin Evelyn zum ersten Mal hörte, dass Kaysha angeblich vergewaltigt worden sei, fragte sie: *Von wem?* Evelyn zuckte mit den Achseln, starrte aber dabei zu Boden, weil sie, wie Ana vermutete, ihr nicht als Erste erzählen wollte, dass ihr bester Freund ein Vergewaltiger war. *Hör zu,* sagte Ana und nahm Evelyn am Arm, *du weißt, ich bestehe immer darauf, dass man der Frau glauben muss, aber das ist mit Sicherheit nicht so passiert. Ich war zu Hause. Ich hätte irgendwas mitbekommen. Sie hat sich das ausgedacht.*

Irgendwann merkte Ana, dass sie regelmäßig erwiderte, Kaysha sei eine Lügnerin, sobald eine Freundin das Thema anschnitt, und noch später merkte sie, dass sie das Thema selbst zur Sprache brachte, fast schon fremde Frauen auf der Toilette eines Klubs darauf ansprach, oder Männer leise vor Kaysha warnte, wenn sie bei den Studentenversammlungen in ihrer Nähe standen. Schließlich wurde es ihr wichtigstes Gesprächsthema, und sie merkte, wie gut ihr die Sympathie tat, die ihr die gewarnten Männer entgegenbrachten.

Jamie ging an die Bar und holte sich noch eine Flasche Bier und Ana ein weiteres Glas Wein – ihr drittes. Der Nachmittag breitete sich glänzend vor ihnen aus, die Möglichkeiten schienen endlos. Die von der Decke baumelnden Pferdegeschirranhänger aus Messing funkelten im Licht und hatten für Ana etwas von einem abendlichen Vergnügungspark irgendwo am Meer. Trotz ihres Themas spürte sie ein aufgeregtes Kribbeln, so als würde sich etwas Großes anbahnen.

»Ich wünschte, ich könnte irgendwie beweisen, dass sie damals gelogen hat«, sagte Jamie und schälte das Etikett von seiner Flasche.

Ana drehte nachdenklich eine Locke um ihren Finger. »Das müsste sich doch bewerkstelligen lassen.« Sie strich mit den seidigen Haarspitzen über ihre Lippen. Der Wein ließ sie weiträumiger denken als sonst, nichts war mehr linear. »Vielleicht bräuchte es so etwas wie … einen Test?«

»Einen Test?«, fragte Jamie. Er rollte das Etikett zu einem Röhrchen.

»Genau«, sagte Ana. Sie zog die Stirn in Falten. »Mit dem man Spermaproben einem bestimmten Individuum zuordnen kann, um zu beweisen, ob jemand die Wahrheit sagt und wirklich …«

»Das hätte mir aber auch nichts gebracht, oder?«, fragte Jamie. »Der Test wäre positiv gewesen, denn wir haben ja wirklich – wir haben wirklich gefickt. Es gab nur keine Möglichkeit zu beweisen, dass es keine Vergewaltigung war. Vor allem, nachdem wir diese Scheiße eingeworfen hatten, dieses … keine Ahnung, was es war. Irgendeine Vergewaltigungsdroge. Schwerer Anfängerfehler meinerseits.«

»Richtig, dir würde das nichts bringen«, stimmte Ana nachdenklich zu. »Dass es keine Vergewaltigung war, lässt sich im Nachhinein unmöglich beweisen, aber wir könnten anderen helfen. Wir könnten … weit zurückliegende Vergewaltigungsfälle aufklären, vielleicht historische Spermaproben korrekt zuordnen.«

»Wird das nicht schon gemacht?«

Ana zuckte mit den Achseln. »Soweit ich weiß, ist die Methode nicht besonders zuverlässig.«

Jamie leerte seine Flasche und rutschte auf seinem Stuhl herum. »Und du glaubst, du könntest so was schaffen?«

»Es fällt eindeutig in unser Fachgebiet, oder? Und wenn

wir dadurch verhindern können, dass noch jemand ungerechtfertigt beschuldigt wird, würde sich die Sache lohnen.«

»Klingt nach einem Haufen Arbeit.«

»Wir könnten uns zusammentun«, sagte Ana und tippte mit den Fingernägeln gegen ihr Glas. »Wenn du fragen würdest, könntest du Phil bestimmt dazu kriegen, dass er uns das als Spezialprojekt genehmigt.«

Jamie beugte sich vor und legte die Hand auf Anas, entweder, um ihrem Klicken Einhalt zu gebieten, oder in einer Geste der Zuneigung. »Ich glaube, das wäre eher dein Ding.«

»Du willst mir nicht helfen?«

»Du brauchst mich nicht. Es war deine Idee, und ich weiß, dass du das auch allein hinbekommst. Und wenn du damit fertig bist, für deine Forschung jede Menge Preise einsackst und die Welt für Männer wie mich einfacher gemacht hast, dann wird man dir endlich die Anerkennung zukommen lassen, die du verdient hast. Echte Anerkennung als Wissenschaftlerin.«

Ana drückte Jamies Finger, die sich durch seine geschoben hatten. Ihr Bruder, ihr Seelenverwandter. Ihre Blicke trafen sich.

»Ich liebe dich«, sagte sie, wie schon tausendmal zuvor.

»Nicht so sehr wie ich dich.«

SEPTEMBER 1999

Ana betrat als Letzte den Konferenzraum, weil in der Nacht ein Kurzschluss ihre Hauptsicherung zerschossen hatte und darum ihr Wecker nicht geläutet hatte. So erschien sie – zum ersten Mal überhaupt – zu spät zur Arbeit. Bis sie sich hinten im Konferenzraum auf einen Stuhl gesetzt hatte, ungeduscht und verschwitzt, waren alle Croissants aufgegessen und der

Kaffee kalt. Phil empfing sie mit einem bissigen Kommentar, als käme sie ständig zu spät und würde ihn damit zum Wahnsinn treiben, und sie entschuldigte sich, bevor sie Platz nahm. Jamie fing ihren Blick auf und zwinkerte ihr zu, und sofort verflog ihre Verlegenheit. Immerhin war das *sein* Meeting. Er hatte ihr erklärt, sie solle auf jeden Fall kommen – *es ist wichtig*, hatte er gesagt –, er hätte etwas zu verkünden. Sie war verwirrt, denn sonst erzählte er ihr grundsätzlich, was er vorhatte, selbst wenn sie es gar nicht wissen wollte. Sie hatte sich gefragt, ob er an ihr vorbei befördert worden war, und dabei einen eifersüchtigen Stich gespürt. Überrascht hätte sie das nicht, auch wenn beide wussten, dass sie bessere Arbeit leistete – sie machte viel weniger Patzer als er und brachte einen beträchtlichen Teil ihrer Zeit damit zu, in aller Stille Jamies Fehler auszubügeln. Das zählte für Phil allerdings nicht – für ihn zählte, dass Jamie charmant, sympathisch, *einer von den Jungs* war. Ana nicht.

Phil räusperte sich und fuhr mit der Hand über sein chronisch gerötetes Gesicht, bevor er zu sprechen begann. Zuerst gab er die üblichen wöchentlichen Updates zu den Unternehmenszahlen, redete über einige interne Angelegenheiten, größere Projekte und kurz über die Weihnachtsfeier – die würde nicht wie ursprünglich geplant in der Fed Brewery stattfinden, sondern aus finanziellen Gründen im Pausenraum, bei Wein und Snacks.

»Ich möchte eindringlich bitten«, sagte er mit hochgezogener Augenbraue und einem Schmunzeln in Richtung Jamie, »dass niemand in seiner trunkenen Weisheit versucht, sein Arschloch zu fotokopieren. Wer mit seinem fetten Hintern den Kopierer ruiniert, bekommt das Gehalt gekürzt.«

»Und was ist, wenn die Ladys ihre Brüste fotokopieren wollen?«, fragte Jamie todernst. »Ist das noch erlaubt?«

»Das ist absolut akzeptabel, vorausgesetzt, du und ich bekommen einen Abzug«, sagte Phil. Er zog ein Taschentuch heraus und schnäuzte sich. »Und jetzt zum aufregenden Teil.«

»Noch aufregender als Möpse?«, fragte Jamie mit hochgezogenen Brauen. Phil lächelte. Selbst vom anderen Ende des Raumes konnte Ana erkennen, dass er sich Schnodder in den Schnauzer geschmiert hatte.

»Also, Jamie hat aufregende Neuigkeiten – für ihn persönlich, aber auch für Parson's insgesamt. Er arbeitet in seiner Freizeit schon eine ganze Weile an einem kleinen Projekt.« Phil verstummte und sah Jamie an, der ihm zunickte. Er sah aus wie ein Kind, dem vor der gesamten Schule ein Preis verliehen wird. Ana fing wieder Jamies Blick auf und zog fragend die Brauen hoch: *Was meint er?* Jamie presste nur die Lippen zusammen und zwinkerte ihr erneut zu, bevor er wieder Phil ansah. »Und ohne dass einer von uns etwas davon geahnt hätte, hat der gerissene kleine Teufel seine Arbeit beim Preiskomitee der *Coel Foundation for Scientific Advancement* eingereicht.«

Ana spürte ein Kitzeln, das von Verwirrung oder Neid oder Zorn herrühren mochte. Der Coel-Preis war ein Riesending. Sie hatte vorgehabt, ihre eigenen Forschungen schon dieses Jahr einzureichen, hatte aber das Exposé nicht rechtzeitig fertigbekommen. Ihre Forschungen waren abgeschlossen, wahrscheinlich hätte sie die Arbeit schon einreichen können, wenn sie gewollt hätte, aber es sollte alles perfekt sein. In einem Umfeld, in dem sie trotz ihrer Fähigkeiten permanent übersehen wurde, musste ihre Arbeit absolut fehlerfrei sein, wenn sie Beachtung finden sollte. Lieber wartete sie ein weiteres Jahr, ehe sie etwas Suboptimales abschickte.

Phil machte eine dramatische Pause und sah sich im Raum um, als wollte er sich überzeugen, dass alle Augen auf ihn gerichtet waren. Jamie grinste über alle Backen, und noch ehe Phil sagte: *Und er hat ihn verfluchte Scheiße noch mal gekriegt,* wusste Ana Bescheid. Sie erkannte es an Jamies Miene, ihr Gesicht fiel in sich zusammen, ihr stiegen Tränen in die Augen, und auch wenn sie sich einzureden versuchte, dass es Freudentränen für Jamie waren, der etwas so Großartiges geschafft hatte, wusste sie, dass sie in Wahrheit neidisch war. Alle im Raum applaudierten, die Männer rund um Jamie klopften ihm auf den Rücken, beugten sich über den Tisch, um ihm die Hand zu schütteln, und Ana wischte die Tränen von ihren Wangen. Als Jamie sie ansah, reckte sie den Daumen nach oben und starrte dann auf den Teppichboden, um die Fassung wiederzufinden. Sie hätte sich für ihn freuen sollen und hasste sich, weil sie es nicht konnte. Sie fühlte sich hintergangen, so als hätte er sie belogen, indem er ihr nicht erzählt hatte, dass er etwas für den Coel-Preis einreichen wollte oder dass er auch nur an einem Projekt arbeitete. Sie hatte ihn ständig über ihr Projekt auf dem Laufenden gehalten, obwohl er sich nicht hatte beteiligen wollen. Es war wie eine Ohrfeige, vielleicht war ihre Freundschaft doch nicht so eng, wie sie bisher geglaubt hatte. Vielleicht kannte sie ihn doch nicht so gut, wie sie angenommen hatte, oder aber er vertraute ihr nicht.

»Bitte lies uns doch dein Exposé vor«, sagte Phil und reichte Jamie eine Plastikmappe. »Es ist … brillant. Ich wusste gar nicht, dass du so gut schreiben kannst.«

»Charmant wie immer, Phil«, sagte Jamie, nahm die Mappe und zog die Dokumente heraus.

»War natürlich ein Witz«, sagte Phil. »Also, steh schon auf, steh auf.«

Jamie stand auf. Er lächelte, sah kurz zu Ana her und schien eine Sekunde zu zögern. Auf seinen Blick hin stockte ihr der Atem, und die Sekunde dehnte sich, so wie man beim Stolpern eine Sekunde das Gefühl hat, in der Luft zu hängen, bevor man auf dem Boden aufschlägt. Dann begann er zu lesen, und aus seinem Mund kam ihre Stimme, kam ihre Arbeit, Wort für Wort für Wort, ohne die kleinste Abänderung wehte jede Zeile exakt so durch den Raum, wie Ana sie geschrieben hatte.

20

ANA
JUNI 1988

Ana fand Toms Version der Geschichte, wie sie sich kennengelernt hatten, immer romantischer, darum erzählte sie, wenn sie gefragt wurde, alles aus der Perspektive ihres Mannes. Toms Mutter hatte es übernommen, ihm eine Braut zu suchen, nachdem sie sich jahrelang nach einem Enkel gesehnt hatte und ihr einziges Kind zu ihrem großen Verdruss Single geblieben war. Schließlich gab sie eine Kontaktanzeige auf und erhielt zwölf Antworten. Sie öffnete die Briefe nicht, sondern überreichte sie ihrem einunddreißigjährigen Sohn eines Sonntags nach dem Mittagessen. Als Tom begriff, was für Briefe es waren, warf er sie seufzend in den Müll, aber Doris holte sie wieder heraus und steckte sie ins Handschuhfach seines Autos, als er nach dem Tee auf ihrem Sofa eingenickt war.

Tom entdeckte die Briefe, als er ein paar Tage später im Handschuhfach nach seiner Sonnenbrille fischte. Er stöhnte, aber er hatte einen beschissenen Tag hinter sich und dachte, dass ihn die Briefe zumindest zum Lachen bringen könnten. In Wahrheit hätte er liebend gern jemanden gefunden, mit dem er länger zusammenblieb, aber die Vorstellung, wieder durch die Pubs ziehen zu müssen, um Frauen kennenzulernen, war ihm ein Gräuel. Acht Briefen lagen Fotos bei, teils recht suggestiv, teils reine Porträtaufnahmen, aber ihn interessierte mehr, was in den Schreiben stand. Einige Frauen wirkten einsam, andere fühlten sich von der Anzeige angesprochen, in der er eine Handbreit größer war und sein Job – Reinigungskraft an der Universität – wesentlich eindrucksvoller klang. Seine Mutter hatte ihn als *Angestellten im akademischen Sektor, Bereich Abfallbeseitigung* beschrieben –, was in jeder einzelnen Zuschrift Nachfragen ausgelöst hatte.

Er las und beantwortete jeden einzelnen Brief bei einer Flasche Bier. Die meisten Schreiben waren recht konventionell – es wurden Hobbys und Jobs aufgezählt, es kamen Fragen nach seinem Leben oder seinem Kinderwunsch, und ob er sich vorstellen könnte, jemanden mit Kindern zu daten und so weiter und so fort.

Ana hatte gleich im ersten Absatz geschrieben, dass sie Transgender war, hatte erläutert, was das bedeutete, und dann ausgeführt, dass sie das in einer potenziell romantischen Beziehung gern vorab geklärt hätte, damit es später kein Gesprächsthema zu sein brauchte. Sie schrieb, sie wolle nicht als sexuelles Experiment oder als »exotische« Kerbe am Bettpfosten herhalten. Sie sei auf der Suche nach aufrichtiger, echter Liebe. Und danach erwähnte sie all das kein weiteres Mal, weder in diesem Brief noch in allen weiteren; stattdessen schrieb sie über Bands, die ihr gefielen, über Bücher, die sie gelesen hatte, und über ihr Leben als Wissenschaftlerin mit brasilianischen Wurzeln.

Weder mochten sie die gleiche Musik, noch lasen sie die gleichen Bücher, aber im Lauf der nächsten Tage stellte Tom fest, dass er immer wieder zu Anas Brief griff. Ihre Ehrlichkeit ließ ihn nicht los, die Ernsthaftigkeit ihres Schreibens und das Gefühl, dass sie – genau wie er – eine echte Beziehung oder andernfalls lieber gar nichts wollte. Nachdem er sich einige Tage den Kopf zerbrochen hatte, wie er seine Antwort formulieren sollte, schickte er Ana einen Brief mit einem Foto, für das er eigens seinen Bart gestutzt hatte und zum Fotografen gegangen war. Er schrieb, er fände sie lustig und interessant, er wüsste es zu würdigen, dass sie ihm vorab geschrieben hatte, dass sie trans war, und er hätte sich zwar nie Gedanken darüber gemacht, ob er einen Transmenschen daten wollte, aber er gehe nicht davon aus, dass er sich daran stören würde. Sie klänge einfach nett, und er würde gern wieder von ihr hören.

Eine Woche darauf schickte sie ihm einen Antwortbrief, und drei Monate lang korrespondierten sie ausschließlich per Post, bis sie sich endlich zu einem Treffen entschlossen. Tom hatte sie vom ersten Brief an kennenlernen wollen, aber der köstlich langsame und romantische Briefwechsel hatte seinen ganz eigenen Reiz. Bei jeder Frau im Supermarkt oder in der Bibliothek fragte er sich, ob sie das wohl war, ob ein glücklicher Zufall sie noch vor ihrem geplanten Treffen zusammenführen würde.

Sie beschlossen, sich an einem Samstagnachmittag auf einen Drink zu treffen, irgendwo in der Stadt, wo genug los war, damit Ana sich sicher fühlte, aber nicht so viel, dass sie sich nicht unterhalten konnten. Ana schlug ein Restaurant am Kai vor, wo es meist nicht so voll war wie in der Innenstadt, aber genauso schön.

Tom erschien mit einem Strauß Lilien und zehn Minuten zu spät, was ihm irgendwie immer passierte, ganz gleich, wie früh er das Haus verließ. Er erkannte Ana auf den ersten Blick, obwohl sie ihm nie ein Foto geschickt hatte. Er war ihr schon bei der Arbeit begegnet, in den letzten Jahren allerdings nicht mehr. Sie war ihm jedes Mal aufgefallen, wenn sie, meist mit einem Arm voller Bücher, im Korridor an ihm vorbeigegangen war. Oft wurde sie dabei von einem großen *weißen* Mann begleitet, der anscheinend nicht ihr fester, aber sichtlich ein enger Freund war. Tom hatte sie immer hübsch gefunden, aber sich keine großen Gedanken darüber gemacht – es war nicht seine Art, Studentinnen anzusprechen. Inzwischen sah sie anders aus, nicht mehr hübsch, sondern schön, so als wäre sie in ihren Körper hineingewachsen.

Der Tag war unerwartet sonnig, und sie saß auf dem Bürgersteig vor dem Restaurant an einem Zweiertisch, ein Glas Rotwein in der Hand und das Gesicht dem Fluss zugewandt, wo jemand mit einem Jetski durchs Wasser pflügte. Sie trug ein Sommerkleid und einen Strohhut, das schwarze Haar hing ihr lose über die Schultern, und ihre Haut leuchtete golden im Sonnenschein. Sie sah aus, als gehörte sie ins Fernsehen.

»Tom?«, fragte sie, als sie ihn bemerkte. Sie stand auf und reichte ihm die Hand, bevor sie ihn abwechselnd zweimal auf jede Wange küsste. »Ich bin Ana.«

»Die sind für dich.« Auf einmal war Tom verlegen, als hätte er irgendwie die falsche Ana bekommen. Er spielte nicht in ihrer Liga, das war sonnenklar. Sie nahm die Blumen lächelnd entgegen, roch daran und bat dann einen vorbeikommenden Kellner um ein Glas Wasser, um sie hineinzustellen.

»Ich kenne dich«, sagte sie und sah ihn über die Sonnenbrille hinweg an.

»Aus der Uni«, sagte er leicht atemlos und setzte sich.

»Ja«, sagte sie. »Ich hätte nicht gedacht, dass ich dich wiedererkennen würde.«

Tom zuckt mit den Achseln. »Die Reinigungskräfte fallen eigentlich niemandem auf.«

»Du musst mir aber aufgefallen sein.«

»Du bist mir auch aufgefallen.«

Ana lächelte, und in ihren Augen bildeten sich Fältchen. »Muss hart sein, hinter Studenten herzuputzen.«

»Ist es wirklich. Härter, als ich gedacht hätte. Putzen ist eigentlich nicht mein Fachgebiet. Nicht, dass das was Schlechtes wäre.« Er merkte, wie er ins Schwimmen geriet, konnte aber nicht aufhören zu reden. »Ich habe einen Abschluss in Informatik und wollte danach unbedingt unterrichten, aber als ich fertig war, gab es keine freie Stelle im Fachbereich, darum habe ich den ersten Job an der Uni angenommen, der mir über den Weg lief, nur damit sie mich nicht vergessen, falls irgendwann was frei wird. Inzwischen putze ich seit Jahren, und noch immer haben sie keinen Job in der IT ausgeschrieben.«

»Irgendwann wird bestimmt was frei.«

»Hoffentlich«, sagte Tom und lächelte sie an. »Und du bist Chemikerin?«

»Genau.«

»Cool. Arbeiten viele Frauen in eurem … Büro?«

»Labor«, korrigierte sie ihn. »Ein paar, aber die meisten in der Verwaltung, nicht in der Forschung. Die ist ziemlich männerdominiert. Eine *Wissenschaftlerinnen-Barbie* gibt es bis heute nicht, richtig?«

»Ja, nein. Vielleicht sollten wir den Barbie-Leuten schreiben, dass sie eine rausbringen sollen.«

»Unbedingt«, sagte Ana. Ihr Glas war leer, und sie bat den Kellner, der gerade vorbeikam, ihr die Flasche zu bringen und dazu ein zweites Glas für Tom. »Wie geht's Izzy?«

Izzy war Toms Katze. Er hatte einem seiner Briefe drei Bilder von ihr beigelegt, denn Ana hatte geschrieben, dass sie Katzen liebe. Izzy war sechzehn und baute allmählich ab, dauernd musste sie wegen des einen oder anderen Leidens zum Tierarzt.

»Ist einfach nicht unterzukriegen«, sagte Tom.

Ana lachte. »Ich würde sie gern kennenlernen.«

»Ich glaube, sie würde dich auch gern kennenlernen«, sagte er.

»Ich kann's kaum erwarten.«

»O Mann. Dein Akzent ist …«

»Schrecklich, ich weiß, das sagen meine Freunde ständig. So nasal.«

»Ich wollte bezaubernd sagen. Du sprichst ein so perfektes Englisch.«

»Tja, also, wahrscheinlich deshalb, weil ich es praktisch mein ganzes Leben lang spreche«, sagte sie und zog eine Braue hoch. Tom hatte das Gefühl, etwas Falsches gesagt zu haben, aber sie lächelte. »Sprichst du irgendwelche Fremdsprachen?«

»Nein … also, in der Schule hatte ich Französisch und bin kläglich gescheitert. Ich bin mit knapper Not durchgekommen. Aber vor ein paar Wochen, also, da habe ich angefangen, Portugiesisch zu lernen.«

»Portugiesisch?«

»Ja, also, du weißt schon. Ich habe mir in der Bücherei ein Buch mit CD ausgeliehen. Und im September startet an der Volkshochschule ein Abendkurs, den ich vielleicht belegen wollte.«

»Portugiesisches Portugiesisch oder brasilianisches Portugiesisch?«

»Gibt's da Unterschiede?«

»Brasilianisches ist schöner«, sagte Ana und legte eine Hand auf ihre Brust. »Wenn du mich fragst.«

»Ich weiß nicht, welches ich lerne.«

»Wieso interessierst du dich überhaupt dafür, Portugiesisch zu lernen?« Sie lächelte ihn über ihr Weinglas an und lehnte sich zurück.

»Na, du weißt schon. Wir Engländer, wir erwarten immer, dass überall jeder unsere … also dass jeder Englisch spricht. Und wir machen uns nie die Mühe, andere Sprachen zu lernen, und du weißt schon …« Er wurde rot und trank ebenfalls einen großen Schluck Wein. »Du sollst nicht denken, dass ich von dir erwarte, immer meine Sprache zu sprechen.«

Ana hob lächelnd ihr Glas, sie stießen an und tranken.

»Vergiss den Kurs«, sagte Ana. »Ich werde dich unterrichten.«

SEPTEMBER 1999

Der größte Teil der Gemeinde bestand aus jahrhundertealten Bergarbeiterhäuschen, die sich, in langen Reihen aufgefädelt, zu beiden Seiten der Hauptstraße ausbreiteten wie Lungenflügel. Die Häuser hatten keine Gärten, nur ungepflegte, betonierte Hinterhöfe, über die sich Wäscheleinen zogen wie Spinnweben, mit einem gemauerten Schuppen, in dem sich früher die Toilette befunden hatte. In der Ortsmitte gab es eine kleine inselartige Ansammlung von Geschäften und dazu ein paar Pubs, und an den Waldrand kauerte sich eine vernagelte Kirche. Das Tal dahinter fiel, in kleine Felder und Haine unterteilt, ab bis zu dem dünnen Flüsschen, das den Talgrund in zwei Hälften zerschnitt. Wenn im Winter der Schnee die Felder und Dächer überzog und die Pelze der Schafe und die Äste der Koniferen bestäubte, glich es dem Idyll einer Weihnachtskarte.

Die Straße, in der Ana und Tom wohnten, lag etwas weiter talaufwärts als der übrige Ort, direkt neben einem Golfplatz und einem Feld mit Highland-Rindern. Das Haus war billig gewesen, weil das Dorf als »raues Pflaster« galt, was aber nur bedeutete, dass die Menschen hier arm waren und Heroin und billiges Hasch konsumierten statt Koks wie die Leute in der Stadt.

Rauch stieg aus den Kaminen in den goldenen Septemberabend auf, und wie so oft am Freitagabend düste ein roter Mini Cooper über die Hügelkuppe und hielt vor Toms und Anas Haus.

»Das glaub ich einfach nicht«, sagte Tom und schaute mit schief gelegtem Kopf aus dem Küchenfenster auf das Auto. Ana hob den Kopf aus den Händen, auf denen er länger geruht hatte. Tom streckte die Schultern durch. »Na, der kriegt was zu hören …«

»Nicht.« Ana legte die Hand auf seinen Arm. Sie wischte

sich schniefend das Gesicht ab und fuhr sich mit den Fingern durchs Haar. Sie sah sich um. In der Küche standen noch die Überreste vom Frühstück. »Kannst du das Geschirr in die Spülmaschine räumen?«

»Willst du ihn etwa sogar diesmal in Schutz nehmen?«, fragte Tom und zog seinen Arm zurück. Er sah wieder aus dem Fenster.

»Nein, aber …«

»Was für ein dreistes Arschloch!«, sagte Tom. »Glaubt wohl, er kann hier einfach reinspazieren, als wäre nichts passiert.«

»Tom«, unterbrach Ana ihn fest. Jamie lehnte am Auto, während Sadia Ameera aus dem Kindersitz holte. Er hatte eine Flasche Champagner in der Hand.

»Der Typ kommt mir nicht ins Haus.«

»Überlass das mir«, sagte Ana. Sie beugte sich vor, überprüfte ihr Spiegelbild in der Ofenscheibe und versuchte die unter ihren Augen verschmierte Mascara wegzureiben. »Ich weiß nicht, wozu er fähig ist, wenn wir ihm eine Szene machen.«

»Was soll das heißen, du weißt nicht, wozu er fähig ist?«

»Ist schon gut – bitte räum einfach die Spülmaschine ein.« Ana rollte ihre Schultern und bündelte ihr Haar in einem Pferdeschwanz.

»Was hat er zu dir gesagt?«

»Nichts. Ich weiß nur nicht … ich weiß nur nicht mehr, wozu er fähig ist.«

»Du kennst ihn besser als jeder andere. Was hat er gegen dich in der Hand?«

»Überlass das bitte mir«, sagte Ana. Tom folgte ihr zur Haustür, und sie legte seufzend die Hand an den Griff. »Bitte halt dich zurück.«

»Wenn du darauf bestehst«, sagte er, aber sie sah etwas in seinen Augen, dem sie nicht traute.

Sobald Ana die Tür öffnete, kam Ameera auf sie zugerannt. Ana hob sie hoch und drückte zahllose Küsschen auf ihr Gesicht, fast wie ein pickender Vogel. Ameera schlang die Arme um Anas Hals. Sie roch nach Knetgummi und Bergamotte, und Ana prustete einen Kuss auf die Kinderwange, um sie zum Lachen zu bringen.

Sadia kam nach ihr durch die Tür und sah – wie immer – aus wie eine Schauspielerin. Das seidig glänzende Haar fiel in weichen Locken um ihr Gesicht, und ihre großen braunen Augen – Ameeras so ähnlich, obwohl das nicht möglich war – waren fast geschlossen, so breit war das Lächeln, mit dem sie Ana begrüßte.

»Hiya«, sagte sie und beugte sich zu einer Umarmung vor. Als sie sich wieder löste, richtete sich ihr Blick auf Anas geschwollene Lider und ihre gerötete Nase. »Alles in Ordnung, Liebes?«

»Ja«, sagte Ana. Sie deutete auf ein paar Lilien, die in einer Vase neben der Tür standen. »Ja, alles gut. Tom hat mir Blumen besorgt, aber ich bin allergisch dagegen.«

»Du Schuft.« Sadia wandte sich kopfschüttelnd an Tom. »Was hast du angestellt?«

»Wie meinst du das?«, fragte Tom.

Sadia lachte. »Was hast du angestellt, dass du ihr Blumen kaufen musst?«

Tom sah erst Ana und dann Jamie an, der in der Tür stand, und schließlich wieder Sadia. »Nicht jeder Mann, der seiner Frau Blumen kauft, hat irgendwas angestellt, Schätzchen.«

Sadia lachte wieder und stemmte die Hände in die Hüften. »Du könntest dir ein Beispiel an Tom nehmen, Mr Spellman.«

»Klar, könnte ich«, sagte Jamie gelangweilt.

Sadia streckte die Hände aus, um Ameera zu nehmen, die auf Anas Hüfte saß.

»Nein«, sagte Ameera und klammerte sich an Ana fest.

»Hast du Tante Ana vermisst?«, fragte Sadia und strich ihrer Tochter übers Haar. Ameera nickte und legte ihren Kopf an Anas Schulter. Ana drückte das kleine Mädchen und küsste es auf den Kopf. Sadia zog ihre Schuhe aus und ging in die Küche.

Jamie lehnte in der Tür, die Beine überkreuzt. Er streckte die Flasche Moët vor, legte den Kopf schief und lächelte Ana mit weichem Blick an – so wie immer, wenn sie wütend auf ihn war. Bisher hatte Ana das immer niedlich gefunden, als wäre er ein ungezogenes Kind, das wusste, dass es in Schwierigkeiten war, und bisher war sie noch jedes Mal weich geworden und hatte ihm verziehen. Diesmal funktionierte es nicht, aber sie nahm ihm die Flasche Champagner ab, woraufhin er sich lächelnd vorbeugte. Er küsste sie auf die Wange, und sie erstarrte unter seiner Berührung. Unzählige Male hatten sie diese Geste durchgespielt, doch diesmal ließ sie sich nicht erweichen, diesmal schlang sie nicht den Arm um ihn, erwiderte sie seinen Kuss nicht. Sie spürte seine kratzigen Stoppeln an ihrer Wange und bekam kurz Angst, dass er ihr mit den Zähnen an die Gurgel gehen könnte wie ein wildes Tier.

Ameera wickelte die Kette von Anas Kruzifix um ihren Zeigefinger, und Jamie streckt Tom die Hand hin, der aber nicht reagierte. Stattdessen legte er den Arm um Ana und starrte Jamie stumm an.

»Kein Ding«, sagte Jamie und folgte Sadia in die Küche. Als er außer Sichtweite war, sah Ana Tom streng an.

»Bitte, Tom«, flüsterte sie und folgte Jamie in die Küche.

Die knapp zehn Jahre alten Zwillinge hatten mitbekommen, dass die Spellmans eingetroffen waren, und kamen die Treppe heruntergerannt, um sie zu begrüßen.

»Wieso seid ihr hier?«, fragte Eloise Jamie misstrauisch. »Daddy hat gesagt, ihr würdet heute Abend nicht kommen.«

Jamie grinste. »Aber wir kommen immer am Freitagabend, Liebes.«

»Ja, ich weiß, aber Daddy hat gesagt, heute kommt ihr nicht«, sagte Eloise und stemmte die Hände in die Hüften, genau wie Tom, wenn er irritiert war. Sadia zog die Stirn in Falten und sah Ana an, die mit den Achseln zuckte.

»Tja, da hat sich Daddy wohl getäuscht.« Jamie bückte sich, um Eloise zu kitzeln. Sekunden später ließ er die Kleine an den Fußknöcheln baumeln, und sie streckte fröhlich kreischend die Fingerspitzen zum Boden, ohne ihn berühren zu können. Es war ihr altes Spiel – Eloise liebte Jamie, und er schenkte ihr viel Aufmerksamkeit. Ana hatte den beiden immer gern beim Spielen zugeschaut, doch als sie ihre Tochter jetzt über dem Boden baumeln sah, kam ihr zum ersten Mal der Gedanke, dass Jamie sie fallen lassen könnte. Er konnte ihr wehtun, wenn er wollte. Sie versuchte den Gedanken zu unterdrücken, immerhin wusste sie genau, dass er Eloise niemals etwas antun würde, aber andererseits hatte Ana auch geglaubt, dass er ihr niemals etwas antun würde. Sie spürte, wie Tom sich neben ihr versteifte, und wusste, dass er das Gleiche dachte.

Alexander saß auf dem Küchentisch und erzählte Sadia von den Keksen, die er und Tom vor ein paar Tagen für einen Wohltätigkeitsverkauf gebacken hatten, doch sobald er Ameera sah, kletterte er vom Tisch und streckte die Hände aus, um Ana die Kleine abzunehmen. Ameera wand sich quietschend aus Anas Arm und reckte sich Alex entgegen. Alex spielte besonders gern mit ihr und trug sie oft herum, obwohl sie halb so groß wie er und eindeutig zu schwer für ihn war. Ana wurde schwer ums Herz – schwerer als sonst. Sie hätte so gern noch ein Kind gehabt. Mindestens eines noch. Sie hatte sich immer eine große Familie gewünscht, ein Haus voller Kinder und Enkel, in dem es nie weit zu einem gurgelnden Babylachen oder zu klebrigen Fingerabdrücken an den Fenstern war. Sie und Tom hatten ein drittes Kind adoptieren wollen, sobald Ana ihr Projekt abgeschlossen hatte, und falls sie den

Preis bekommen hätte, hätten sie mit dem Geld ein größeres Haus kaufen können. Sie war nicht sicher, ob irgendwas davon noch geschehen würde – nicht nur der Hauskauf, sie wusste auch nicht, ob sie eine weitere Adoption riskieren konnten. Jamie wusste zu viel. Es fühlte sich wie ein Verlust an – als hätte sie Kinder verloren, die sie noch nicht kannte, aber andernfalls vielleicht kennengelernt hätte. Und auch für Tom war es ein Verlust, und das traf sie noch mehr.

»Habt ihr nichts gekocht?« Jamie setzte Eloise auf dem Boden ab und nahm Ana die Flasche Moët aus der Hand. Er steckte sie in den Kühlschrank und holte stattdessen eine Flasche Bier heraus.

»Wir können einfach was bestellen«, sagte Sadia, ehe Ana antworten konnte, und sah dann Ana an. »Oder ist es gerade ungünstig, und wir gehen lieber?«

»Nein, ihr sollt nicht gehen!«, rief Alex. Er spielte Pferdchen und krabbelte auf allen vieren mit Ameera auf dem Rücken durch die Küche. »Es ist überhaupt nicht ungünstig!«

»Sei nicht albern«, sagte Ana, öffnete einen Schrank und holte eine Flasche Rotwein und zwei Gläser heraus. Sie reichte Sadia eines davon und wühlte dann in einer Schublade nach dem Korkenzieher. »Ich hatte heute nur Lust auf Chinesisch. Sind alle einverstanden?«

»Schau mal«, flüsterte Eloise, die zu Jamies Füßen saß und seine Schnürsenkel miteinander verknotete. Jamie hatte sie nicht bemerkt, und Ana sagte nichts.

»Das klingt doch super«, sagte Sadia und streckte Ana auffordernd ihr leeres Glas entgegen. Ana sah, dass Sadia ebenfalls Eloise beobachtete, doch auch sie warnte Jamie nicht. »Ich hatte seit Ewigkeiten kein Chinesisch mehr. Jamie will immer nur Kebab.«

Ein Schatten zog über Jamies Gesicht, und Ana fragte sich, ob Sadia von dem schwangeren Mädchen erfahren hatte. Ana hatte gesehen, wie Jamie das Mädchen in einem Pub angesprochen hatte. Er hatte Ana erklärt, dass er sie kennen würde, weil sie in einem Kebab-Laden arbeitete, den er oft besuchte. Sie war viel zu jung für ihn, was Ana ihm auch gesagt hatte, aber als er ihr lachend versichert hatte, sie solle sich deswegen nicht den Kopf zerbrechen, hatte sie das Thema nicht wieder angeschnitten. Es war einfacher so. Jamie hatte das Mädchen nicht wieder erwähnt, bis er ihr vor ein paar Wochen erzählt hatte, dass die Kleine schwanger sei. Ana hatte sich taub gestellt, weil sie sich wünschte, sie hätte es nicht gehört. Ana nahm an, dass nach der Geburt des Kindes das Gleiche passieren würde wie nach Ameeras Geburt – Jamie würde das Neugeborene mit nach Hause bringen, und Sadia wäre selig. Vielleicht wäre sie sogar so überglücklich, dass sie sich nie fragen würde, woher Jamie so viele junge Frauen kannte, die ihm ihre Babys überlassen wollten. Ana wollte sich lieber nicht vorstellen, was Jamie wohl zu Ameeras biologischer Mutter gesagt hatte, damit sie ihr Kind aufgab.

Ana wusste, dass sie egoistisch war. Sie war wütend wegen des Coel-Preises, und sie wusste, dass dies das Ende ihrer Freundschaft war, selbst wenn Jamie glaubte, dass er wie üblich ihr Herz zurückgewinnen konnte – selbst wenn sie so tun musste, als hätte sie ihm verziehen. Sie hatte in den fünfzehn Jahren ihrer Freundschaft so oft die Augen verschlossen und Jamie stur verteidigt, selbst wenn sie nicht sicher gewesen war, ob das richtig war, sie hatte ihn mit Dingen durchkommen lassen, für die sie ihn hätte zur Rede stellen sollen, und in diesem Moment ging ihr auf, dass sie ihm nur so leicht verzeihen konnte, wenn er anderen Schmerz zugefügt hatte, weil sie ihn mehr liebte als irgendeines seiner Opfer. Er war über viele Jahre hinweg, bis die Kinder gekommen waren, der wichtigste Mensch in ihrem Leben gewesen. Manchmal war er ihr sogar wichtiger als Tom gewesen. Öfter, als klug gewesen wäre.

Als das Essen geliefert wurde, stellte Ana die Alubehälter zusammen mit einem Stapel Teller und dem Besteck auf den Tisch, und alle setzten sich, so wie fast jeden Freitag, entweder hier oder in dem kleinen Haus der Spellmans. Sadia bereitete Ameera ein Schüsselchen mit Reis und klein geschnittenem Hühnchen zu, während alle anderen ihre Teller füllten. Tom hatte sich so weit wie möglich von Jamie entfernt hingesetzt.

»Also«, sagte Sadia, als alle angefangen hatten zu essen. Sie lächelte. »Jamie hat was zu verkünden.«

»Etwa noch mehr?«, sagte Tom, ohne von seinem Saté aufzusehen.

»Ach, ihr wisst schon Bescheid?«, fragte Sadia.

Ana starrte auf ihren Teller, atmete tief ein und zählte bis fünf, ehe sie wieder ausatmete.

»Ich hab's dir doch erzählt«, sagte Jamie, während er Reis auf seinen Teller schüttete und mit der Gabel platt drückte. »Wir haben bei der Arbeit darüber gesprochen.«

»Ach, ich dachte, du hättest gesagt …« Sadia wirkte einen Moment verwirrt. Dann erstrahlte ihr Gesicht wieder, und sie stand auf. »Also, sollen wir darauf anstoßen?«

Tom sah Ana über den Tisch hinweg an. Er legte den Kopf schief, und seine Nasenflügel bebten. Sie beugte sich zu ihm, drückte kurz seine Hand und stand dann ebenfalls auf. Sadia holte den Champagner aus dem Kühlschrank, brachte ihn an den Tisch, und Ana holte ein paar Champagnerflöten aus den Tiefen des Schranks, ein Hochzeitsgeschenk von Toms Mutter, während Sadia den Korken knallen ließ.

»Kriegen wir auch was, Mum?« Eloise beugte sich über eines der Gläser und inspizierte das goldene Prickelgetränk. Jamie lachte.

»Auf gar keinen Fall, das ist was für Erwachsene«, sagte Jamie und wuschelte durch Eloise' Haar. Tom hatte schon den Mund geöffnet, doch Ana kam ihm zuvor.

»Du kannst ein *winziges* bisschen mit einem Glas Limonade bekommen«, sagte Ana und schenkte einen Fingerbreit Champagner in zwei Gläser. Eloise streckte Jamie die Zunge heraus, der zwar das Kinn vorschob, aber nichts sagte.

»Du bist die beste Mum der Welt!«, sagte Eloise.

»Merk dir das für das nächste Mal, wenn du dein Zimmer aufräumen sollst«, sagte Ana, bevor sie die Gläser mit Limonade auffüllte und den Zwillingen reichte. Als jeder ein Glas in der Hand hielt, stand Sadia auf. Sie erhob ihr Glas.

»Auf meinen brillanten Ehemann«, sagte sie. »Den großen, preisgekrönten Wissenschaftler. Ich bin so stolz auf dich, du hast so schwer dafür gearbeitet.«

Jamie stieß grinsend mit Sadia an und beugte sich dann vor, um auch mit Ana und dann Eloise und Alexander und zuletzt mit Tom anzustoßen. Tom zog sein Glas zurück, als Jamie ihm seines entgegenstreckte, und nahm einen tiefen Schluck. Ana legte die Hand auf Toms Schenkel. Für einen kurzen Moment grub sich eine Falte in Sadias Stirn, aber sie sagte nichts, und so tranken alle und füllten ihre Gläser nach, bis die Flasche leer war.

»Also, wie lange hast du an diesem Projekt gearbeitet, Jamie?«, fragte Tom nach ein paar Minuten. Eloise pulte die Erbsen aus ihrem Curry und ordnete sie am Tellerrand zu einem kleinen Smiley. »Wie viele Stunden hast du schätzungsweise in die Forschung gesteckt?«

Jamie öffnete den Mund, aber Sadia kam ihm zuvor. »Er hat so verflucht lang daran gesessen, Tom«, sagte sie. »Ganz ehrlich, er hat seit Jahren daran gearbeitet, und immer absolut heimlich. Er war kaum noch zu Hause.«

»Na ja …«, versuchte Jamie einzuwerfen, aber Sadia war nicht zu stoppen.

»Aber die Sache hat sich eindeutig gelohnt, wenn das Preisgeld kommt«, sagte sie. »Ich will unbedingt eine neue Küche.«

»Wenn Ana so selten zu Hause gewesen wäre, hätte ich wahrscheinlich angenommen, dass sie Projekte ganz anderer Art … bearbeitet«, sagte Tom und zwinkerte Jamie zu.

Jamie sah Tom wütend an, doch Sadia lachte, wenn auch ein bisschen zu laut. Sie wandte sich an ihren Mann, sah ihn mit gespieltem Zorn an und holte scheinbar ärgerlich Luft.

»Hast du das?«

Jamie verdrehte die Augen. »Na sicher.«

»Vielleicht solltest du ihn im Auge behalten, Sads«, sagte Tom.

»Tom.« Ana stand auf und nahm Toms Ellbogen. »Oben muss noch eine Schachtel Pralinen sein, die gibt's zum Dessert. Hilf mir, sie zu suchen.«

»Ich helfe dir, Mum«, rief Alex.

»Nein, du bleibst hier und isst auf. Daddy wird mir helfen«, sagte Ana und ging nach oben, gefolgt von Tom.

»Was ist?«, fragte Tom, als sie die Schlafzimmertür geschlossen hatten.

»Hör verflucht noch mal damit auf«, zischte Ana. »Ich habe dir gesagt, du sollst nicht auf ihn losgehen.«

»Was hat er hier zu suchen, Ana? Verfluchte Scheiße, wie kannst du zulassen, dass er den Lohn für etwas einstreicht, wofür du fast drei Jahre gearbeitet hast, wofür du mich und die Kinder praktisch verlassen hast, ohne dass wir uns ein einziges Mal beschwert hätten. Jetzt lässt du ihn einfach so in unser Haus? Und ich soll still dabeisitzen und nett zu ihm sein?«

»Hör zu …«

»Liebst du ihn? Ich war mir immer sicher, dass du es nicht tust, aber … jetzt weiß ich nicht mehr. Ist es das?«

»Sei kein Arschloch«, sagte Ana.

»Was soll ich denn sonst glauben? Womit erpresst er dich?«

»Das tut er nicht.«

»Aber er könnte es?«

»Natürlich könnte er das, Scheiße noch mal, Tom. Er könnte mich outen.«

»Aber das ist nicht alles, oder?«

Ana sah ihren Mann an und begriff, dass es keinen Sinn hatte, ihn noch länger zu belügen. Er wusste, dass sie ihm etwas verschwieg. »Nein.«

Tom setzte sich aufs Bett und schlug die Beine übereinander. »Also, raus mit der Sprache.«

»Er weiß von der Adoption«, sagte Ana, und Tom sah sie sekundenlang an, ehe ihm aufging, was sie gesagt hatte, und seine Augen riesig wurden.

»Nicht mal meine Mutter weiß davon«, sagte er.

»Ich weiß.«

Tom presste die Hand auf den Mund, als wollte er sich davon abhalten, etwas zu sagen, was er später bereuen würde. Ana setzte sich neben ihn auf das Bett. Als sie mit achtzehn beschlossen hatte, aus Brasilien auszuwandern, hatte ihre Mutter ihren Ehering verkauft, ein Erbstück der reichen Großmutter von Anas Vater, und von dem Erlös einen neuen Pass für Ana erstanden. Einen gefälschten Pass, in dem sie *Ana Maria Cortês* hieß und in der Spalte für *Sexo* ein kleines *f* hatte, was sie mit einer solchen Euphorie erfüllt hatte, dass sie in Tränen ausgebrochen war. Seither war sie nur ein einziges Mal nach Brasilien zurückgekehrt und hatte gemeinsam mit Tom eine Woche bei ihren Eltern in Rio verbracht, sechs Monate bevor sie die Zwillinge adoptiert hatten. Einerseits hatte sie sich in einer geliebten Kultur eingebettet gefühlt, andererseits aber auch entfremdet nach so langer Zeit. Ihre Eltern hatten sie bis dahin zweimal besucht, zum ersten Mal ein Jahr nach ihrer Auswanderung und dann noch einmal 1998. Wenn sie zu Besuch waren, machte ihr fremdländisches Benehmen Ana verlegen.

Seit ihrem Besuch in Brasilien hatte sie England nicht mehr verlassen, denn den Pass einzusetzen war riskant und erfüllte sie mit einer solchen Angst, sie könnte erwischt und verhaftet werden, dass es leichter war, darauf zu verzichten, obwohl sie dazu gezwungen gewesen war, als sie die Zwillinge adoptiert hatten. Hätte sie damals wahrheitsgemäß über sich Auskunft gegeben, hätten sie überhaupt keine Kinder adoptieren dürfen. Falls jemals ans Licht kommen sollte, dass sie einen gefälschten Pass für die Adoption ihrer Kinder eingesetzt hatte, würde man ihnen die Kinder wegnehmen und sie und wahrscheinlich auch Tom ins Gefängnis werfen. Und all das hatte sie Jamie vor Jahren anvertraut, weil sie ihm einfach alles anvertraute, obwohl sie Tom versprochen hatte, es nie jemandem zu erzählen.

»Das glaube ich nicht«, sagte Tom, dem die Tränen gekommen waren. Ana legte die Hand auf sein Knie, doch er zog es weg. Jemand klopfte an die Tür.

»Dad?«, war Alexander von draußen zu hören. »Eloise hat gekotzt.«

»Ich bin gleich wieder unten, Baby«, antwortete Ana. »In zwei Minuten.«

»Bestimmt hat er sie wieder kopfüber hängen lassen«, sagte Tom.

»Ich weiß.«

»Das glaube ich einfach nicht, verfluchte Scheiße.«

»Ich weiß.«

»Ich war noch nie – ich war noch nie so scheißwütend …«

»Ich weiß. Ich weiß«, sagte Ana und hielt sich mit einer Hand die Augen zu. »Aber das ist ein schlechter Zeitpunkt. Wir müssen gute Miene machen, bis ich mir überlegt habe, was wir tun sollen.«

»Sieht so aus, wie?«

»Wir sprechen später darüber«, sagte Ana.

»Da kannst du Gift drauf nehmen, dass wir das werden.«

Tom hatte recht gehabt – Jamie hatte wieder Unfug mit Eloise gemacht, nachdem sie aufgegessen hatte, und sie hatte sich quer über den Linoleumboden erbrochen. Als Ana nach unten kam, war Sadia gerade damit beschäftigt, unter heftigem Würgen die Bescherung aufzuwischen. Eloise saß mit selbstmitleidiger Miene auf Jamies Knie, während Alex mit Ameera im Wohnzimmer Zeichentrickfilme schaute.

»Ich mache das schon, Sadia, ehrlich.« Ana nahm ihr die Küchenrolle ab und ging neben ihr auf die Knie. »Ellie, Daddy lässt dir schon die Wanne ein. Geh jetzt nach oben baden.«

»Ich will aber noch nicht ins Bett«, sagte Eloise. »Kann ich hinterher wieder runterkommen?«

»Das sehen wir dann«, sagte Ana und wickelte Küchenpapier um ihre Hand. Sadia stand auf und streckte den Kopf aus dem offenen Küchenfenster.

»Entschuldige, aber mir wird immer schlecht, wenn sich jemand übergibt«, sagte sie und schöpfte tief Atem. »Selbst bei Ameera.«

»Danke, dass du es trotzdem versucht hast«, sagte Ana. »Das wäre nicht nötig gewesen.«

»Also, immerhin war es allein Jamies Schuld, dass sie sich übergeben hat«, sagte Sadia verstimmt.

Jamie schniefte. »So wie immer«, brummte er.

»Also gut.« Sadia schloss das Fenster und sah betont über den Mülleimer hinweg, in den Ana das schmutzige Küchenpapier stopfte. »Ich sammle die Kleine ein, dann fahren wir nach Hause. Kannst du noch fahren, J, oder soll ich ein Taxi rufen?«

»Ich bin okay«, sagte er. Er sah Sadia nach, bis sie im Wohnzimmer verschwunden war, und wandte sich dann an Ana. Es war das erste Mal, seit sie von dem Preis erfahren hatte, dass sie mit ihm alleine war. »Du hast Tom gesagt, er soll die Füße stillhalten, wie?«

»Er ist einfach nur müde«, sagte Ana. Sie stand auf und wusch sich die Hände, und als sie sich umdrehte, war er aufgestanden und stand direkt neben ihr.

»Mit uns beiden ist doch alles okay, oder?«, fragte er, aber ihr war klar, dass das keine Frage war.

»Natürlich«, sagte sie. Jamie legte den Kopf in den Nacken und sah sie von oben herab an, und sie erwiderte seinen Blick. Zum ersten Mal sah sie ihn so, wie andere Menschen ihn manchmal sehen mussten – in seinen Augen lag etwas, das ihr bis dahin völlig entgangen war und ihr jetzt umso deutlicher ins Auge stach. Hätte sie es früher gesehen, hätte sie gewusst, dass er nicht ihr Freund war und es nie gewesen war. Das waren die Augen – schoss ihr aus dem Nichts in den Kopf –, in die Kaysha Jackson geblickt hatte, während er sie vergewaltigt hatte. Und in diesem Moment begriff Ana, dass Kaysha von Anfang an die Wahrheit gesagt hatte.

Am folgenden Montag nahmen Ana und Tom sich vormittags frei, weil sie in eine Schulaufführung gehen wollten, in der die Zwillinge auftraten. Die Aufführung war ein Destillat aus den Erwartungen der gesamten Klasse, was sich im neuen Jahrtausend alles verändern könnte. Einige Kinder präsentierten Zeichnungen von fliegenden Autos und Teleportationsmaschinen, ein Mädchen hatte ein Gedicht verfasst, in dem es beschrieb, wie der Millennium Bug die gesamte Technik auslöschte und die Menschheit ins dunkle Mittelalter zurückgeworfen wurde, und ein anderes Kind stand einfach auf der Bühne und verkündete, dass sich überhaupt nichts ändern würde – was Ana ein wenig enttäuschend fand, obwohl sie ihm insgeheim zustimmte. Eloise hatte sich in Alufolie gewickelt und stakste mit Schaufel und Handbesen steifgliedrig als »Hausputzroboter« über die Bühne. Alex moderierte eher als zu präsentieren, er stand am Bühnenrand und stellte jeden

Schüler in seiner besten Moderatorenstimme vor, wobei er den Text von bunten Karten ablas, die er und Tom gemeinsam am Vorabend geschrieben hatten. Tom beugte sich die gesamte Aufführung über in den Mittelgang und filmte alles mit dem Camcorder.

Während Ana zusah, kam ihr der Gedanke, dass genau dies die Augenblicke waren, die das Leben lebenswert machten, die kleinen Momente zwischen den großen Lebensereignissen, und sie wünschte sich, länger in diesem Augenblick verharren zu können, ihre Kinder herausgehoben durch das helle Scheinwerferlicht und in der Wärme ihres Mannes an ihrer Seite. Sie war hier nur ein Gesicht unter vielen, aber dies war das Leben, das sie sich immer erträumt hatte. Es schien zu schön, um wahr zu sein.

Als sie am Nachmittag ins Labor kam, irgendwie immer noch beseelt, entdeckte sie, dass jemand den Namen an ihrer Tür mit einem Marker zu *MR Cortês* abgeändert hatte. Sie schob das Schild aus der Halterung und schleuderte es so wütend in den Müll, dass der Eimer umkippte und ein Apfelbutzen über das Linoleum rollte. Als sie sich umdrehte, um die Tür zu schließen, lehnte Jamie mit verschränkten Armen im Türrahmen.

Er lächelte. »Die Katze ist aus dem Sack.«

21

JOSIE
8. JANUAR 2000

Alle zehn Minuten fährt ein Bus Richtung Stadt an Josie Kitchens Haus vorbei, aber sie lässt alle vorbeifahren und geht zu Fuß. Sie bemüht sich nicht einmal, die Pfützen zu umgehen, ihre Air Max sind schon durchnässt. Als der Schnee dichter zu fallen beginnt, lässt sie die Kapuze in den Nacken rutschen und stellt sich vor, wie ihre Haare in tropfnassen Strähnen herunterhängen, wenn sie auf dem Polizeirevier ankommt, und ihr Gesicht einrahmen werden wie bei den Frauen in den Filmen, die vor einer fremden Tür auftauchen und ihre Liebe oder ihre Reue gestehen wollen. Sie muss daran denken, was sie im Englischunterricht über die Vermenschlichung der Natur gelernt hat, und malt sich aus, dass es, wenn sie *wirklich* in einem Film wäre, regnen statt schneien würde. Es würde gießen. Josie reibt ihre Augen, sie weiß, dass dadurch ihr Mascara verschmieren und über ihr Gesicht fließen wird. Sie fragt sich, ob sie aussieht wie das Selbstporträt, das sie mal im Kunstunterricht gemalt hat und in dem sie sich weinend, verwahrlost, hilflos, aber immer noch schön dargestellt hat. Sie gab dem Bild den Titel *Unerwidert,* und es sollte die köstlichen Qualen, die traurige Schönheit ihrer Liebe zu Jamie einfangen, der nicht einmal ihren Namen kannte. Damals hätte sie sich nicht vorstellen können, dass irgendein Gefühl in ihrem Leben sie jemals so ausfüllen würde wie ihre Sehnsucht nach Jamie. Sie hätte sich nicht vorstellen können, dass irgendetwas noch quälender sein könnte.

Die Schaumstoffabdeckungen ihrer Kopfhörer sind nass, und sie stellt sich vor, wie schmelzende Schneeflocken in das

Plastik darunter sickern oder am Kabel entlang in den Rekorder in ihrer Tasche rollen und ihn kurzschließen. Das wäre auch egal, denn der Rekorder wird sowieso konfisziert, wenn man sie einsperrt. Sie hätte ihn zu Hause bei ihrem kleinen Bruder Tony lassen sollen, er hätte ihn wenigstens noch gebrauchen können, aber sie hat ihn mitgenommen, und nun wird er zusammen mit ihren nassen Sachen in irgendeinem Schließfach landen. Sie stellt sich vor, wie Tony in ihrem Bett gelegen und nacheinander all ihre Bänder eingelegt und angehört hätte, um sich an sie zu erinnern. Sie macht sich Sorgen, wie es sich wohl auf ihn auswirken wird, wenn sie im Gefängnis sitzt. Wenigstens bekommt er dann endlich ein eigenes Zimmer.

Sie hört ein Tape, das sie etwa zu der Zeit zusammengestellt hat, zu der sie auch *Unerwidert* gemalt hat: Lauter Songs, die sie mühsam am Sonntagabend aus den Top 40 aufgenommen hat – aber nur die traurigen, die ihre Stimmung verstärkten, statt sie aufzuheitern –, und auf einmal überkommt sie die Nostalgie. Sie fällt zurück in ihr früheres Ich, als ihre Emotionen noch einfacher und leichter einzuordnen waren. Sie versucht, sich Jamie so vor Augen zu rufen, wie sie ihn damals gesehen hat – bevor sie ihn richtig kannte. Sie hat das Tape schon so oft gehört, dass sie auswendig weiß, wann welches Lied kommt, und dass zwischen *Something About The Way You Look Tonight* und *Torn* ein, zwei Sekunden lang der DJ zu hören ist, weil sie nicht schnell genug die *STOP*-Taste gedrückt hat. Sie hat die Songs damals in einer Art Crescendo angeordnet, und wenn sie das Tape abends im Bett anhörte, platzte sie am Schluss so vor Empfindungen, dass sie nicht mehr schlafen konnte und manchmal mit den Fingernägeln ihre Schenkel blutig kratzte, nur um etwas von den aufgestauten Gefühlen abzulassen.

Wahrscheinlich wird sie es gerade noch bis zum letzten

Song schaffen, *Time To Say Goodbye* von Andrea Bocelli und Sarah Brightman, bevor sie beim Polizeirevier ankommt. Normalerweise hört sie so was nicht, aber der Song war richtig groß, als sie damals das Tape zusammengestellt hat, und sie mag den Orchestersound, weil er dem Stück eine derartige Wucht verleiht, dass er sich um sie herum und in ihr drin ausdehnt, bis er alles ausfüllt und sie das Gefühl hat, dass es um etwas viel Größeres geht als nur sie. Und sie geht zur Polizei, weil es um etwas Größeres geht als nur sie. Sie geht zur Polizei, weil sie das Richtige tun will, weil sie die anderen Frauen retten will und weil sie das Baby vor ihr selbst retten will. Wer weiß, was sie tun könnte, wenn sie irgendwann allein damit ist.

Sie weint erst, als *Un-break My Heart* einsetzt, und stellt gleich darauf fest, dass sie nicht wieder aufhören kann. Sie schlüpft in einen Durchgang zwischen zwei Häusern und lehnt sich gegen die Mauer. Aus einem Abzugsrohr über ihr steigt eine helle Dampfwolke von irgendeiner Dusche oder einem Abwasch in die dunkle Januarnacht auf. Der nächste Bus fährt vorbei, praktisch leer, mit beschlagenen Fenstern, die von der orangefarbenen Innenbeleuchtung erhellt werden. Kurz, nur für eine Sekunde, einen Sekundenbruchteil, stellt sie sich vor, wie sie direkt davor auf die Straße tritt. Sie stellt sich die Dunkelheit vor, eine riesige, leere Ewigkeit, ohne Jamie Spellman und sie selbst, ohne ihre Tat. Sie glaubt nicht mehr an Gott, trotz der vielen Jahre auf der katholischen Schule. Gott hätte nie zugelassen, dass ihrem Baby so was passiert.

Sie spürt ein Ziehen, als sich das Baby in ihr bewegt, und tritt nicht vor den Bus. Sie überlegt kurz, durch die matschigen Straßen in die Wohnung über dem Kebab-Laden ihres Vaters zurückzukehren. Sie wünschte, sie könnte es, aber wer weiß, wozu sie in der Nähe anderer Menschen fähig ist. Das Risiko ist zu groß. Sie gehört hinter Gitter, zum Schutz der

Menschen in ihrer Umgebung. Vor allem, denkt sie mit einer Hand auf ihrem Bauch, zum Schutz ihres Babys.

Die feuchte Kälte dringt durch ihren Mantel – ein abgelegtes Erbstück von ihrer Cousine Jenn, die ein Jahr jünger, aber einen halben Kopf größer ist als sie –, und sie zittert, lässt ihre Zähne klappern, während sie Kraft zu sammeln versucht. *It's All Coming Back To Me Now* setzt ein – ohne die ersten Takte, weil sie nicht schnell genug die Aufnahmetaste gedrückt hat –, und sie wischt sich schniefend über das Gesicht und wappnet sich gegen die Kälte. Es ist das Richtige. Sie muss sich stellen. Sie hat keinem erzählt, was sie vorhat, weil ihr klar war, dass irgendwer versucht hätte, sie aufzuhalten. Wenn man ihr diesen einen Anruf zugesteht, wird sie ihren Dad anrufen und ihm erklären, dass sie nicht zum Abendessen nach Hause kommt und dass er sich jemand anderen suchen muss, der die Schicht am Samstagabend übernimmt.

Gerade als sie das denkt, wird ihr klar, dass sie auch nicht ins Café zurückkehren wird. Sie stellt sich vor, was passiert, wenn sie nicht zu ihrer nächsten Schicht auftaucht, wie dann alle erfahren werden, was sie getan hat. Sie werden es den Kunden erzählen, und die netten unter ihnen, die ihr an Weihnachten Trinkgeld gegeben oder winzige Jäckchen für ihr Baby gestrickt haben, werden entsetzt sein. Sie stellt sich vor, wie Sadia mit ihrer Tochter ins Café kommt und wie die Baristas in der Küche tuscheln werden, nachdem sie wieder gegangen ist. *Das ist sie, das ist die Frau, deren Mann Josie umgebracht hat.*

Josie war vierzehn, als sie Jamie zum ersten Mal begegnete, und sie erinnert sich an den Augenblick mit einer Klarheit, die jeder Teenagerliebe eigen ist. Es war am Samstag vor dem Beginn des zweiten Schulhalbjahrs, am frühen Abend im Imbiss ihres Dads; sie fror an den Beinen, weil sie einen Minirock und knielange Socken trug, und sie stritt gerade mit ihrem Dad über den kurzen Rock, den sie so weit wie möglich nach oben gezogen hatte. Sie streckte ihm abwehrend die offene Hand ins Gesicht, was ihn regelmäßig wahnsinnig machte, und drehte trotzig das Radio bis zum Anschlag auf. Es lief *Rotterdam,* und Josie lehnte sich an die Theke. Seit zwanzig Minuten war kein Gast mehr gekommen, und sie war stinksauer, dass sie jeden Samstagabend hier stehen musste, während sich alle ihre Freunde im Leazes Park betranken.

Als Nächstes kam *Children,* ihr absoluter Lieblingstrack, denn wenn sie ihn hörte, wurde jedes Mal irgendwas in ihr wach, wollte sie tanzen oder mit ihren Freundinnen in einem Cabrio über einen amerikanischen Highway brausen. Sie fühlte sich immer ganz besonders lebendig, wenn sie *Children* hörte, und gerade, als die ersten Klavierklänge durch den Shop hallten, trat Jamie in ihr Leben. Ihre Blicke trafen sich, Josies Herz begann zu rasen, und sie vergaß zu atmen, es war der absolut perfekte Glücksmoment. Ihr Dad schoss durch den Laden, um das Radio leiser zu drehen, und sah Jamie verlegen an. *Hör auf mit dem Scheiß,* zischte Josies Dad ihr zu, aber sie hörte ihn kaum. Dieser Mann war wahrscheinlich der schönste Mensch, den sie in ihrem ganzen Leben gesehen hatte. Er trug eine Piloten-Lederjacke und eine Sonnenbrille und sah in ihren Augen aus wie die Newcastle-Ausgabe von Brad Pitt oder wie das Mitglied einer Boyband oder weiß Gott was. Später würde sie ihm immer wieder erklären, dass es Liebe auf den ersten Blick gewesen war.

Ihr Dad fragte Jamie, was er haben wollte, und Josie fiel ein Stein vom Herzen, denn sie hätte bei *so* einem Mann bestimmt keinen so banalen Satz wie *Was darf es denn sein?* über die Lippen gebracht. Ihr Dad schlurfte zum Grill, um die Bestellung zuzubereiten, und der Mann ließ ein paar Pfundmünzen in Josies offene Hand fallen. Sie roch sein Aftershave bis über die Theke, und es roch teuer, nicht wie das Discounter-Bodyspray, das ihr Dad trug, wenn er überhaupt welches auflegte. Plötzlich schämte sie sich für ihr Outfit, sie wünschte, sie hätte was Eleganteres, Erwachseneres angezogen. Am liebsten hätte sie sich unter der Theke versteckt oder durch die Hintertür verdrückt, bis er gegangen war, denn sie ertrug es nicht, dass er sie ansah, während sie so gewöhnlich aussah.

An die Wand gelehnt, wartete er auf seine Bestellung, zwei Hähnchen-Kebabs mit extra Knoblauchsoße. Er hatte einen Daumen in die Jackentasche gehakt und klopfte mit der flachen Hand im Rhythmus der Musik auf das Leder, und Josie dachte, dass sie noch nie etwas so Cooles gesehen hatte. Über Monate hinweg würde sie ihn imitieren, wenn sie lässig auszusehen versuchte, würde die Daumen in den Bund haken und einen imaginären Rhythmus klopfen.

Als er gegangen war, stürmte sie nach oben in ihr Zimmer, berauscht von seiner Attraktivität. Sie hatte sich noch nie so plötzlich und so absolut in jemanden verliebt, und in ihrem Kopf war nur der eine Gedanke: *Das ist es, das ist es, genau darum geht es in all den Songs und Filmen und Gedichten.* Sie musste über sich selbst lachen, es war, als hätte ein Zug sie überrollt, und sie verbrachte den restlichen Abend auf ihrem Bett, wo sie nur dalag, Musik hörte, an den Lattenrost des oberen Bettes starrte und sich ein Leben mit dem Hähnchen-Kebab-Mann ausmalte, obwohl sie genau wusste, wie verrückt das war. Sie stellte sich vor, wie sie ihn heiratete, wie sie seine Kinder bekam, wie sie sich jeden Abend zu ihm ins Bett legte, bis sie beide alt und grau waren.

Sie bewahrte ihn in ihrem Herzen wie ein Geheimnis, so als würde sie mehr verbinden als nur der elektrische Schlag, als sich ihre Finger bei der Übergabe des Wechselgelds berührt hatten. Das Gefühl war übermächtig und gleichzeitig zu schwach, und plötzlich kamen ihr die Jungs in ihrer Schule unreif und ihrer nicht würdig vor. Eigentlich war sie am

Dienstag mit Michael Phillips zum Kino verabredet, aber sie rief ihn an und sagte ab. Sie hatte für so etwas keine Zeit mehr, sie brauchte einen älteren Mann.

Josie schwebte auf Wolken, als der Unbekannte in der folgenden Woche zur gleichen Zeit wiederkam. Sie hatte rein vorsorglich eine Schlaghose von Miss Sixty angezogen, die sie von ihrer besten Freundin geborgt hatte, und dazu ein T-Shirt, das ein bisschen zu knapp saß, sodass es immer leicht nach oben rutschte und ein paar Zentimeter Bauch frei ließ. Außerdem spannte es über ihren Brüsten. Sie verteilte cremigen Lidschatten über ihren Augen, zupfte ihre Brauen, bis kaum ein Haar übrig war, und überschüttete sich mit einem Parfüm von Body Shop. Als sie nach unten an den Tresen ging, fühlte sie sich wie Britney Spears.

»Du kannst dich aufdonnern, so viel du willst, du gehst trotzdem nicht aus«, verkündete ihr Dad nach einem kurzen Blick, als sie unten an der Treppe erschien, und widmete sich dann wieder dem Zwiebelschneiden. Herman an den Grills schmunzelte.

»Mein Gott, Dad, ich will doch nur ein paar Kunden in deinen bekackten Laden locken«, schoss Josie zurück und stakste an die Theke, wo sie den Kopf in die Hände stützte und kunstvoll gelangweilt auszusehen versuchte. Als Jamie hereinkam – obwohl sie damals natürlich noch nicht wusste, wie er hieß –, musste sie sich zusammenreißen, um ihn nicht anzustrahlen. Cool zu bleiben war viel wirksamer, als zu deutliches Interesse zu zeigen, das hatte sie erst am Morgen in einer Zeitschrift gelesen.

»Was darf's denn sein?«, fragte sie mit möglichst schwüler Stimme. Sie hatte geübt.

»Ziehst du heute Abend noch los, Kleines?«, fragte er und schob die Sonnenbrille in die Stirn. Seine Augen waren graublau, und er lächelte sie an. Seine Zähne waren nicht die ebenmäßigsten der Welt, dafür waren seine Eckzähne richtig spitz, was sie gleich wieder an Brad Pitt aus *Interview mit einem Vampir* erinnerte. Sie beschloss, ihn einfach Brad zu nennen, bis sie wusste, wie er wirklich hieß.

Von da an kam er jedes Wochenende. Manchmal quatschte Josie ein paar Minuten mit ihm über einen neuen Film oder irgendwelche Musik, und immer wenn er gegangen war, hing sie den restlichen Abend schmollend hinter dem Tresen. Sie musste ständig an ihn denken, bekam kaum Luft und war aufgedreht, wenn sie ihn sah, ansonsten aber launisch. Und sie wusste, dass sie verliebt war. Einmal machte sie sonntags einen Stadtbummel mit ihrer besten Freundin Lou, die voll gut darin war, Dinge, die sie sich nicht leisten konnte, mit einem Fünf-Finger-Rabatt einzukassieren – und sie konnte sich so gut wie gar nichts leisten. Josie überredete Lou, ihr eine Flasche von dem Aftershave zu klauen, das Jamie trug. Sie spritzte jeden Abend etwas davon auf ihr Kissen und stellte sich vor, sie würde neben ihm einschlafen.

Sonntagabends saß Josie regelmäßig mit ihrem Tagebuch in ihrem Zimmer, hörte die Top 40 auf Radio One, schrieb dabei seitenlange Gedichte, die ausdrücken sollten, was sie empfand, und fantasierte danach, wie Jamie irgendwann in zehn Jahren ihr altes Tagebuch finden würde und wie gerührt er dann wäre, dass sie tagelang immer nur an ihn gedacht hatte, und wie er ihr gestehen würde, dass es ihm genauso gegangen war, dass er auf der Fahrt zur Arbeit im Auto die Songs mitgesungen und immer nur an sie gedacht hätte, bis sie endlich zusammengefunden hatten.

Er war einfach perfekt. Es gefiel ihr, wie er sich mit den Fingern durchs Haar fuhr und manchmal trotzdem ein paar Strähnen in seine Augen fielen. Es gefiel ihr, dass er sie fragte, was sie erlebt hatte, wie er sich an die Theke lehnte und ihr sein

Handy vorführte, das immer das beste auf dem Markt war. Ihr Dad und Herman kriegten sich regelmäßig vor Lachen kaum noch ein, wenn sie ganz unauffällig das Gespräch auf ihn zu bringen versuchte, nur um über ihn reden zu können. Sie zogen sie damit auf, dass sie in ihn verknallt sei, und nach einer Weile bezeichneten sie ihn nur noch als ihren Boyfriend, was Josie sterbenspeinlich war, vor allem, wenn sie es in seiner Gegenwart taten. Immer wieder fuhr sie die beiden an, sie wären widerlich, natürlich sei sie nicht in ihn verknallt, immerhin war der Typ uralt, *blörgh*. Beide mussten Tränen lachen.

Wenn ihr Bruder Tony eingeschlafen war, schrieb sie über Jamie. Sie füllte ihr Tagebuch mit aufs Papier gekritzelten Absätzen darüber, dass sie seine Flirtversuche sehr wohl durchschaute, dass seine Finger keineswegs zufällig eine Sekunde zu lang in ihrer Handfläche liegen blieben, wenn er sein Essen bezahlte. Wie er sie anlächelte und ihr in die Augen sah, als würde er ihr direkt in die Seele schauen. Später lag sie im Dunkeln, eine Hand in der Pyjamahose, und erfand Szenen, in denen er noch einmal nach Ladenschluss vorbeigefahren kam, nachdem ihre Eltern eingeschlafen waren, gerade als sie heimlich draußen hinter dem Haus eine quarzte, und in denen sie in seinen Wagen stieg und mit ihm fickte. Das schrieb sie nicht in ihr Tagebuch. Dafür verwendete sie ein Codewort, falls irgendwer ihr Tagebuch lesen sollte – was nie auszuschließen war. Ficken war Pommes. Sie schrieb dann: *Gott, ich wünschte, Brad und ich könnten ausgehen und Pommes futtern. Eine Portion Pommes nach der anderen.*

Zwei Jahre vergingen, ohne dass Josie das Interesse verloren hätte. Gelegentlich ging sie mit Jungs aus ihrer Schule aus, meist aus dem Jahrgang über ihrem und einmal sogar aus dem Jahrgang darüber, aber während sie mit ihnen zusammen war, musste sie ständig an Jamie denken. Jede Woche fand sie ein bisschen mehr über sein Leben heraus und verband die einzelnen Punkte, bis sie schließlich das Gefühl hatte, ihn wirklich zu kennen. Er hatte eine Frau, die er nicht leiden konnte, und eine kleine Tochter. Er war Wissenschaftler, er fuhr ein geiles Auto, und am liebsten trank er Budweiser. Sein Lieblingsfilm war *A Clockwork Orange*, den Josie noch nie gesehen hatte, obwohl sie so tat, als ob. Einmal sah sie, wie er vor dem Laden kurz stehen blieb und mit einem ihrer Ausfahrer redete, der auf den nächsten Auftrag wartete. Weil sie einen Vorwand suchte, um mit Jamie zu sprechen, nahm sie ein paar Pfundmünzen aus der Kasse, damit sie so tun konnte, als hätte sie vergessen, ihm das Wechselgeld zu geben, obwohl sie es gar nicht hatte. Sie kam hinter der Theke hervor und hörte, noch bevor sie aus dem Laden trat, ihren Namen, weshalb sie im toten Winkel hinter der Tür stehen blieb.

»Die Kleine fährt voll auf dich ab, Mann«, sagte der Fahrer, und Jamie lachte.

»Klar tut sie das, ich bin auch ein geiler Typ.«

»Ein bisschen jung ist sie schon.«

»Du kennst doch den Spruch«, antwortete Jamie wieder lachend. »Je jünger das Stück, desto heißer der Fick. Wir sehen uns.«

Der Ausfahrer hustete und spuckte aus. Josie war klar, dass Jamies Antwort eigentlich widerlich war, dass er sie nicht als *Stück* bezeichnen sollte, aber sie beschloss, dass der Spruch stattdessen witzig war. Es war nur ein Spaß gewesen. Er meinte das nicht so. Eigentlich wollte er damit nur sagen, dass er sie nicht für zu jung hielt. Sie hatte die letzten zwei Jahre gehofft, dass er nur abwartete, bis sie sechzehn geworden war und sie legal Sex haben konnten, und dass er sie dann aus diesem Leben befreien würde. Er würde ihr seine Gefühle gestehen und herausplatzen, dass er seit ihrer ersten Begegnung in sie verliebt war, bisher aber nichts unternehmen konnte.

Aber nichts war passiert. Ein paar Wochen vor ihrem Geburtstag hatte sie ihm erklärt, dass sie bald sechzehn würde, doch der Tag war vorübergegangen, ohne dass er sich irgendwie anders verhalten hatte.

Eines Samstagnachmittags lagen Josie und Lou auf Lous Bett. Sie waren beste Freundinnen, seit sie fünf waren, obwohl niemand sie je miteinander in Verbindung gebracht hätte. Josie war mit ihren blondierten Haaren und den Rockport-Sandalen, die von irgendeinem Lastwagen in die Hände ihres Vaters gefallen waren, ein echter Barbie-Verschnitt. Lou war Goth. Sie trug ausschließlich Schwarz und dachte viel über den Tod nach. Den ungeschriebenen Schulgesetzen nach hätten sie Todfeindinnen sein müssen, aber sie waren schon immer unzertrennlich gewesen. Lou stand auf die Smashing Pumpkins und erklärte jedem, dass sie eine Wicca-Hexe sei, weil sie eine schwarze Katze hatte; aber im Grunde interessierte sie sich nur fürs Poppen, genau wie alle anderen.

Als Josie ihr erzählte, dass Jamie immer noch nichts unternommen hatte, lachte Lou.

»Ist doch klar, Mann, der unternimmt nichts, solange dein Dad da rumhängt.«

»Nee, manchmal erwisch ich ihn auch draußen, wenn ich eine rauche«, sagte Josie und zwirbelte eine Strähne um ihren Finger.

»Diese dämlichen Kerle, wie?«, imitierte Lou ihre Mum, die dauernd mit Typen ausging, die sich früher oder später als Arschloch entpuppten. Lou zog ein paar Bücher von einem Stapel unter ihrem Bett.

»Ich werd ihn bestimmt nicht mit einem Zauberspruch verhexen.« Josie verdrehte die Augen, nahm aber trotzdem eins der Bücher in die Hand. Es hatte ein schwarzes Samtcover, und selbst wenn die gesamte Magie nur ein Haufen Scheiße war, was Josie stark vermutete, war das Buch immerhin nett anzuschauen. Die Zaubersprüche darin waren in altmodischen Schrifttypen gedruckt, und dazwischen gab es Illustrationen von Pentagonen, Kräutern oder Kristallen. Es gab Rezepte für Rachezauber, Schlaftrunke, Glücksbringer, Liebesbeschwörungen. Josie blieb auf einer Seite für einen Liebestrank hängen, und Lou gab einen zustimmenden Laut von sich.

»Den machen wir«, sagte sie und fuhr mit dem Finger über die Zutatenliste oben an der Seite.

Exakt drei Wochen später, als der letzte Funke zweifelnder Hoffnung, mit dem der Liebestrank Josie erfüllt hatte, zu verglimmen drohte, geschah es. Sie hatte sich mit Lou in einen Pub geschlichen – beide hatten als Altersnachweis einen tiefen Ausschnitt präsentiert –, als Josie Jamie an der Bar stehen sah. Ihr Nacken begann zu kribbeln, und sie wollte schon hingehen und ihn ansprechen, als sie die große, dunkelhaarige Frau an seiner Seite bemerkte. Er sagte etwas, und die Frau schüttelte lachend den Kopf. Josie nahm an, dass sie seine Frau war, und fühlte sich getroffen, weil es gar nicht so aussah, als würden sie sich bald scheiden lassen, wie er immer behauptete. Vielleicht war es auch gar nicht seine Frau, vielleicht hatte er eine neue Freundin, eine in seinem Alter und mit einem Job und einem eigenen Haus, kein pickliges Mädchen, das zusammen mit seinem kleinen Bruder in einem Zimmer wohnte. Wie blöd und lächerlich von ihr zu glauben, dass zwischen ihnen was laufen könnte, für ihn war sie nur ein Kind. Natürlich würde er sie nie begehren.

Josie wäre am liebsten gegangen, aber ehe sie irgendwas sagen konnte, hatte Lou ihnen einen Cider mit Johannisbeersirup bestellt. Sie saßen in einer Ecke, wo sie die Wirtin – die dafür berüchtigt war, zu junge Gäste zu enttarnen – hoffentlich nicht bemerken würde. Die ganze Zeit starrte Josie auf Jamies Hinterkopf und versuchte ihn mit Willenskraft dazu zu bringen, sich umzudrehen und sie anzuschauen.

»Du bist heute ja voll die Plaudertasche«, sagte Lou schließlich. Sie schlug die Beine übereinander und wischte den Beschlag von ihrem Glas.

»Das ist er«, sagte Josie nur.

»Wer?«

»Er«, sagte Josie und nickte zur Bar hin. »Helles Haar, Lederjacke.«

»Neben der Frau im weißen Kleid?«

»Genau.«

Jamie drehte den Kopf zur Seite und sah die Frau an, sodass Josie und Lou ihn kurz im Profil sahen. Seine Wimpern wirkten aus diesem Winkel unglaublich lang, und Josie sah, wie sich beim Lachen Falten in seine Wangen gruben.

»Ganz okay«, urteilte Lou achselzuckend. »Bisschen alt halt.«

»Ich steh auf ältere Männer.« Josie stützte das Kinn auf eine Faust. »Ich bin eben reif für mein Alter.«

»Du hältst dich wohl für Cher Horowitz aus *Clueless,* oder wie?«, fragte Lou.

»Wär ich's nur.«

»Wie heißt er?«

»Keine Ahnung«, sagte Josie und wurde rot. »Ich nenne ihn immer Brad.«

»Brad?«, wiederholte Lou amüsiert. »Mann, wer heißt im Norden schon Brad?«

»Weil er ein bisschen wie Brad Pitt aussieht.«

Lou spuckte einen Mundvoll Cider über den Tisch und hustete. »Hör schon auf, Mann.«

»Ein bisschen *schon.*«

»Du brauchst eine Brille, aber voll«, sagte Lou, während sie beobachtete, wie die Wirtin ihre Tasche umhängte und aus dem Pub ging. »Ich hol uns schnell noch ein Pint, solange sie weg ist.«

Joesies Pint war noch halb voll, sie trank es eilig leer, während Lou an der Bar wartete. Sie stand direkt neben Jamie, und Josie beneidete sie, weil sie in seiner Nähe sein konnte. Praktisch im selben Moment tippte Lou ihm auf die Schulter und sprach ihn an. Lou deutete in Josies Richtung, und Jamie sah suchend über seine Schulter. Sein Blick stockte, als er Josie entdeckte, und er zwinkerte ihr lächelnd zu. Die dunkelhaarige Frau sah ebenfalls her und gleich wieder weg. Lou nahm die frischen Pints, die der Barkeeper vor ihr abgestellt hatte, und kam damit an ihren Tisch.

»Was hast du zu ihm gesagt?«, zischte Josie. Sie zog eine Zigarette aus Lous Päckchen und zündete sie mit zittrigen Fingern an.

»Ich hab ihm erzählt, dass du findest, er sieht wie Brad Pitt aus.«

»Hast du nicht!«

»Wohl. Manchmal braucht die Magie einen kleinen Schubs, aber sie wirkt immer«, sagte sie. Sie leerte ihr Pint in wenigen langen Zügen, holte tief Luft und stand auf.

»Wo willst du hin?«, fragte Josie. Lou zog zwei Zigaretten aus ihrem Päckchen und legte sie vor Josie auf den Tisch.

»Ich will nicht das dritte Rad sein«, sagte sie. »Ruf mich später an und erzähl mir, was passiert ist.«

Ehe Josie noch etwas erwidern konnte, war Lou weg, und der Typ ließ sich auf dem Stuhl nieder, den sie frei gemacht hatte.

»Darf ich?«, fragte er, stellte zwei braune Bierflaschen auf den Tisch und schob ihr eine zu. Josie blinzelte, sie fühlte sich, als hätten ihr die beiden einen Streich gespielt.

»War das deine Frau?«, fragte sie.

Er lachte. »Bloß eine Freundin«, sagte er. »Kein Grund, eifersüchtig zu werden.«

Josie schnürte es die Kehle zu, sie glühte vor Verlegenheit und war aufgeregter als je zuvor in ihrem Leben. »Wieso sollte ich eifersüchtig sein?« Ihre Stimme klang rauer und höher als sonst.

Er lächelte nur und trank einen Schluck aus seiner Flasche.

»Du findest also, ich sehe aus wie Brad Pitt?«, fragte er. Josie spürte, wie sie noch mehr errötete, und hoffte, dass er es bei der schummrigen Beleuchtung nicht bemerkte. »Nur noch besser.«

»So hab ich das nicht gesagt.«

»Deine Freundin hat gemeint, du stehst auf mich.«

»Tue ich nicht«, behauptete Josie peinlich betreten. »Ich hab einen Freund.«

»Ach ja«, sagte er und rutschte neben sie. Er legte die Hand auf ihren Schenkel, drückte kurz zu und beugte sich dann zu einem Kuss vor. Josie wurde schwindlig. Der Kuss dauerte nur eine Sekunde, doch für sie war es eine Ewigkeit, der Wendepunkt in ihrem bisherigen Leben. Die Begierde durchströmte sie in heißen Wellen, und sie fühlte sich erwachsener als je zuvor und gleichzeitig unglaublich jung und klein unter seinen erwachsenen Händen.

Er lehnte sich zurück, trank wieder einen Schluck und sah ihr so eindringlich in die Augen, dass sie den Blick abwenden musste.

»Du wirst mich in Schwierigkeiten bringen«, sagte er, beugte sich wieder vor und strich eine Haarsträhne hinter ihr Ohr. Sie erschauerte, als seine Nase ihren Hals berührte.

»Bestimmt nicht«, antwortete sie. »Ehrenwort.«

»Komm, wir gehen«, sagte er leise. Sein Atem kitzelte an ihrem Ohr, und er drückte wieder ihren Schenkel. Josie nickte, atem- und hilflos, aber sie war schon zu weit gegangen, um jetzt noch einen Rückzieher zu machen.

Erst später, in einem feucht-schimmligen Hotelzimmer, erfuhr sie, wund und überwältigt, aber im tiefsten Inneren unverändert, wie er hieß.

22

NOVA
8. JANUAR 2000

Hinter dem Polizeirevier gibt es einen kleinen Innenhof, in dem die Mülltonnen stehen, und mittendrin ein halb verrotteter Picknicktisch, an dem sie Mittagspause machen, wenn es warm ist – was allerdings selten vorkommt. Nova schnippt ihren Zigarettenstummel in einen Plastikeimer mit dreckigem Regenwasser, in dem er zischend erlischt. Es schneit, aber sie macht sich nie die Mühe, ihren dicken Mantel überzuziehen, darum lässt sie sich eine Minute Zeit, bis sie aufgehört hat zu zittern, und kehrt dann ins Vernehmungszimmer zurück.

Das Mädchen ist bleich und hat noch Pickel am Kinn wie ein Schulkind, aber es ist hübsch, obwohl es geweint hat. Ihre Haare sind blondiert, aber an den Wurzeln kommt schon das Mausbraun durch, und ihre Nägel sind lang. Sie kratzt den Dreck darunter hervor, während sich Nova wieder setzt und ihre Notizen aus der Schublade holt.

»Danke, dass du gewartet hast«, sagt Nova, und das Mädchen zuckt mit den Achseln, das Gesicht dem Einwegspiegel zugewandt. Nova weiß, dass dahinter die Detective Chief Inspector steht und sie beobachtet. Josie hat den angebotenen Anwalt abgelehnt, und Nova wollte nicht, dass sie sich durch eine dritte Person im Raum in der Unterzahl fühlt. Die DCI wollte bei dem Gespräch dabei sein, aber Nova hat sie überzeugt, dass sie Josie verängstigen würden – Nova weiß um die Meinung der DCI, dass Nova mit der Lösung des Falles nicht schnell genug vorankommt, weshalb die DCI nur allzu gern die Ermittlungen an sich reißen würde. Tatsächlich hat Nova nur ihre Akten nicht auf den neuesten Stand gebracht. Etwas an den Gesprächen, die sie gestern mit den verschiedenen Frauen geführt hat, erscheint ihr zu persönlich, als dass sie es in ihrem Bericht festhalten will, auch wenn sie weiß, dass sie damit ihren Job riskiert. »Möchtest du irgendwas? Noch etwas Wasser?«

Josie schüttelt den Kopf. »Passt schon, danke.«

»Okay, sag einfach Bescheid, wenn du etwas haben willst.« Nova lehnt sich zurück. Das Mädchen nickt, und Nova nimmt die Befragung wieder auf. »Also, wo waren wir?«

»Bei der Sonnwende.«

»Ja, richtig, also … du warst also bei diesem Ritual mit der Schlange in Penshaw dabei. Ich weiß alles darüber.«

»Wirklich?«

»O ja«, sagt Nova. »Und was passierte dann? Denn in dieser Nacht ist er nicht gestorben, oder?«

»Danach hab ich ihn nur noch ein einziges Mal gesehen. Am zweiten Weihnachtsfeiertag.«

»Und was geschah am zweiten Weihnachtsfeiertag?« Dem Obduktionsbericht nach starb Jamie Spellman an Neujahr, möglicherweise auch an Silvester. Seine Frau hat ausgesagt, sie hätte ihn zuletzt am Nachmittag des einunddreißigsten Dezember gesehen, also kann er keinesfalls davor gestorben sein. Es sei denn, Sadia hätte gelogen.

»Da hat er ein paar Anziehsachen und anderen Kram zu mir nach Hause gebracht«, sagt sie, und wieder treten Tränen in Josies Augen. Nova schiebt ihr die Schachtel mit den Taschentüchern hin, und Josie zieht eins heraus. »Für das Baby.«

»Richtig, richtig, und dabei habt ihr euch unterhalten, nehme ich an?«

»Ich hab ihn rausgeworfen«, erklärt sie mit erhobenem Kinn. »Ich will nichts von ihm. Er wollte mir das Baby wegnehmen. Immer wieder hat er behauptet, dass er mir das Baby wegnehmen wird, und dann ist er mit diesem Karton voller abgelegter Babysachen von seiner Tochter aufgetaucht, weil er nett sein wollte, und ich hab ihm gesagt, er kann sich verpiss… ich hab ihn rausgeworfen.«

»Ich könnte mir vorstellen, dass er das nicht besonders gut aufgenommen hat?«

»Nein«, sagt sie. »Er wurde wieder eklig. Er hat das Gleiche gesagt wie immer, was er auch schon davor gesagt hat. Er hat gesagt, dass er das Sorgerecht einklagen wird, denn wer würde eher einer Siebzehnjährigen ein Kind anvertrauen als einem Mann mit einer Frau und einem Haus?«

Nova zieht eine Braue hoch. »Kommt immer auf den Mann an, oder?«

»Ich dachte wirklich – ich hatte solche Angst, dass er mir das Baby wegnimmt.«

»Und darum hast du ihn umgebracht?«

Josie nickt.

»Josie … weißt du, wenn er wirklich vor Gericht gegangen wäre, hättest du gute Chancen gehabt. Du hättest vielleicht eine Sozialwohnung gestellt bekommen, und selbst wenn du nicht das Sorgerecht bekommen hättest, hättest du auf jeden Fall Besuchsrecht bekommen. Und was passiert jetzt?«

»Ich weiß.«

Nova holt tief Luft. »Und dann hast du ihn an Silvester wiedergesehen?«

»Nein, damals hab ich ihn das letzte Mal lebendig gesehen. Am zweiten Weihnachtsfeiertag«, sagt sie und starrt dabei auf den Schreibtisch. »Ich hab zu ihm gesagt, er soll tot umfallen. Ich hab mir überhaupt nichts sagen lassen, weil ich mich so, keine Ahnung, mächtig gefühlt hab. Voller Power. Nach Penshaw.«

»Das letzte Mal, dass du ihn *lebendig* gesehen hast?«

Josie hebt kurz den Blick und sieht Nova eine Sekunde an,

als würde sie abwägen, was sie jetzt sagen soll. »Damals hab ich ihn das letzte Mal gesehen.«

Nova zieht die Stirn in Falten. »Außer an dem Tag, an dem du ihn geköpft hast?«

»Ich hab ihn nicht … ich hab ihn nicht *direkt* geköpft.«

»Du hast gesagt, du hättest ihn umgebracht. Hast du ihn auf eine andere Weise getötet, und jemand anderes hat den Rest für dich übernommen? Hat jemand für dich den Leichnam entsorgt?« Nova spürt den Blick der DCI durch den Spiegel.

»Nein, also … ich hab keinen Schimmer, was aus seinem Körper geworden ist. Wir haben ihn – ich habe ihn mit dem Ritual getötet. Es hat echt Power. Ich hab das auch nicht geglaubt, und eigentlich wollte ich nur – ich wollte nur meinen Zorn und meine Wut loswerden, und dann haben wir die Schlange geopfert, und klar hab ich nicht geglaubt, dass das funktioniert, nicht wirklich jedenfalls. Ich hab überhaupt nicht dran geglaubt, ehrlich gesagt, aber dann war er tot, nur weil ich es wollte.«

»Josie, du hast ihn nicht umgebracht.« Nova gibt sich Mühe, mit möglichst fester Stimme zu sprechen, obwohl ihr flau vor Erleichterung ist.

»Eben doch.« Sie beugt sich vor, die Augen weit aufgerissen. »Sie müssen mich einsperren. Ich hab Jamie umgebracht, und ich hab solche Angst, dass ich noch jemanden umbringen könnte, nur weil – keine Ahnung – weil ich es unbedingt will.«

»Josie …«

»Und wenn ich dem Baby was antue?«, fragt Josie, während die Tränen über die Wangen fließen. »Was ist, wenn es immer nur schreit und ich nicht schlafen kann, und wenn ich mir wünsche, dass es tot ist, und wenn es dann tatsächlich stirbt? Sie müssen es mir wegnehmen … bitte.«

»Also gut. Beruhigen wir uns erst mal.« Nova setzt sich auf, beugt sich über den Tisch und nimmt Josies Hände. Sie drückt die Finger des Mädchens, und Josie erwidert unter Tränen ihren Druck. Nova schaut in den Spiegel und ist sich bewusst, dass man sie später damit aufziehen wird, aber sie kann unmöglich zulassen, dass ein schwangerer Teenager eine Panikattacke bekommt, während Nova sie befragt. Josie hat ihn nicht umgebracht. »Jetzt atme tief durch.«

Mehrere Minuten atmet Nova mit Josie im Gleichklang, bis Josie zu weinen aufgehört hat. Sie zittert immer noch, aber sie wischt sich mit dem Ärmel über die Augen und sieht Nova wieder an.

»Danke«, sagt sie.

»Schon okay«, sagt Nova. »Also, Josie, du sagst, dass du Jamie Spellman nicht physisch, also mit deinen Händen oder mit einem Messer, mit einer Axt, Gift oder einem anderen Gegenstand – dass du Jamie Spellman keinen physischen Schaden zugefügt hast?«

»Also nein, das nicht, aber …«

»Du hast nur einen … Zauberspruch gesprochen, ihm den Tod gewünscht, und daraufhin ist er gestorben? Und deshalb fühlst du dich verantwortlich?«

»Schon, aber es war nicht nur ein Zauberspruch …«

»Okay. Einen Moment. Lass uns eine kurze Pause machen«, sagt Nova und steht auf, um ein weiteres Mal den Raum zu verlassen.

23

KAYSHA
8. JANUAR 2000

Kaysha meldet sich täglich bei jeder der Frauen mit einem kurzen Anruf oder einer Textnachricht, um sich zu vergewissern, dass es allen gut geht, um zu erfahren, ob eine von ihnen mit der Polizei gesprochen hat oder ob jemand etwas gehört hat, was ihr vielleicht noch nicht zu Ohren gekommen ist, und um nach einem Anflug von schlechtem Gewissen zu lauschen oder um sie unauffällig auf ein Geständnis hin auszuhorchen. Kaysha weiß, dass es vernünftiger wäre, mit niemandem zu sprechen, aber sie jonglieren mit vielen beweglichen Teilen, es sind zu viele, die ein so großes Geheimnis bewahren sollen, zu viele Leben, die hier auf dem Spiel stehen. Sie muss alle unter Kontrolle behalten.

Als Olive zwei Tage hintereinander nicht auf ihre Anrufe und Nachrichten reagiert, fährt Kaysha zu ihr. Olive macht ihr die größten Sorgen, sie hat sich nie so in die Gruppe eingebracht wie die anderen. Alle brauchten eine Weile, ehe sie Kaysha – und einander – vertrauten, aber Olive hat es nie wirklich getan. Oft kommentierte sie die Geschichten der anderen mit einem Schnauben, als würden sie lügen oder maßlos übertreiben. Olive wollte schon an Silvester die Polizei rufen, und Kaysha fürchtet von Tag zu Tag mehr, dass sie es noch tun könnte.

Kaysha steht mit hochgeschlagener Kapuze vor ihrer Tür und klappert abwechselnd mit dem Türklopfer oder der Briefklappe. Sie war mehrmals hier, während sie sich über Olive schlaumachte und vor der Entscheidung stand, ob sie Olive in die Gruppe aufnehmen sollten, und sie war noch jedes Mal überrascht, wie groß ihr Haus ist. Olive ist Bibliothekarin, und ihr verstorbener Ehemann war Minenarbeiter, und diese viktorianischen Reihenhäuser mit Blick auf die Nordsee und das Tynemouth Castle müssen richtig teuer sein.

»Mach auf, Olive«, zischt Kaysha durch den Briefkastenschlitz, nachdem niemand auf ihr Klappern und Klopfen reagiert. »Ich will mich nur überzeugen, dass mit dir alles in Ordnung ist.«

Nach ein paar Sekunden hört Kaysha das Schloss klicken, und als Olive nicht die Tür öffnet, um sie einzulassen, nimmt sie das als Einladung und tritt von selbst ein. Im Haus ist es dunkel, aber links kann Kaysha hinter einer Tür einen Fernseher murmeln hören. Sie zieht die Schuhe aus und folgt dem Geräusch durch das Wohnzimmer hindurch in die Küche, wo Olive an einem runden Esstisch sitzt. Der Raum ist geschmackvoll eingerichtet, aber er wirkt abgewohnt – die Kacheln haben Sprünge, und die Tapete hat fleckige Stellen. Ein Flügel der doppelten Terrassentür zum Garten ist gesprungen und mit Klebeband geflickt.

»Was willst du hier?«, fragt Olive, als Kaysha in den Raum tritt. Sie klingt heiser, so als hätte sie tagelang nicht gesprochen.

»Ich wollte nur nachsehen, ob bei dir alles in Ordnung ist.« Kaysha geht zum Tisch und spricht dabei langsam und ruhig, so wie mit ihrer senilen Tante Zainab. »Ich habe nichts mehr von dir gehört.«

»Was sollte es denn zu hören geben?«

»Du musst mir nur ab und zu Bescheid geben, dass mit dir alles in Ordnung ist, bis alles überstanden ist«, sagt Kaysha und legt eine Hand auf den Stuhl Olive gegenüber. »Darf ich?«

Olive kneift die Lippen zusammen, und Kaysha setzt sich. Es ist nur eine Woche vergangen, seit sie sich gesehen haben, doch Olive sieht dünner aus. Sie trägt einen abgewetzten

Popeye-Pyjama, anscheinend eine Kindergröße, der ihr trotzdem am Leib hängt. Sie sieht so brüchig aus, als wäre sie aus Papier.

»Was willst du hier?«, fragt Olive noch mal und fährt sich mit den Fingern durch die fettigen Haare. Sie bewegt sich schnell und flatterig wie ein Spatz. »Ich habe zu niemandem etwas gesagt.«

»Ich wollte mich nur überzeugen, dass es dir gut geht.«

»Es geht mir gut.«

»Du siehst aber nicht so aus«, sagt Kaysha. »Ich dachte, ich hätte beim Reinkommen einen Fernseher gehört … hast du mit jemandem geredet?«

Olive blickt erst auf den Stuhl an ihrer Seite und dann zur Decke. »Wenn man älter wird, spricht man öfter mit sich selbst. Oft das einzige vernünftige Gespräch am Tag.«

»Hast du diese Woche gearbeitet?«

»Und du?«, fragt Olive.

»Nicht so viel wie sonst, aber ich habe gearbeitet«, sagt Kaysha. Sie hat ein paar kleine Artikel für den *Chronicle* geschrieben, um sich über Wasser zu halten, bis sie wieder Zeit für ein größeres Projekt hat.

»Natürlich hast du das. Natürlich«, sagt Olive. Sie runzelt die Stirn. »Wie kannst du einfach … wie kannst du einfach weitermachen, als wäre nichts passiert, als wäre nicht ein guter Mensch gestorben?«

»Er war kein guter Mensch.«

»Man soll nichts Schlechtes über die Toten sagen«, sagt Olive und berührt unwillkürlich ein goldenes Kruzifix an ihrer Halskette.

»Bist du katholisch?«

»Wieso interessiert dich das?«

Kaysha zuckt mit den Achseln. »Es interessiert mich eben.«

»Protestantisch«, sagt Olive.

»Warst du in letzter Zeit in der Kirche?«

»Ich gehe jeden Tag in die Kirche«, sagt Olive. »Fast jeden Tag.«

Kaysha hat mal gelesen, dass Priester nicht preisgeben dürfen, was ihnen im Beichtstuhl anvertraut wird, aber sie ist nicht sicher, ob sich diese Regel auch auf einen Mord erstreckt. Sie ist auch nicht sicher, ob Protestanten überhaupt die Beichte ablegen. Sie fragt sich, ob Olive jemandem etwas erzählt hat. Sie würde sie gern fragen, aber sie hat Angst, sie könnte Olive damit auf Ideen bringen.

»Soll ich dir irgendwas besorgen?«, fragt Kaysha.

»Was denn?«

»Ich könnte für dich einkaufen gehen, wenn du willst – Milch, Brot, Zigaretten … alles Mögliche.«

»Ich rauche nicht.«

»Alles Mögliche.«

Olive beugt sich über den Tisch, und ihre Fingernägel bohren sich ins Holz. »Hast du schon rausbekommen, wer es war?«

Kaysha sieht ihr ins Gesicht. »Nein.«

»Ich wette, es war deine Freundin.«

»Sarah war es nicht«, antwortet Kaysha fest, obwohl sie weiß, dass einige der anderen Sarah ebenfalls im Verdacht haben. Sie ist die logische Verdächtige – sie hat die größte Klappe, und sie hat immer wieder mit einem Funkeln in den Augen erklärt, sie sollten *den Michael Myers bei dem Ficker machen.*

»Du beschützt sie.«

»Hör zu, Olive, wir wissen nicht, wer es war. Aber jemand hat es getan, und jetzt müssen wir umso mehr aufeinander aufpassen. Er hat uns allen böse mitgespielt, und ich will bestimmt nicht gutheißen, was passiert ist, aber … es ist nun mal passiert.«

»Und was ist, wenn die Mörderin, wer sie auch sein mag, nennen wir sie einfach Sarah«, sagt Olive. »Was ist, wenn sie noch einmal zuschlägt? Was ist, wenn sie beschließt, dem nächsten Mann, der sie schief ansieht, den Kopf abzuschlagen?«

»Jamie ist nicht gestorben, weil er jemanden schief angesehen hat«, faucht Kaysha. »Er ist gestorben, weil er ein hinterhältiges Arschloch war und er irgendwann dafür bezahlen musste.«

»Er war ein guter Mensch.«

»Er war ein verfluchter Mörder, Olive«, sagt Kaysha und nimmt dabei Olives Handgelenk.

Olive reißt die Augen auf. »Raus hier!«

»Er hat dir alles genommen. Warum nimmst du ihn immer noch in Schutz?«

»Raus aus meinem Haus!«, faucht Olive mit zornrotem Gesicht.

24

NOVA
10. JANUAR 2000

Lou Aldermans Zimmer sieht exakt so aus, wie man es von einer jugendlichen Okkultistin erwarten würde, das restliche Haus aber kein bisschen. Alle anderen Räume sind in abgetönten Pfirsich- und Cremefarben gehalten, Seidenblumensträuße mit weißen Rosen oder Sonnenblumen wurden geschmackvoll in hübschen Vasen arrangiert, und die Vorhänge hängen so korrekt, als wären sie in perfekten Falten gebügelt worden. Draußen ist es trübe, aber im Haus wirkt alles fröhlich.

Im Gegensatz dazu sind die Wände in Lous Zimmer schwarz-lila gestrichen und die Vorhänge zugezogen. Getrocknete Kräuter- und Blütensträuße hängen an Schnüren von der Decke, und auf den diversen Abstellflächen stehen die Kerzen so dicht, dass Nova insgeheim befürchtet, der Raum könnte Feuer fangen. Auf einem Regal glimmt Weihrauch, die Luft ist unerträglich stickig und duftgeschwängert. An der Wand über Lous Bett hängt eine gerahmte Zeichnung des Kultsiegels.

»Ich nehme an, du leugnest nicht, dass du was mit dem Kult zu tun hast, oder?«, fragt Nova und nickt zu der Zeichnung hin. Lou lächelt still, räumt einen Haufen Schals sowie eine schwarze Katze von einem Sessel, damit Nova sich setzen kann, und lässt sich dann im Schneidersitz auf ihrem Bett nieder, woraufhin sich die Katze zwischen ihren Knien einrollt. Nova setzt sich in den Sessel und beugt sich vor. Sie weiß nicht, warum sie überrascht war, dass die ganze Sache von einem jungen Mädchen koordiniert wurde – eigentlich war es zu erwarten. Weibliche Teenager sind wahre Energiebündel und chronisch unterschätzt.

»Hör zu, ich bin nicht hier, um dich festzunehmen«, sagt Nova, und Lou lehnt sich mit dem Rücken an die Wand.

»Na ja, wieso sollten Sie auch?«

»Zum einen wegen Diebstahls. Oder Beschädigung von öffentlichem Eigentum. Ich könnte eine ganze Liste aufzählen«, sagt Nova, und Lou nickt anerkennend. »Aber wie gesagt, ich will dich nicht festnehmen. Ich bin bereit, Gras über die Sache wachsen zu lassen – obwohl sie mir unzählige Stunden Ärger bereitet hat.«

»Warum?«, fragt Lou.

»Warum ich dich nicht festnehmen will?«

»Genau.«

»Weil du noch dein ganzes Leben vor dir hast und weil eine Vorstrafe dir nicht helfen würde, etwas daraus zu machen.«

Lou zuckt mit den Achseln. »Hier bei uns hat jeder Vorstrafen. Das ist kein großes Ding.«

»Richtig, und darum bringt es hier auch niemand zu was. Das ist Mist, denn wir machen alle Dummheiten, wenn wir jung sind, so was sollte niemandem das ganze Leben versauen, aber das tut es, wenn du nicht genug Geld hast, um deine Fehler hinter dir zu lassen. Du bist schlau, und du kannst es weit bringen, wenn du dich anstrengst.«

»Woher wollen Sie wissen, dass ich schlau bin?«

»Wie viele Leute sind in deiner Gang? Fünf? Zehn? Und du bist die Chefin. Du hast alle überzeugt, dass sie ihre Probleme lösen könnten, wenn ihr ein Schaf schlachtet und ein paar magische Sprüche aufsagt. Das ist keine Kleinigkeit.« Nova lehnt sich zurück und schlägt die Beine übereinander. »Stell dir mal vor, wenn du deinen Verstand gezielt einsetzen würdest. Du könntest ganz groß rauskommen.«

»Als was denn? Als Polizistin? Um beschissene Gesetze

durchzusetzen, von denen alle gefickt werden, die nicht reich oder nicht *weiß* sind? Nein, danke. Nicht mit mir.« Lou streckt die Schultern durch. Die Überzeugung, mit der sie das sagt, überrascht Nova, trotzdem muss sie ihr wohl oder übel zustimmen. Nova hat jenen Teil ihrer selbst, der einst an die Polizei geglaubt hat, längst aus dem Blick verloren, und wenn sie mit ihrem heutigen Wissen noch mal die Zeit zurückdrehen könnte, wäre sie wahrscheinlich nie Polizistin geworden.

»Ich will nicht sagen …«

»Ich tue das, weil die Menschen Hilfe brauchen. Ich liebe Zaubersprüche, aber wir setzen sie nur ein, um anderen Kraft zu geben. Uns hilft die Polizei nicht. Die hilft nur den Menschen in den großen Villen, damit wir nicht auch was von ihren schönen Sachen abbekommen.«

»Da widerspreche ich dir nicht.«

»Und die Frauen nicht aufsässig werden.«

»Manchmal auch das.«

»Mein Dad hat meine Mum vergewaltigt. Sie hat ihren ganzen Mut zusammengenommen und wollte ihn vor Gericht bringen, aber die Cops haben gesagt, die Chancen stehen gleich null, weil sie verheiratet sind. Wussten Sie das? Wir sind immer noch Eigentum der Männer. Ich konnte nicht zulassen, dass Josie irgendwann diesem alten Schleimscheißer gehört, den sie gevögelt hat.«

Nova zieht eine Braue hoch. Sie hat nie ernsthaft geglaubt, dass der Kult Jamie Spellman tatsächlich umgebracht haben könnte, aber vielleicht lag sie da falsch. Sie beugt sich wieder vor.

»Habt ihr ihn umgebracht, Lou?«, fragt sie leise und sieht dem Teenager dabei in die Augen. »Um Josie zu schützen?«

Lou lacht. »Nur weil ich ein Ritual abhalte und ein paar räudige Schafe schlachte, bin ich gleich in der Lage, einem Arschloch den Kopf abzuschlagen? Echt nicht, Mann.«

»Was meinst du dann damit, dass du das mit Josie nicht zulassen konntest? Wenn du es nicht warst, hast du jemanden aus deiner Gruppe gebeten, es zu tun?«

»Nein. Ganz im Ernst, ich bringe niemanden um, und ich finde es auch nicht gut, Menschen umzubringen. Ich will den Menschen bloß Kraft geben. Ich mag es, wenn Mädchen sich mächtig fühlen. Jo sollte wissen, dass sie ihn besiegen konnte. Mit ihrer eigenen Energie, wenn man so will.«

»Ist dir klar, dass sie glaubt, sie hätte ihn tatsächlich umgebracht?« Nova sieht erst auf ihre Hände und dann wieder Lou an. »Sie hält sich für eine Mörderin. Sie hat mich angebettelt, sie einzusperren, damit sie nicht noch jemanden in Gefahr bringt. Sie hat Angst, dass sie versehentlich ihr Baby umbringen könnte. Du weißt das, oder?«

Lou sieht sie kurz mit großen Augen an, dann schiebt sie ihr hüftlanges Haar aus dem Gesicht. »Keine Ahnung – wir haben nur einen Zauber gesprochen, der, also, Energien verstärkt zurückschickt, sie praktisch verdoppelt. Er hat sich seinen Tod selbst zuzuschreiben.«

»Wie meinst du das?«

»Durch diesen Spruch fällt alles, was jemand in die Welt gesetzt hat, umso härter auf ihn zurück. Doppelt so heftig. Ich konnte doch nicht ahnen, dass ihn jemand zerstückeln würde, oder? Ich frage mich, womit er das verdient hat, es kann nicht nur das sein, was er Josie angetan hat.«

Nova hatte sich mit Religion immer schwergetan, sie war weder gläubig noch ungläubig. Sie ist in ihrer Jugend nicht zur Kirche gegangen, aber sie weiß, welche Macht die Religion über die Menschen hat, und hin und wieder, wenn ihr zu allem anderen die Kraft fehlt und sie wirklich verzweifelt ist, ertappt sie sich beim Beten. Wenn sie an den Tod denkt, wünscht sie sich, sie könnte an etwas Substanzielles glauben, damit sich der Gedanke nicht ganz so grauenvoll anfühlt. Allerdings glaubt sie sehr wohl an ein Karma; die Vorstellung, dass jede Aktion eine Reaktion auslöst, ist mechanistisch genug, um ihr einzuleuchten.

Nova nickt. »Und was hat er wohl getan, um dieses Schicksal zu verdienen? Wenn es deiner Meinung nach nicht ausreicht, dass er eine junge Frau dazu gebracht hat, ein Kind zu empfangen?«

»Keine Ahnung. Was Schlimmeres? Muss aber nicht sein. Ich habe das Gefühl, dass er eine ganze Latte an schlimmen Sachen gemacht hat. Er hatte so eine Aura, wie ein durch und durch schlechter Mensch«, sagt Lou und schiebt die Hand unter ihr Kissen. Sie zieht einen schwarzen Samtbeutel hervor, auf den eine Sonne und einige Sterne gestickt sind. »Wir können ja nachschauen, was das Tarot dazu sagt.«

Nova schaut zu, wie Lou die Tarotkarten aus dem Beutel holt und gründlich mischt. Die Karten sind größer als gewöhnliche Spielkarten und sehen interessanter aus; Nova kann unter Lous mischenden Händen vereinzelt ein Gesicht oder ein Gebäude ausmachen. Dann zieht Lou die obersten drei Karten vom Stapel und legt sie offen vor sich aus. Sie presst die Lippen zusammen, und plötzlich will Nova unbedingt erfahren, was die Karten sagen, auch wenn sie nicht daran glaubt.

»Was siehst du?«

»Also«, sagt Lou und wirft ihr Haar über die Schulter zurück. »Wir haben die Acht der Schwerter, den Teufel und dann die Neun der Schwerter. Es ist so, als ob … die Karten sagen, dass er andere Menschen ausnutzt. Es geht um Abhängigkeit und falsche Versprechungen, und dann um ein Gefühl der Hoffnungslosigkeit, das von ihm ausstrahlt. Ich glaube nicht, dass er diese Hoffnungslosigkeit empfindet, sie umgibt ihn einfach nur.«

»Okay.«

»Das ist aber noch nicht alles«, sagt Lou, zieht die nächste Karte vom Stapel und legt sie über die anderen. Die Karte liegt verkehrt herum, und unter der Zeichnung steht *Der Herrscher*. Lou schnaubt. »Das ist keine Überraschung.«

Nova zieht die Schultern hoch, und Lou erklärt ihr: »Der Herrscher steht für Autorität und Kontrolle, aber in einer … einer eher väterlichen Art, wie ich sie Jamie keinesfalls zuschreiben würde. Eigentlich ist der Herrscher kein schlechtes Wesen. Aber auf dem Kopf stehend«, sagt sie und zieht dabei mit der Fingerspitze einen Kreis in der Luft, »wird er zum Tyrannen. Er hat die Kontrolle verloren, und das macht ihn zornig. Er würde absolut alles tun, um sie zurückzuerlangen.«

Nova nickt. »Und das ist alles?«

Lou zieht eine weitere Karte vom Stapel und brütet eine Minute lang stumm über dem Bild. Sie tippt mit dem Finger nacheinander auf jede einzelne Karte und dann nur auf die erste, dritte und fünfte.

»Die Acht, die Neun und die Zehn der Schwerter«, sagt sie. »Als würde eine Geschichte erzählt, allerdings eine Tragödie. Wo er auch war, hat er Unheil gebracht, und dann dieses Ende. Es kündet von Niederlage und Tod.«

»Seinem Tod?«

»Vielleicht, aber eigentlich glaube ich das nicht, wegen der anderen Karten. Er hat irgendwas gemacht.«

»Du glaubst, er hat jemanden umgebracht?«, fragt Nova. Sie fragt sich, ob Lou ihr mithilfe der Karten durch die Blume mitteilen will, dass sie mehr weiß, als sie sagen kann. Sie fragt sich, ob Jamie tatsächlich jemanden umgebracht hat, und denkt an die Bibelpassage, auf der sein Kopf ruhte. *Auge um Auge.* Bisher hat sie das nur als Hinweis genommen, dass es sich um einen Rachemord handelt, aber wahrscheinlich deutet diese Passage eher auf eine Bestrafung hin, die einem vorigen Verbrechen angemessen ist. Auge um Auge, Mord um

Mord. Sie darf sich nicht hinreißen lassen. Ihr ist klar, dass sie sich unter Lous Einfluss hat ziehen lassen. Der Teenager strahlt wirklich Autorität aus.

Lou zuckt mit den Achseln und starrt auf die Karten. »Es könnte auch symbolisch sein.«

»Was meinst du?«

»Keine Ahnung. Aber Sie werden es wahrscheinlich herausfinden, oder? Irgendwann«, sagt Lou und sieht Nova dabei ernst an.

Nova spürt in ihrer Tasche das Vibrieren ihres Handys und nimmt das als Anlass zum Aufbruch. Einen Sekundenbruchteil fürchtet sie, dass ihr Handy irgendwie die ganze Zeit eingeschaltet und mit jemandem verbunden gewesen sein könnte, der sie dafür feuern kann, dass sie Lou vom Haken lässt. Sie schaut kurz aufs Display, aber es ist nur Jenna aus der Kriminaltechnik. »Gut, ich muss los, aber vergiss nicht, was ich gesagt habe. Keine Tieropfer mehr.«

»Ich werde brav sein«, sagt Lou, sammelt die Karten ein und schiebt sie zurück in den Samtbeutel. Als Nova aufsteht und sie noch einmal ansieht, sieht sie nur ein junges Mädchen, das sich bemüht, die Welt zu verstehen.

Im Auto läutet Novas Handy erneut, und Jenna berichtet ihr, dass die Untersuchungsergebnisse von Jamies Blut vorliegen und Nova am besten vorbeikommen und sie persönlich begutachten sollte. Das Labor liegt in einem Gewerbegebiet in einem reichen Vorort, und Nova fährt nur ungern hin, weil es dort immer nach Chemikalien riecht, wie in einem Krankenhaus. Jenna wartet mit einem Kaffee an der Rezeption, und gemeinsam gehen sie in Jennas Büro, wo Jenna den Bericht auf ihrem PC aufruft. Nova wird nie schlau aus den verschiedenen Tabellen und Abkürzungen, aber sie lauscht nickend, während Jenna ihr Zeile für Zeile erklärt und dabei mit einem manikürten Fingernagel auf die verschiedenen Fachausdrücke deutet.

»Es läuft darauf hinaus«, sagt Jenna nach einer Weile und stellt dabei ihre leere Tasse auf das Fensterbrett in ihrem Rücken, »dass kurz vor seinem Tod extrem viele Substanzen in seinen Körper gelangt sind.«

»Was für Substanzen?«, fragt Nova.

»Jede Menge Diazepam, eine interessante Wahl. Ein starker Angstlöser. Auch bekannt als Valium.«

»Das heißt, es wurde wahrscheinlich nicht geplant?«

»Erscheint mir unwahrscheinlich.«

»Könnte er es selbst genommen haben? Eine Überdosis?«

Jenna rümpft die Nase. »Ein Suizidversuch? Dafür wäre Diazepam eine merkwürdige Wahl ... wahrscheinlich kommt es auf seinen psychischen Zustand an. Bei einer kleineren Dosis hätte ich vermutet, dass er das Mittel selbst eingenommen hat, vielleicht nur als Einschlafhilfe, irgendwas in der Richtung. Aber wie gesagt, es war zu viel, als dass es ein Zufall gewesen sein kann.«

»Gut. Habt ihr noch was gefunden?«

»Reichlich Alkohol im Blut. Reagiert nicht gut mit Diazepam, darum nehme ich an, dass er außer Gefecht gesetzt war.«

»Also, das glauben wir ehrlich gesagt nicht«, sagt Nova. Der Gerichtsmediziner hat vor ein paar Tagen die wenigen Erkenntnisse aufgezählt, die sie ohne den Rest des Leichnams gewinnen konnten. »Der Winkel einiger Axtschläge – sie glauben, dass es eine Axt war, jedenfalls war es eine schwere und relativ stumpfe Klinge, also nicht so was wie ein Fleischmesser – legt nahe, dass er beim ersten Schlag stand. Sie meinen, die Wunde würde nach oben führen, so als hätte jemand im Winkel von fünfundvierzig Grad aufwärts zugeschlagen. Jedenfalls beim ersten Schlag. Bei den meisten Hieben lag er natürlich auf dem Boden. Und es gab viele.«

»Ach, du glaubst also, es war eine Frau? Weil sie kleiner wäre, meine ich?«

»Hmm. Da sind die Meinungen geteilt. Es ist ein ziemlich grausiges Verbrechen für eine Frau, allerdings hat es etwas an sich, das … ich weiß nicht, für eine Frau spricht, die zum Äußersten getrieben wurde.«

»Interessant, dass du das sagst, denn Diazepam ist verschreibungspflichtig. Das bestellt man gewöhnlich nicht bei einem Dealer, es sei denn, man ist danach süchtig.«

Als Nova später die Liste der Medikamente kontrolliert, die bei der Durchsuchung im Haus der Spellmans gefunden wurden, stellt sie fest, dass nichts darunter war, was Jamie verschrieben wurde, während Sadia fünf oder sechs verschreibungspflichtige Medikamente nimmt. Diazepam steht dabei ganz oben auf der Liste.

25

SADIA
11. JANUAR 2000

Sadia plant die Beerdigung – oder genauer Trauerfeier – ihres Mannes so schnell, wie man es von ihr erwartet hätte, wenn Jamie unter normalen Umständen gestorben wäre. Diese Eile wird später auf die Polizei verdächtig wirken, so als könnte sie es kaum erwarten, die Erinnerung an ihn zu Grabe zu tragen, denn seinen Leichnam trägt sie definitiv nicht zu Grabe.

Es gibt keinen Sarg. Der Pfarrer hat ihr angeboten, einen leeren Sarg in die Kirche zu stellen, er hat das schon für Verstorbene getan, deren Körper durch Bomben auf dem Schlachtfeld in Fetzen gerissen wurden, die auf hoher See oder anderswo verloren gingen. Sadia hat abgelehnt, sie fand, dadurch würde die Aufmerksamkeit erst recht darauf gelenkt, dass Jamie nicht mehr komplett war. Sie machte sich Gedanken, dass man glauben könnte, sie würde seinen Kopf ohne Körper beerdigen, dabei kann sie nicht einmal den beerdigen. Die Polizei hat den Kopf immer noch beschlagnahmt, er liegt in irgendeinem Kühlschrank, wo er ganz langsam verrottet.

Die Trauerfeier findet in der Kirche statt, die Jamie zwei Jahre lang mit seinem Großvater besucht hat, prägende Jahre, wie Jamie immer sagte. So wie er es erzählt hat, wurde er hier zum Mann, unter dem strengen Blick seines Großvaters mütterlicherseits – der einzigen Vaterfigur, die er je hatte. Der alte Mann war nie besonders liebevoll oder gütig, aber immerhin nahm er den fünfzehnjährigen Jamie bei sich auf, obwohl er ihn nie zuvor gesehen hatte. Er erkannte sich in den kalten, grauen Augen und dem fliehenden Kinn wieder und wusste, dass dies Alice' Wechselbalg war. Er ließ Jamie jeden Tag für die Sünden seiner Mutter beten und die Bibel von vorn bis hinten auswendig lernen. Es waren keine glücklichen Jahre für Jamie, trotzdem sagte er immer, er hätte in den zwei Jahren bei Joseph Spellman mehr über Recht und Unrecht gelernt als in den fünfzehn Jahren bei Tante Maureen.

Joseph hatte sich sogar bereit erklärt, Jamies Studium zu bezahlen, allerdings nur, weil Jamie ihm versprochen hatte, Theologie zu studieren und ebenfalls Geistlicher zu werden. Tatsächlich hatte sich Jamie aber für den Studiengang in Biochemie beworben, was erst aufflog, als sein Großvater das Zulassungsschreiben der Universität öffnete. Daraufhin drohte Joseph, die Zahlungen einzustellen, falls Jamie nicht den Studiengang wechseln würde. Am Tag nach Jamies Abreise an die Universität wurde Joseph von einem Schäfchen aus seiner Herde tot aufgefunden, über das Taufbecken gebeugt und mit dem Gesicht im Wasser. Er hinterließ weder seiner verstoßenen Tochter noch seinem halbwüchsigen Enkelsohn etwas, denn abgesehen von dem, was er bereits für Jamies Studium gezahlt hatte, erbte die Kirche jeden einzelnen Penny.

26

MAUREEN
11. JANUAR 2000

Die anderen meinten, dass es verdächtig aussehen würde, wenn Maureen nicht zur Trauerfeier käme, und so zieht sie ein knielanges schwarzes Kleid an, das nur für den Fall, dass es ihr je wieder passen sollte, seit zehn Jahren hinten in ihrem Schrank gehangen hat. Dazu trägt sie einen dunkelblauen Hut, den sie zur Hochzeit ihrer Stieftochter letzten Juli gekauft hat. Die Sachen passen nicht zusammen, aber das ist ihr egal. Kurz spürt sie einen zufriedenen Stich, als John den Reißverschluss des Kleides hochzieht, das sie noch vor wenigen Wochen nicht über die Hüften bekommen hätte. Unter Stress nimmt sie immer ab. Endlich ein Silberstreif. Das einzig Gute, das diese ganze Geschichte hervorgebracht hat, abgesehen natürlich von Jamies Dahinscheiden.

Das Gefühl kalter Eitelkeit löst sich schnell in Luft auf, als John aus dem Dorf und am Stadtrand entlang zur Kirche fährt. Seit fünfunddreißig Jahren war sie nicht mehr hier, und sie hätte glücklich bis ans Ende ihrer Tage leben können, ohne diese Kirche je wiederzusehen. Sie strebt in scharfen Kanten und spitzen Türmen dem Himmel zu und ist, das hat ihr Vater ihr einst erklärt, nach dem Vorbild des Kölner Doms erbaut. Ihm gefiel die gotische Strenge. Er meinte, sie würde die Wankelmütigen und die Scheinheiligen abschrecken.

»Das ist sie?«, fragt John, als sie ihm die Einfahrt zum Parkplatz zeigt. »Sieht finster aus, wie?«

Maureen nickt. Sie weiß, dass John sich unwohl fühlt; die neuen Informationen über Maureens Leben haben einen Keil zwischen sie getrieben, er hat das Gefühl, sie nicht mehr wirklich zu kennen. Das hat er ihr gestern mehr oder weniger erklärt, und seither hat sie Angst, dass er sie verlassen könnte. Trotzdem kommt er mit ihr zur Trauerfeier, und dafür ist sie ihm dankbar.

Die ersten Bänke sind schon besetzt, als sie in die Kirche treten, abgesehen von der ersten Bank, in der nur Sadia und ihr Kind sitzen. Maureen tritt in die letzte Bank, und John bleibt stehen.

»Willst du nicht weiter nach vorn? Da sind noch viele Plätze frei.«

»Lass uns hier sitzen. Ich will mich nicht aufdrängen«, flüstert sie und tätschelt mit der flachen Hand die Bank.

»Aber du bist mit ihm verwandt, du solltest vorne sitzen.«

»Wir können einfach hier sitzen«, sagt sie und winkt ihn zu sich. Er zieht die Brauen hoch, aber kommt ihrer Bitte nach. Sein Atem rasselt, und sie reicht ihm wortlos ein blaues Inhalationsgerät aus ihrer Handtasche. Sie versucht sich zu beruhigen. Sie dachte, die Kirche würde inzwischen kleiner auf sie wirken, nachdem sie bei ihrem letzten Besuch hier so viel jünger war, aber sie ist so riesig wie immer. Wie eine Grotte. Die Kirche, in die sie inzwischen geht, ist klein und modern, ein warmer, sauberer Rückzugsort, in dem die Wände hellgelb gestrichen sind und der Gottesdienst von einem Pfarrer abgehalten wird, der oft und gern lacht.

Ihr Vater ist inzwischen seit mehr als fünfzehn Jahren tot, aber sie kann ihn hier immer noch spüren. Sie dachte immer, wenn ihr Vater Amerikaner gewesen wäre, wäre er einer der Prediger gewesen, die man im Fernsehen sieht, die brüllend und zornig um sich schlagend mit ihrer gottgegebenen Allmacht die Kranken zu heilen versuchen. Er sagte immer, er hätte die Gabe, die Menschen zu bekehren, und tatsächlich waren seine Kirchenbänke immer voll. Falls jemand starb oder wegzog, war der Platz schnell mit einer armen Seele gefüllt, die er so lange unter Druck gesetzt oder beschämt hatte, bis sie seiner Gemeinde beitrat.

Während der methodistischen Gottesdienste in der kleinen Kapelle, bei der Alice begraben lag, hatte Jamie sich immer nur mühsam wach halten können, und Maureen hatte deswegen zwar mit ihm geschimpft, aber eigentlich hatte sie ihm kaum einen Vorwurf machen können. Der Diakon war ein tattriger Greis mit einer dünnen Stimme gewesen, die jenseits der ersten Reihen kaum zu verstehen war, und im Sommer, wenn die Hitze das Mauerwerk durchdrungen hatte, war Maureens Neffe oft fest schlafend gegen ihren Arm gesackt, und oft waren ihr auch kurzzeitig die Augen zugefallen.

Als Jamie ausgezogen war, war er stattdessen hier gelandet. In ihrer Hütte gab es kein Telefon, aber der Farmer hatte eine Woche nach Jamies Verschwinden einen Anruf bekommen, in dem Jamie ihm knapp mitteilte, dass er jetzt bei seinem Großvater wohnen würde und Maureen sich nicht die Mühe machen sollte, ihn zurückholen zu wollen. Als der Farmer die Nachricht an die Adresse weitergab, die sie bei ihrem Auszug hinterlassen hatte, hatte sie nur geschnaubt. Sie hatte absolut nicht vor, ihn zurückzuholen. Sie war froh, dass er einen sicheren Platz gefunden hatte, allerdings war ihr gar nicht wohl bei dem Gedanken, wie dieser Junge mit all seinem aufgestauten, verhärteten Zorn von ihrem Vater geformt wurde. Sie wusste, dass sie ihm keine gute Stiefmutter gewesen war, aber ihr Vater war schlimmer, als sie es je sein konnte. Kein Wunder, dass der Junge so geworden war.

Maureen beobachtet, wie sich die Kirche füllt, wie immer, wenn ein junger Mensch gestorben ist, und ärgert sich, dass zu seiner Feier mehr Trauergäste kommen als damals zu Alice'. Ihre Schwester hätte eine große Trauergemeinde verdient gehabt, er nicht. Als sie ihren Blick wandern lässt, begreift sie, dass auch die meisten der anderen Frauen hier sind, ernste Gesichter in einem Meer von Schwarz.

Josie, die aussieht, als würde gleich ihr Bauch platzen, sitzt weinend am Ende der dritten Bank. Eigentlich weint sie immer nur. Maureen stellt überrascht fest, dass Sarah ebenfalls in der letzten Reihe sitzt, jenseits des Mittelgangs, und den Hinterkopf an die Wand gelehnt hat, sodass die Tätowierungen an ihrem Hals deutlich zu sehen sind. Olive sitzt vier Reihen vor Maureen und ruckt mit dem Kopf hin und her wie ein frisch geschlüpfter Vogel auf der Suche nach etwas zu fressen. Gerade als der Pfarrer, ein freundlich aussehender rothaariger Mann mit Brille, der mit seinen Pausbacken rein optisch das Gegenteil ihres Vaters ist, sich räuspernd umsieht, geht die Tür noch einmal auf, und Ana tritt mit einem Mann ein, der ihr Ehemann sein muss. Er ist genauso groß wie sie, sieht aber nicht so gut aus. Maureen fragt sich, ob Anas Ehemann jemals eifersüchtig auf ihre Beziehung zu Jamie war, ob er seiner Frau eine Affäre unterstellte oder ob er ihr vertraute. Ana trägt einen schwarzen Hosenanzug, der sie bei jeder Bewegung umfließt wie ein teures Ballkleid. Nicht zum ersten Mal fällt Maureen auf, wie elegant sie ist.

27

ANA
11. JANUAR 2000

Sadia sitzt in der ersten Reihe, selbstverständlich, und dreht sich zu Ana und Tom um, als sie die Kirche betreten. Sie erhebt sich halb und winkt sie her, damit sie sich zu ihr in die ansonsten völlig leere erste Reihe setzen. Ana gibt ihr einen Kuss auf die Wange, setzt sich und begrüßt flüsternd auch Ameera, die sich an ihre Mutter kuschelt und mit ihrer kleinen Faust einen Plüschhasen umklammert. Sie trägt ein dunkelblaues Kleid und ist ganz still, als würde sie die Traurigkeit um sie herum spüren – die zwar wahrnehmbar, aber nicht besonders ausgeprägt ist. Viele, könnte Ana sich vorstellen, sind aus einem Gefühl der Verpflichtung gekommen, weil man der Trauerfeier eines alten Bekannten beiwohnt, selbst wenn man nicht wirklich mit ihm befreundet war. Oder einst mit ihm befreundet war und später nicht mehr. Ana ist nicht gekommen, um den verstorbenen Jamie zu betrauern, sie trauert um den Jamie, den sie früher kannte, den Jamie, der sie auf dem Sofa schlafen ließ, wenn sie nirgendwo sonst unterkommen konnte, den Jamie, der bei ihren ersten Dates ein paar Tische weiter saß, um sicherzustellen, dass es keine Probleme gab. Den Jamie, der ihr einen Job vermittelte, der sie nie anders behandelte als alle anderen und der sie nie outete, bis er es doch tat. Wenn sie jede seiner guten Taten ihr gegenüber durchleuchten würde, fände sie wahrscheinlich immer irgendeinen Hintergedanken, davon geht sie aus, aber danach will sie nicht suchen. Nicht während seiner Trauerfeier. In der Kirche versucht sie sich an seine besten Seiten zu erinnern.

Nachdem Ana und Tom sich gesetzt haben, wird es kurz

still, während alle auf das große gerahmte Foto von Jamie starren, das auf einem Tisch neben der Kanzel steht. Das Bild ist umgeben von Girlanden aus weißen Blüten und zeigt ihn lachend, mit einer Flasche Bier in der Hand und der etwa einjährigen Ameera auf seiner Hüfte. Ana ist klar, dass es nur die Umgebung ist, die in der Luft liegende Traurigkeit und die schmerzvollen, aber leeren Worte, die der Priester von sich gibt, aber sie merkt, wie ihr trotz allem die Tränen kommen.

Ana ist froh, dass sie, verglichen mit den anderen Frauen, die Freundschaft mit Jamie relativ unbeschadet überstanden hat. Abgesehen von Maureen kannte sie ihn am längsten, weit länger als Sadia. Ana und er lernten sich an ihrem ersten Tag an der Universität kennen. Ana war gerade erst ins Land gekommen, ihre Eltern hatten ihr letztes Geld zusammengekratzt, um ihr einen falschen Pass zu kaufen – mit ihrem Wahlnamen *Ana Maria Cortês* –, und sie dann um die halbe Welt geschickt, damit sie ein neues Leben beginnen konnte.

Ana blendet die Predigt des Pfarrers aus und hängt ihren eigenen Erinnerungen an Jamie nach. Sie kann keiner der anderen Frauen erzählen, was sie an ihm vermissen wird. Sie weiß, dass die schrecklichen Dinge, die er getan hat, die kleinen Freundlichkeiten ihr gegenüber bei Weitem überwiegen, und sie hat sich damit abgefunden, dass er seine Mitmenschen skrupellos manipulierte. Wahrscheinlich hat er ihre Freundschaft nie für real gehalten. Vor Kurzem hat sie sich aus der Bücherei ein Buch über Manipulatoren und Narzissten geholt und erkennt Jamie in jedem der dicht beschriebenen Absätze wieder, in denen erklärt wird, wie sich solche Menschen mit verletzlichen und leicht zu beeinflussenden Menschen anfreunden und sie verführen. Sie war verletzlich, als sie ihn kennenlernte, noch nicht an ihr neues Ich gewöhnt, und seine Freundschaft bedeutete ihr oft mehr als ihre moralischen Grundsätze. Es war, als hätte er ihr Sicherheit gegeben, indem er sie akzeptierte.

Sie hat beschlossen, sich während dieser Trauerfeier ein letztes Mal Zeit zu nehmen und ihren schönen Erinnerungen an Jamie nachzuhängen, bevor er ihre Forschungen an sich riss, bevor die Treffen begannen und sie herausfand, dass er anderen Frauen noch viel Schlimmeres angetan hatte. Sie denkt an ihre gemeinsame Zeit an der Universität, an die zahllosen Nächte, in denen sie sich mit billigem Wodka betranken und durch die Klubs zogen, bis die Sonne zwischen den Gebäuden durchbrach und die Imbisswagen Sandwiches mit Speck statt Hamburger verkauften. Sie lässt sich eine Sekunde von diesen Erinnerungen wärmen, und dann fällt ihr ein, was er in diesen Nächten sonst noch tat, wie oft er mit einem Mädchen verschwand und Ana allein nach Hause ging. Damals wies sie den Gedanken weit von sich, dabei waren die Anzeichen deutlich zu sehen. Sie stellte sich blind, genau wie in all den Jahren seither. Wenn Ana an ihre barsche Weigerung denkt, Kaysha zu glauben, an ihre egoistische, unerschütterliche Überzeugung, dass Jamie Spellman nicht der Mann sein konnte, den sie an ihrer Seite brauchte, dann schämt sie sich mehr als je zuvor in ihrem Leben. Sie schämt sich sogar dafür, dass sie auch nur versucht, sich an seine guten Seiten zu erinnern, so als würden sie nicht durch alles andere ausgelöscht. Stattdessen denkt sie an ihre eigenen Taten und betet um Vergebung. Sie betet dafür, dass sie irgendwann irgendwie ihre Schuld bei Kaysha begleichen kann. Als Kaysha, jung und tapfer, den anderen Frauen an der Universität zu erklären versuchte, sie wisse mit Sicherheit, dass Jamie ein Vergewaltiger sei, von dem man sich fernhalten müsse, sorgte Ana dafür, dass alle Kaysha für eine Lügnerin hielten. Manchmal hofft Ana, dass Kaysha Jamie umgebracht hat, damit sie ihr helfen kann, ihre Tat zu vertuschen.

28

JOSIE
11. JANUAR 2000

Josie kommt allein zur Trauerfeier, obwohl die anderen sie beschworen haben, nicht hinzugehen. Kaysha meinte, je weniger von ihnen sich dort zeigten, desto besser, weil sie darauf wetten würde, dass auch die Polizistin auftauchen würde. Schließlich kehren Mörder fast immer zur Leiche zurück, fast als müssten sie Schorf von einer Wunde kratzen.

Sie ringt immer noch mit ihren Gefühlen. Detective Inspector Stokoe hat ihr zwar versichert, dass der Mord nichts mit ihr zu tun hätte, dass Jamie mit einer Axt und nicht durch ihren Spruch enthauptet wurde, aber irgendwie kann sie das nicht recht glauben. Eigentlich weiß sie gar nicht mehr, was sie noch glauben kann.

Sadia sitzt vorn in der Kirche, den Arm um ein kleines Mädchen gelegt, und Josie beobachtet, wie sie dem Kind übers Haar oder den Rücken streicht. Sie hat die beiden schon zusammen im Café gesehen, und wie immer kommen sie ihr wie miteinander verwachsen vor, wie zwei Hälften eines Ganzen. Sadie scheint immer genau zu wissen, wie sie ihre Tochter zum Lachen oder zum Stillsitzen oder zum Aufpassen bringen kann. Sie wirken miteinander so harmonisch, dass Josie sie immer beneidet hat, weil sie mit ihrer chaotischen, kein bisschen mütterlichen Mutter keine derartige Beziehung hat. Josies Mutter ist keine schlechte Mutter, sie hat ihre Kinder nie im Stich gelassen oder misshandelt, sie hatten immer zu essen und ein Dach über dem Kopf, aber für Josie war es immer so, als würde der Beziehung etwas fehlen, als fehlte darin jene tiefe Liebe, die man von der eigenen Mutter erwartet, und als wäre Josies Mutter eher wütend auf ihre Kinder als verliebt in sie.

Josie hat Angst, dass sie gegenüber ihrem Kind genauso empfinden wird. Sie hat Angst, dass das Kind nach seinem Vater gerät und zu einem kranken, kaputten Menschen heranwächst. Sie hat Angst, dass sie es nicht genug lieben kann, um jene Hälfte zu besänftigen, die von Jamie kommt, weil ihre Mutter ihr kein starkes Vorbild gab, an dem sie sich orientieren kann. Sie hat Angst, dass auch ihre Hälfte krank und kaputt sein könnte, weil sie eine Mörderin ist (oder jedenfalls eine sein könnte). Josie hat Angst, dass sie noch zu jung ist, um allein ein Kind großzuziehen. Selbst wenn sie, wie Detective Inspector Stokoe angedeutet hat, eine Sozialwohnung für sich und ihr Kind bekommen sollte, wird sie damit allein sein. Sie hat keine Ahnung, was sie tun muss. So war das nicht geplant. Jamie hätte bei ihr sein sollen, hätte ihre Hand halten und ihr zeigen sollen, wie sie das Kind versorgen muss, wie sie es richtig liebt, wie sie zu einer Mutter wie Sadia wird.

Alle glauben, dass Josie versehentlich schwanger wurde, dass sie oder Jamie nicht aufgepasst haben, denn schließlich würde sich keine Siebzehnjährige absichtlich von einem verheirateten Mann schwängern lassen. Jamie zweifelt jedes Mal an ihrer Erinnerung, wenn sie sich ins Gedächtnis zu rufen versucht, warum sie plötzlich die Pille nicht mehr nahm, wie Jamie sie überreden konnte, ein Kind von ihm zu bekommen, bevor er sich auch nur von seiner Frau scheiden ließ, bevor Josie auch nur aus ihrem Kinderzimmer ausgezogen war, aber irgendwie hatte er es geschafft. Bei ihm klang das einfach folgerichtig. Josie würde schwanger werden, sie würde in ein Haus ziehen und er mit ihr zusammenwohnen. Sie würden zusammenleben wie eine richtige Familie, und dann wäre Schluss mit den Heimlichkeiten. Wenn sie sein Baby bekäme, wenn sie das für ihn tun würde, würde er zweifelsfrei wissen, dass sie ihn liebte. Er wäre ein toller Dad. Eines Abends im Hotel löste er mit sanfter Gewalt die Schachtel aus ihrer Hand, als sie die Pille nehmen wollte. Er steckte das Päckchen in seine Tasche. *Vertrau mir,* sagte er, *es wird perfekt.* Und danach hatte er sie so zärtlich geliebt, dass sie ihm glaubte.

Sechs Monate später, als Josie zu schwanger war, um sich noch anders zu entscheiden, veränderte sich Jamie. Er begann ihr zu erklären, wie kindisch sie sei, erst nur in einem gelegentlichen Halbsatz, dem sofort eine Umarmung oder ein mitleidiges Wangenstreicheln folgte. Später fauchte er sie an, dass er einen Riesenfehler gemacht hätte, dass sie zu jung für ihn sei. Dass er sie für reifer gehalten hätte. Er schnauzte sie wegen jeder Kleinigkeit an. Wenn sie weinte, was oft passierte, reagierte Jamie entweder tröstend oder aber mit gezischten Beleidigungen, und wenn sie ihm erklären wollte, dass das die Hormone waren, dass sich ihr Körper veränderte und es ganz normal war, wenn sie emotional wurde, schnaubte er nur abfällig.

Als ihr Körper und Jamies unberechenbares Verhalten sie schließlich völlig überforderten, begann er ihr vorzuhalten, dass sie nicht reif genug sei, Mutter zu werden. Beim ersten Mal traf sie sein Vorwurf wie eine Ohrfeige.

»Aber *du* wolltest doch, dass ich schwanger werde.« Sie saß auf der Bettkante in dem Hotelzimmer, in dem sie sich immer trafen. »Das war deine Idee.«

»Was redest du für eine Scheiße, Josie?«, schnauzte er sie an und riss dabei die Augen auf. »Das mit uns ist nur eine kleine, alberne Affäre, wieso sollte ich dich schwängern wollen?«

»Eine kleine Affäre?«

»Du kannst doch nicht wirklich glauben, dass ich für *dich*

meine Frau, mein Kind, mein Heim und mein ganzes Leben zurücklassen würde?«

»Aber du lässt dich doch scheiden!«, protestierte Josie.

Jamie lachte. »Ach ja? Wann habe ich das denn gesagt?«

»Dauernd!«, sagte Josie, aber dann stockte sie verwirrt. Er wirkte so sicher. »Du hast gesagt … du weißt selbst, was du gesagt hast. Du wolltest dieses Kind.«

»Denk doch mal nach, Dummchen, wieso sollte ich so was sagen? Ich bin glücklich verheiratet, ich habe schon ein Kind.«

»Aber wieso sollte ich ein Kind bekommen wollen? Ich bin erst siebzehn! Du bist verheiratet. Du hast gesagt, du willst ein Kind.«

»Du träumst ja, ehrlich«, sagte er und bleckte die Zähne. »Du bist gar nicht fähig, ein Kind großzuziehen, du lebst ja in einer verfickten Traumwelt.«

Josie stockte der Atem. »Wir kriegen das schon hin … du wirst mir doch helfen.«

»Glaubst du etwa, ich schleiche mich jeden Tag aus dem Haus und helfe dir mit deinem Kind, wenn du selbst noch eins bist? Werd' erwachsen!«

Josies Herz hämmerte. Sie glühte vor Scham und war den Tränen nahe. Hatte Jamie sich komplett verändert, oder hatte sie vielleicht alles komplett falsch aufgefasst? Sie war absolut sicher, dass er das Baby gewollt hatte. Schließlich hatte er ihr die Pille weggenommen, er hatte sie überredet.

»Aber das war deine Idee.« Sie ließ sich auf einen Stuhl sinken und sah zu ihm auf. Aus seiner finsteren Miene sprach tiefer Ekel.

»Fick dich, du wolltest mich nur an dich fesseln. Aber das klappt nicht.«

»Und was soll ich jetzt machen?«, fragte sie mit brüchiger Stimme.

»Du wirst dir was überlegen müssen. Bleib doch einfach mit deinem Bruder in einem Zimmer, ein Maul mehr wird in eurer dreckigen kleinen Bude keinen Unterschied machen, oder?«

»Du kennst unsere Wohnung doch gar nicht«, wehrte sich Josie.

»Brauche ich auch nicht, stimmt's? Groß kann sie jedenfalls nicht sein, oder? O Mann«, sagte er. Er setzte sich aufs Bett und atmete tief aus. »Da hast du richtig Scheiße gebaut.«

Josie biss sich auf die Lippe. Sie hatte bestimmt keine Scheiße gebaut, sie war überzeugt gewesen, dass sie nur getan hatte, was er von ihr gewollt hatte. Vielleicht wusste sie *wirklich* nicht, was real war und was nicht.

»Vielleicht kann ich es dir abnehmen«, sagte er leise und fuhr sich dabei mit den Fingern durchs Haar, als müsste er überlegen.

»Was abnehmen?«, fragte Josie.

»Das Kind«, sagte er. »Ich kann es zu mir nehmen.«

»In das Haus, in dem du jetzt lebst … mit deiner Frau?«

»Wir könnten das Baby adoptieren.«

»Wieso adoptieren? Du kannst doch nicht dein eigenes Kind adoptieren!«

»Na ja, Sadia darf natürlich nicht erfahren, dass es von mir ist.«

»Ich verstehe kein Wort von dem, was du da redest.« Josie war den Tränen nahe. »Das ist mein Baby.«

»Ich müsste dann … ich erzähle ihr, dass du ein junges Ding bist, das ich im Kebab-Laden kennengelernt habe und das so dumm war, sich schwängern zu lassen, und dass du jetzt nicht für ein Kind sorgen kannst. Das ist nicht mal gelogen, oder?«

»Und wenn ich ihr erzähle, dass es von dir ist?«

Jamie ging vor Josie in die Hocke und lächelte. Kurz hoffte

sie erleichtert, dass er sie in die Arme schließen würde. Stattdessen legte er die Hand um ihre Kehle, nicht brutal, aber fest genug, um ihr klarzumachen, dass es ihm ernst war. Er zog ihr Gesicht zu sich heran.

»Das wirst du nicht.«

Nach dem Trauergottesdienst wartet Josie draußen vor der Kirche. Es ist nicht warm, aber immerhin zeigt sich nach fast zwei Wochen voller Schnee und eisiger, wolkenverhangener Tage wieder die Sonne am Himmel. Josie beobachtet Sadia, die den Schlange stehenden Trauergästen die Hand reicht oder einen Wangenkuss gibt, Ana, die neben ihr steht und ihr den Rücken streichelt, und Ameera, die sich an ihr Bein schmiegt. Sadia legt kurz die Hand auf Ameeras Kopf, um sie zu beruhigen und um sich zu vergewissern, dass sie noch da ist. Nicht zum ersten Mal denkt Josie, dass Sadia wie die geborene Mutter wirkt.

»Was machst du hier?«, fragt eine Stimme hinter Josie und lässt sie zusammenzucken. Die Polizistin lehnt mit verschränkten Armen an einem Grabstein. Josie legt die Hand auf ihr Herz.

»Haben Sie mich erschreckt«, sagt Josie und holt tief Luft.

»Mmh. Was tust du hier?«, fragt die Detective wieder.

»Ich … trauere. Genau wie alle anderen«, antwortet Josie und senkt dabei den Blick. Die Polizistin hatte ihr zum Schluss der Befragung geraten, nicht zur Trauerfeier zu gehen, weil das verdächtig wirken würde und es Sadia bestimmt extrem unangenehm wäre.

»Du hast gesagt, du würdest nicht kommen.«

Josie zuckt mit den Achseln. »Ich muss mit allem abschließen.«

»Wieso starrst du Mrs Spellman so an?«

»Ich wollte ihr nur … mein Beileid aussprechen.«

»Hast du das nicht wie alle anderen gleich an der Kirchentür gemacht?«

»Nein«, sagt Josie, dann schweigen beide kurz und schauen Sadia zu. »Sie ist wirklich eine gute Mutter, nicht wahr? Das Baby war von Anfang an für sie gedacht, wissen Sie? Das ist mir vor ein paar Tagen aufgegangen. Das war sein Plan. Er hat mich benutzt, um ihr ein Baby zu machen, wie einen Brutkasten.«

»Wie meinst du das?«

»Sie kann selbst keine bekommen«, antwortet Josie leise. Es ist, als würde sie Sadias Geheimnis verraten. »Darum wollte er ihr mein Baby geben.«

»Hat er dir das gesagt?«

»Nein. Also, später hat er so was angedeutet, nachdem mir klar geworden war, dass er sie nicht verlassen und mich mit dem Baby sitzen lassen würde. Er sagte, er und Sadia könnten das Kind großziehen, weil ich nicht dazu in der Lage wäre. Ich glaube, er hat alles absichtlich so eingefädelt. Das Baby sollte nie mir gehören.«

»Verfluchte Hölle«, sagt die Polizistin leise und zündet sich eine Zigarette an. »Und jetzt? Bist du immer noch überzeugt, dass du eine schreckliche Mutter sein wirst? Glaubst du immer noch, du müsstest Mrs Spellman dein Kind überlassen?«

Josie zieht die Schultern hoch und wischt eine Träne weg.

»Hör zu«, sagt die Polizistin und legt eine Hand auf Josies Schulter. Josie dreht sich zu ihr um. »Geh nach Hause. Setz dich in die Badewanne und überleg dir genau, was du eigentlich willst. Ob du eine Mutter sein willst oder nicht, kann niemand außer dir selbst entscheiden – schon gar nicht ein Mann, der so mit dir umgesprungen ist wie *er*. Viele Frauen bekommen jung ein Kind, und natürlich wird es nicht leicht, schon gar nicht, wenn du auf dich allein gestellt bist, aber wenn du es willst, kannst du es schaffen. Du wirst zurechtkommen. Wenn du dich umsiehst, wirst du da draußen Hilfe finden. Und falls du beschließt, dass du *keine* Mutter sein willst oder jedenfalls jetzt noch nicht, findest du auch in diesem Fall Hilfe. Aber eines darfst du nicht tun: deine Entscheidung überstürzen und das Kind weggeben, nur weil er es wollte. Du solltest alles gut bedenken, denn wie deine Entscheidung auch ausfällt, sie wird dein Leben von Grund auf verändern.«

29

SARAH
11. JANUAR 2000

Sarah schleicht durch die Seitentür hinaus und durch eine Lücke in der Hecke davon, um nicht an Sadia und Ana vorbeizumüssen, die am Haupteingang stehen. Eigentlich sollte sie nicht hier sein, darum musste sie warten, bis Kaysha zur Arbeit gegangen war, bevor sie das Haus verließ. Sie musste zwei Busse nehmen, kam aber trotzdem zu früh an und versteckte sich in einer dunklen Ecke in der letzten Bank, während sich die anderen Reihen füllten.

Sie fragt sich, wer all diese Leute sind. Wie viele Menschen kannten Jamie, und wie viele davon würden wirklich seinen Tod betrauern? Manchmal löst der Schock eines plötzlichen Todesfalls Trauergefühle aus, bevor die Menschen innehalten und erkennen, dass sie überhaupt nicht traurig sind. Bestenfalls ist es ihnen gleichgültig, wenn sie nicht sogar froh sind, dass ein Unmensch weniger auf dieser Welt umherwandelt.

Sarah ist nicht gleichgültig. Seit sie seinen Kopf im Hotelzimmer stehen sah, ist sie von einer perversen, zornigen Schadenfreude erfüllt. Sie hat schon öfter, nachdem ein verhasster Mensch gestorben war, erklärt: *Tja, für die Kinder ist es traurig, denke ich,* aber diesmal empfindet sie nicht einmal das. Ameera ist ohne ihn besser dran, vor allem weil sie sich kaum an ihn erinnern wird, wenn sie groß ist. Sarah ist so froh über Jamies Tod, dass die Freude sie beinahe auffrisst. Sie weiß, dass diese düstere Euphorie sie nicht so erfüllen würde, wenn sie innerlich nicht schon so zerfressen wäre. Sie war immer überzeugt, dass sie mit allem abschließen könnte, wenn er endlich aus ihrem Leben verschwinden, wenn er sterben oder weit wegziehen würde. Sie dachte, dann wäre sie glücklich. Vielleicht würde sie eine Bar eröffnen oder studieren, Künstlerin werden, so wie sie es sich als Kind erträumt hatte. Vielleicht würde sie, in einem anderen Leben, inzwischen in Kalifornien leben und am Strand Zeichenkurse geben, mit einem Glas Wein in der Hand und einer schönen Frau an ihrer Seite. Sie würde sogar nur ein Glas trinken können, ohne die ganze Flasche leeren zu müssen und danach noch eine Flasche. Aber sie hat sich anders entschieden, weil sie aus einer Familie von Totalversagern kam, die niemals ihre Vergangenheit abschütteln konnten. Er war seit vier Jahren aus ihrem Leben verschwunden, aber sie hing immer noch an ihm fest.

Ein Stück hinter der Kirche biegt sie in einen Eckladen und kauft eine kleine Flasche Gin, um ihren Flachmann aufzufüllen, leert sie aber sofort und kauft dann noch eine Flasche. Sie hockt sich an eine Wand neben einen Hund, dessen Leine an der Regenrinne festgemacht wurde, und raucht eine Zigarette. Der Hund bellt die Passanten an, und Sarah fragt sich, ob sie es ihm nicht nachmachen sollte, nur um die Leute zu erschrecken. Die Trauerfeier wird weiter unten an der Straße in einem Arbeiterverein abgehalten, in den Jamie mit sechzehn öfter zum Trinken ging, so hat er es Sadia wenigstens erzählt. Sarah war schon ein paarmal dort und findet problemlos dorthin, schiebt den Flachmann in ihren Stiefel und tritt ein.

Der Raum ist rappelvoll und verraucht, und Sarah geht an die Bar und bestellt einen Drink. Sadia unterhält sich mit einem kleinen Mann mit Halbglatze und lauscht nickend seinen Ausführungen. Sie sieht gefangen aus, wie so viele Frauen in Bars, wenn sie von Männern zugetextet werden, an denen sie kein Interesse haben. Und trotz allem müssen sie immer höflich bleiben, sonst könnte es tödlich für sie enden. Vielleicht hätte Jamie einfach höflicher sein sollen.

Da Sadia beschäftigt ist, sucht Sarah den Raum nach Ameera ab und entdeckt sie in einer Nische an einem Tisch mit Ana und einem Mann, der Anas Ehemann sein muss. Sarah geht das Herz auf, als sie das kleine Mädchen sieht, dem die braunen Ponyhaare in die großen Augen fallen, während es mit dem Strohhalm in seinem Limoglas spielt. Es ist ein so schönes Kind. So unendlich schön, dass Sarah sich fragt, wie Jamie ein so engelgleiches Kind zeugen konnte. Allerdings war nicht einmal ihm die Bosheit anzusehen. Mit seiner Schönheit, seinen langen Wimpern, dem Boyband-Haar, dem entspannten Lächeln nahm er alle für sich ein. Erst wenn sie ihn bei einem Wutausbruch erlebten, wenn es längst zu spät war und sie in der Falle saßen, verrieten ihn seine Augen. So viel Wut in einem einzigen Menschen. So viel Grauen. Sarah hat immer befürchtet, dass sich das vererben könnte, dass seine Düsternis und ihre sich gegenseitig verstärken und den kleinen Körper vergiften könnten. Als Sarah im Wochenbett lag, wagte sie ihr Baby kaum anzusehen, auch weil sie Angst hatte, es zu lieben, wenn sie es zu lange betrachtete. Jetzt allerdings sieht sie hin, wirklich hin, zum ersten Mal überhaupt, sie kann den Blick gar nicht abwenden, während sie den Raum durchquert und sich ebenfalls an den Tisch in der Nische setzt. Ana schnappt kurz nach Luft, aber Sarah beugt sich einfach über den Tisch und lächelt Ameera an. Die kleinen dunklen Mädchenaugen zucken hoch und schauen in Sarahs, und in dieser Sekunde sieht Sarah nur sich selbst, gut zwanzig Jahre früher, voller Potenzial, mit der Welt zu ihren Füßen. Wunderschön.

»Hallo, Sonnenscheinchen«, flüstert sie. »Ich bin deine Mommy.«

Ana reagiert so prompt, als wäre Ameera ihr eigenes Kind und als würde ihnen eine irre Säuferin gegenübersitzen. Sie hebt Ameera von der Bank und übergibt sie ihrem Mann, der mit dem Mädchen zu Sadia geht. Ameera klammert sich an ihn, schaut aber über seine Schulter zu Sarah zurück. Den Strohhalm hält sie fest in ihrer kleinen Hand.

»Was soll die Scheiße, verflucht?«, zischt Ana.

»Fuck, das lief ja ab wie bei einem Sondereinsatzkommando«, sagt Sarah und leert ihren Gin Tonic in einem Zug. »Reißt du oft Kinder von ihren Müttern weg?«

Ana schließt eine Sekunde die Augen und legt die Finger an ihre Schläfen. »Nicht heute, Sarah.«

Sarah spürt den Alkohol, sie trinkt schon seit dem Aufstehen. Sie trinkt inzwischen seit vier Jahren, jeden Tag ein bisschen mehr, und inzwischen braucht sie eine ganze Flasche Gin, um sich auch nur beschwipst zu fühlen. Allerdings weiß sie nicht, wie viel sie heute schon intus hat. Es ist ein besonderer Tag, ein Grund zum Feiern. Anas Hände liegen flach auf dem Tisch, und Sarah legt ihre darüber, so als wären sie ein Liebespaar, das sich bei einem Date tief in die Augen sieht.

»Und wann dann?«, fragt Sarah. »Wann, wenn nicht heute? Sie hat ihren Dad verloren, sie braucht ihre Mutter.«

»Stimmt. Aber das bist nicht du.«

»Ich habe sie zur Welt gebracht!«, faucht Sarah. »Ich habe immer noch die beschissenen Narben.«

»Und dann hast du sie weggegeben und dir nicht mal die Mühe gemacht, ihr auch nur eine Weihnachtskarte zu schicken, also tu nicht so, als wärst du plötzlich bereit, in ihr Leben zu treten.«

»Ach fick dich, als würdest du das verstehen.«

Anas Augen werden groß, und sie zieht die Hände unter Sarahs weg. Dann sagt sie knapp und leise: »Fick dich selbst, Sarah.«

Sarah lacht – es ist kein richtiges Lachen, sondern die Art von Lachen, die Ana zeigen soll, dass ihr nichts von dem leidtut, was sie gesagt hat – und steht auf. Sie sieht sich um, kann Ameera aber nirgendwo entdecken. Es ist, als würde etwas ihre Eingeweide in die Zange nehmen, sie spürt ein Kribbeln in der Nase und geht auf die Toilette. Die Toiletten sind heruntergekommen wie immer in diesen Arbeitervereinen, mit einem Tamponspender an der Wand, der seit Jahren nicht aufgefüllt wurde, und einem rissigen Seifenstück neben dem Waschbecken. Es gibt drei Kabinen, und Sarah entscheidet sich für die einzige mit einer Klobrille. Sie pinkelt, trinkt ihren Flachmann leer und lehnt dann den Kopf an die Wand, wo sie den kühlen Verputz an ihrer Wange spürt. Sie schläft beinahe ein, so erschöpft ist sie, aber dann hört sie, wie jemand in die Toilette kommt und die zwei anderen Kabinentüren auffliegen, als hätte jemand dagegengetreten. Gleich darauf fliegt auch ihre Tür auf, dass der wacklige Riegel klappernd zu Boden fällt.

»Was tust du da, verfluchte Scheiße?«, fragt Sadia mit vor Zorn verzerrtem Gesicht.

Sarah zuckt mit den Achseln und zieht die Jeans hoch. »Ich pisse. Und du?«

»Halt dich verflucht noch mal von meinem Kind fern.« Sadia tritt zu Sarah in die Kabine und drückt die Tür hinter sich zu.

»Du siehst schrecklich aus«, sagt Sarah. Sie weiß, dass sie schon lallt, außerdem verschwimmt Sadias Gesicht vor ihren Augen.

»Wie kannst du es wagen, ihr zu sagen, du wärst ihre Mutter? Wie kannst du es auch nur wagen?«

Sarah zieht lächelnd die Schultern hoch. »Immerhin bin ich ihre Mutter, oder? Ich habe sie zwischen meinen Schenkeln rausgepresst.«

»Ja, das hast du. Und seither hast du keinen feuchten Furz mehr für sie getan. Du hast keine einzige Windel gewechselt, du warst nicht für sie da, wenn sie krank war, du hast ihr weder Sprechen noch Laufen noch ihren Namen zu schreiben beigebracht. Du hast ihr nicht erklären müssen, warum ihr Daddy nie wieder nach Hause kommt.«

»Ich wollte sie nicht mal, ich … er hat mich dazu gebracht«, faucht Sarah zurück; sie taumelt gegen Sadia, die sie wütend gegen die Wand schleudert. Auf einmal fühlt Sarah sich leer, ihr Zorn ist verraucht. »Sie ist so schön.«

»Sie ist ein Wunder«, sagt Sadia leise.

»Ich könnte sie mir zurückholen, weißt du? Ich könnte sie mir zurückholen«, sagt Sarah und schaut hoch in Sadias Gesicht, fixiert es konzentriert. Sadia kommt zur Ruhe, nimmt die Hände von Sarahs Schultern und sinkt an der Kabinentür in die Hocke.

»Das tust du nicht.«

»Ich könnte aber.«

»Das tust du nicht, wenn du sie liebst.«

»Ich liebe sie mehr, als du es je könntest, sie ist von meinem Blut.«

»Und du bist vom Blut deiner Mutter, und wie ist das gelaufen?«, fragt Sadia.

Sarah zieht überrascht die Brauen hoch, beeindruckt, dass Sadia sich die wenigen Dinge gemerkt hat, die Sarah während ihrer Treffen über sich preisgegeben hat.

»Hör zu«, sagt Sadia und fährt sich mit der Hand übers Gesicht. »Du kannst dich nicht einfach auf sie stürzen und ihr erklären, dass du ihre Mutter bist, schon gar nicht bei der Trauerfeier für ihren Vater. Sie hat schon genug durchgemacht. Vielleicht kannst du sie ab und zu sehen.«

»Du hast mir keine Vorschriften zu machen …«

»Sarah! Ich biete dir einen Ölzweig an. Du kannst sie sehen, wir können zusammen in den Park gehen oder so. Aber du musst nüchtern sein. Du wirst in ihrer Gegenwart nicht betrunken sein, du hast ihr jetzt schon Angst gemacht. Du machst sogar mir Angst.«

»Ich weiß nicht, ob ich in ihrer Nähe sein kann.«

Sadia lässt stöhnend den Kopf in den Nacken fallen. »Entscheide dich mal.«

»Es ist einfach so scheißschwer, Sadia. Ich wollte kein Kind, und ich wollte es nicht lieben, aber trotzdem denke ich ständig an sie. Und dann muss ich trinken und trinken und trinken, bis ich vergessen kann, und dann wache ich wieder auf, und alles ist wieder da. Ich wünschte, ich müsste nicht mehr aufwachen«, sagt Sarah und schlägt sich sofort die Hand auf den Mund. Sie hat diesen Gedanken noch nie ausgesprochen.

»Sarah.« Sadia hebt die Hand, streicht über Sarahs Haar und zieht sie in ihre Arme. Sarahs Knie schlagen auf das Linoleum, und sie sinkt schluchzend an Sadias Schulter. Sie weiß nicht, wie lange sie dort kniet und sich von Sadia das Haar streicheln lässt, aber sie schläft schon wieder beinahe ein. Sadia duftet nach Talkum und etwas Warmem, Süßem, wie Parma-Veilchen, und für einen Moment fühlt sich Sarah klein, winzig, wie ein Kind, das von seiner Mutter getröstet wird, und genau das wünscht sie sich für Ameera. Schließlich löst sie sich und fährt sich mit der Hand übers Gesicht.

»Tut mir leid«, sagt sie.

Sadia holt eine Packung Taschentücher aus ihrer Tasche und reicht Sarah eines, worauf sie sich gehorsam schnäuzt.

»Hör zu, wir denken uns was aus. Lass uns in ein paar Tagen darüber reden, wenn du nüchtern bist. Ich rufe Kaysha an, damit sie dich abholt, okay?«

Sarah nickt und lässt sich von Sadia aus der Toilette führen, an einer Rothaarigen vorbei, die ihnen nach draußen folgt und ein paar Worte mit Sadia wechselt, allerdings so leise, dass Sarah sie nicht versteht. Die Bank, auf die Sarah sich draußen sinken lässt, ist nass, aber das ist ihr egal. Sie dreht sich eine Zigarette und versucht sie anzuzünden, aber der Wind weht immer wieder die Flamme aus.

»Hier«, sagt die Rothaarige, die jetzt direkt vor Sarah steht und mit beiden Händen Sarahs Zigarette abschirmt.

»Danke«, murmelt Sarah und stößt den Rauch aus. Sie bietet der Frau ihre Zigarette an, und die Frau setzt sich neben ihr auf die Bank, bevor sie ihr die Zigarette aus den Fingern nimmt. Nach ein paar Zügen reicht sie die Zigarette hustend an Sarah zurück.

»Lange keine Selbstgedrehte mehr geraucht«, sagt sie lächelnd. Als Sarah nicht antwortet, fährt sie fort: »Ich bleibe bei dir sitzen, bis deine Freundin dich abholt, okay?«

»Sadia hat dir aufgetragen, die Dorftrinkerin im Auge zu behalten, stimmt's?«, fragt Sarah.

»So in etwa«, sagt die Frau schmunzelnd und streckt die Finger nach der Zigarette aus. Sarah reicht sie ihr. Die Frau ist hübsch, sie hat ein starkes Kinn und eine markante Nase und dazu Sommersprossen, durch die sie jünger aussieht, als es die dünnen Linien um Mund und Augen vermuten lassen.

»Bist du lesbisch?«, fragt Sarah, die Augen leicht zusammengekniffen.

Die Frau lacht so, dass aus ihrer Nase Rauch quillt und sie husten muss. »Woran hast du das erkannt?«

Sarah grinst. »Ich erkenne das immer.«

»Dem Himmel sei Dank für Gaydar, wie?«, sagt die Frau. »Vielleicht hast du mich irgendwo in der Szene gesehen?«

»Nee, das ist nicht meine Welt. Ich wurde anständig erzogen.« Sarah dehnt die Vokale, damit sie klingt wie ihre Mutter. »Man hat mir beigebracht, brav zu sein und mich für alles zu schämen.«

»Na dann«, sagt die Frau. »Es ist aber lustig.«

Sarah reckt das Kinn vor, und sie rauchen die Zigarette gemeinsam zu Ende, bevor Sarah die nächste dreht. Als es zu regnen anfängt, zieht die Frau einen Regenschirm aus ihrer Tasche, und sie kauern sich beide darunter.

»Ich hab euer Gespräch auf dem Klo mitbekommen«, sagt die Frau und presst die Lippen zusammen. »Ich wollte nicht lauschen, ich musste einfach dringend pissen. Wein läuft bei mir sofort durch.«

Sarah nickt. »Schon gut. Wahrscheinlich hätte ich nicht so laut brüllen sollen.«

»Klingt, als wäre deine Beziehung mit Sadia ziemlich kompliziert.«

Sarah lacht. »Ja, könnte man sagen. Sie ist … genau das. Kompliziert.«

Die Frau wartet schweigend ab, dass Sarah weiterspricht, und etwas an ihr wirkt so vertrauenswürdig, dass Sarah ihr einfach alles erzählen muss.

»Im Grunde«, setzt sie an. »Also, um es kurz zu machen, ich hatte eine Affäre mit ihrem Mann, wurde schwanger, und jetzt zieht sie das Kind groß.«

Die Frau sieht Sarah von der Seite an und bleibt ein paar Sekunden stumm. Sarah kann ihre Miene nicht deuten.

»Ja, es ist …«, setzt Sarah noch einmal an und verschränkt die Arme. Aber ihr fehlen die Worte. »Ja.«

»Das ist ja schrecklich. Und du darfst keinen Kontakt zu dem Kind haben?«

»Nein. Also, ich wollte es nie. Ich bin nicht dazu geschaffen, Mutter zu sein. So als …« Sie macht mit der Hand eine Geste, als würde sie eine Flasche zum Mund führen, und atmet schwer durch die Nase aus. »Die Kleine ist bei ihr besser aufgehoben.«

»Glaubst du?«, fragt die Frau.

»Ich würde das Balg nur versauen. Die Kleine könnte den Korkenzieher benutzen, bevor sie auch nur reden gelernt hätte«, sagt Sarah mit dem Hauch eines Schmunzelns. »Sadia ist schon in Ordnung. Besser als ich.«

Die Frau drückt Sarahs Schulter. »Das ist echt hart. Tut mir leid, dass du das durchmachen musstest.«

»Ja«, sagt Sarah, zieht den Flachmann aus ihrem Stiefel und setzt ihn an, ehe ihr einfällt, dass er leer ist. In dem Moment hält Kaysha am Straßenrand und hupt. Sarah steht auf.

»Ist das deine Freundin?«, fragt die Rothaarige und fixiert Kayshas Auto mit schmalen Augen.

»Ja«, sagt Sarah und klopft ihre Taschen ab, um sicherzugehen, dass sie Handy, Schlüssel und Feuerzeug eingesteckt hat. »Danke fürs Babysitten. Wir sehen uns.«

»Bye«, sagt die Frau. »Pass auf dich auf.«

Sarah nickt, steigt ein, und Kaysha fährt ohne ein Wort der Begrüßung los. Kaysha ist deutlich anzusehen, dass sie sauer ist, also sagt Sarah nichts, um sie nicht noch wütender zu machen, sondern dreht die Lehne zurück und deckt mit einer Hand ihre Augen ab, während sie durch die Stadt rasen. Gerade als Sarah wegdriftet, räuspert sich Kaysha.

»Du hast mir versprochen, dass du nicht hingehen würdest.«

Sarah stemmt stöhnend die Füße gegen das Armaturenbrett. »Fang nicht an.«

»Weißt du, mit wem du da auf der Bank gekuschelt hast? Was hast du ihr erzählt?«

»Nichts besonders Interessantes, das war einfach irgendeine Frau.«

»Nein, Sarah, das war Nova.«

Sarah öffnet die Augen und sieht Kaysha an. »Das ist Nova?«

»Ja.«

»Kein Wunder, dass du sie wieder ficken wolltest«, sagt Sarah scheinbar kühl, obwohl sie wütend und aufgebracht ist.

»Hör auf.«

»Jetzt wird mir einiges klar … *natürlich* musstest du dafür sorgen, dass sie die Ermittlungen übernimmt. Ungemein praktisch«, sagt Sarah.

»Du weißt, dass ich das nur getan habe, damit ich Einfluss …«

»Fick dich. Du hast mir nicht erzählt, dass sie so gut aussieht.«

»Was tut das zur Sache?«

»Nichts.«

Sarah weiß genau, dass Kaysha ihr nie alles erzählt, sie bleibt unerforschlich wie das All. Seit Jamies Tod läuft es richtig scheiße zwischen ihnen, und das ist der absolute Gegensatz zu der Zeit davor. In den Wochen vor Neujahr traf sich die Gruppe regelmäßig, und obwohl sich nicht alle einig waren, was die richtige Reaktion auf Jamies Untaten war, hatte Sarah doch das Gefühl, dass sich etwas Großes anbahnte. Dass sie einer Gruppe von Frauen angehörte, die sich entschlossen hatte, etwas gegen einen Mann zu unternehmen, der sie alle auf die eine oder andere Weise verletzt hatte, war für Sarah, als würden sich endlich *alle Frauen* zur Wehr setzen. Es war, als würde etwas Bedeutsames bevorstehen. Zusammen mit der bevorstehenden Jahrtausendwende fühlte sich Sarah wie neu erwacht, überwältigt von Vorfreude auf etwas, das eine neue Ära für alle Frauen ankündigte. Ein kleiner Akt der Rebellion, der zu etwas Größerem führen würde – etwas wirklich Umwälzendem.

Kaysha hatte die ganze Sache in die Wege geleitet. Sie erzählte Sarah, dass sie Jamie schon länger heimlich verfolgt hatte, dass sie ihn im Auge behalten hatte und sich immer wieder hätte ohrfeigen können, wenn sie zu spät begriffen hatte, was für ein Spiel er trieb, auch wenn ihr klar war, dass sie im Grunde ohnehin nichts unternehmen konnte. Zu ergründen, was er als Nächstes vorhatte, war für Kaysha zu einer ständigen Beschäftigung, fast einer Obsession geworden, weil sie das Gefühl hatte, der einzige Mensch zu sein, der Jamies wahres Wesen erkannt hatte, und weil niemand ihr glauben wollte. Bei der Polizei hatte man ihr nicht geglaubt, nachdem Jamie sie vergewaltigt hatte, und sie wusste, dass man den anderen Frauen genauso wenig glauben würde, aber wenn sie alle hinter sich versammeln konnte, dann würde vielleicht jemand von ihnen Notiz nehmen.

Anfang November traf sich die Gruppe zum ersten Mal, und Kaysha eröffnete das Treffen, indem sie allen ihre Geschichte erzählte. Nacheinander erklärten alle Frauen, in welcher Beziehung sie zu Jamie gestanden hatten. Einige von ihnen, wie Olive, hatten nie akzeptiert, dass er etwas Unrechtes getan haben könnte. Andere änderten im Lauf der Wochen ihre Geschichte ab und schilderten dabei immer düsterere Szenen aus ihrem Leben mit Jamie, bis schließlich alles nackt und offen auf dem Tisch lag und allen klar war, dass sie es nicht mit einem einmaligen Ausrutscher zu tun hatten, dass er nicht nur sie so übel behandelt hatte, sondern dass sie etwas unternehmen mussten.

Auch wenn Sarah in ihren tiefsten Abgründen, aus ihrem nur fragmentarisch erhaltenen Mutterinstinkt heraus wütend auf Sadia war, hatte sie ihr immer leidgetan. Sadia war von Jamie jeden einzelnen Tag, den sie verheiratet waren, belogen worden, lange Jahre hatte er ihr vorgemacht, er würde sie nett und respektvoll behandeln, sie aufrichtig lieben. Vielleicht hatte er sie tatsächlich geliebt, aber eindeutig nicht genug. Vielleicht hatte er Sarah und Josie nur missbraucht, weil er Sadia so liebte, aber vielleicht hatte er sich genau das nur eingeredet, damit er einen Vorwand dafür hatte, seine Mitmenschen zu manipulieren.

30

NOVA
11. JANUAR 2000

Nachdem Kaysha losgefahren ist, sitzt Nova noch einige Zeit auf der Bank im Regen und spürt ein Kribbeln. Ihr Hirn braucht eine Weile, um ihre Augen einzuholen. Die betrunkene Frau war zweifellos Sarah – Kayshas *Freundin* Sarah. Und Sarah hatte eine Affäre mit Jamie Spellman. Außerdem zieht Sadia Sarahs Kind groß, und deswegen ist Sarah wütend oder vielleicht auch nur traurig. Und dann ist da noch Josie, eine weitere Affäre von Jamie, die eine zweite Sarah werden und Sadia ihr Baby überlassen sollte. Auf einmal erscheint Josies Unsicherheit, was sie mit dem Kind anfangen soll, in einem neuen Licht. Bisher dachte Nova, Josie hätte Angst, Mutter zu werden, weil sie so jung war, aber nun kann sie sich vorstellen, dass Jamie das Ganze von Anfang an so geplant hatte – dass er Josie absichtlich das Gefühl vermittelte, unvorbereitet und überfordert zu sein. Er hat alle diese Frauen missbraucht, bis auf Kaysha – soweit sie weiß –, aber Kaysha hat wahrscheinlich Partei ergriffen, weil ihr andere Menschen so am Herzen liegen; immer hält sie zu den Underdogs, selbst wenn sie dadurch in Schwierigkeiten gerät. Große Schwierigkeiten diesmal. Vier Frauen, die alle möglicherweise in den Fall verwickelt sein könnten. Vielleicht war es nur eine von ihnen, vielleicht haben sie es auch gemeinsam getan; vielleicht war es auch keine von ihnen.

Wenn Nova Kaysha nicht auf dem Überwachungsband erkannt hätte, hätte sie sich vielleicht täuschen lassen, als Kaysha am nächsten Abend vor ihrer Tür stand und fragte, ob sie es noch einmal miteinander probieren könnten. Keine von beiden hatte sich entschuldigt, sie hatten einfach weitergemacht, als hätte es das halbe Jahr dazwischen nicht gegeben. Nova weiß, dass diese Beziehung ihrem Berufsethos widerspricht, das tat sie schon immer, aber diesmal ist es schlimmer. Kaysha hat Nova immer wieder Bruchstücke von Informationen entlockt, einen guten Startpunkt für ihre nächste Story, einen Namen oder einen Ort. Kaysha revanchiert sich bei Nova auf gleiche Weise, aber Kaysha muss vorsichtiger sein – Nova darf auf keinen Fall allzu oft zur rechten Zeit am rechten Ort auftauchen. Nova könnte gefeuert werden, weil sie einer Journalistin Hinweise gibt, aber Kaysha könnte mit dem Leben dafür bezahlen, dass sie der Polizei Tipps gibt.

Manchmal wünscht sich Nova, sie hätte Kaysha unter anderen Umständen kennengelernt und sie könnten eine richtige Beziehung führen. Aber dann fragt sie sich jedes Mal, ob ihre Beziehung auch ohne dieses Tabu so leidenschaftlich wäre, ob sie Kaysha irgendwann im monotonen Gleichklang des Alltags aus dem Blick verlieren und damit auch ihre Beziehung gelangweilt und unzufrieden enden würde. Vielleicht ließ sich Nova deshalb so schnell davon abbringen, mit Kaysha zusammenzuziehen – sie ertrug den Gedanken nicht, dass ihre Leidenschaft irgendwann versickert wäre. Irgendwann wird alles zur Gewohnheit, oft merkst du erst zu spät, dass du viele Tage lang das Beste in deinem Leben übersehen hast, und dann ist kaum noch was zu retten. Im Lauf der Zeit wird alles Alltag. Sie will sich und Kaysha davor bewahren. Sie braucht das Gefühl, etwas zu riskieren. Wenn sie mit Kaysha zusammen ist, kommt sie sich manchmal vor wie ein weiblicher James Bond, der mit einer feindlichen Agentin schläft, weshalb sie sich gegenseitig Informationen zu entlocken versuchen. Andererseits stellt sie sich jedes Mal vor, sie würde Kaysha umarmen, wenn sie die Arme um Ella legt, wenn sie die Augen schließt und alles still und zärtlich ist.

Nova ist klar, dass ihre Affäre nach dieser Episode endgültig beendet sein wird, denn diesmal ist Kaysha zu weit gegangen. Einen Mord kann Nova nicht ignorieren. Sie geht in Gedanken durch, was sie alles weiß, und versucht, die Lücken zu füllen. Sie wissen aus Jamies Blutanalyse, dass er Sadias Medikamente genommen oder eingeflößt bekommen hat. Vielleicht hat Sarah ihn danach getötet, und Kaysha hat die Leiche versteckt. Vielleicht war Josie auch beteiligt. Einen Mord zu vertuschen, würde sie Kaysha durchaus zutrauen, wenn es sich um einen Notfall handelt. Eher jedenfalls, als tatsächlich jemanden umzubringen. Nova spürt einen eifersüchtigen Stich, als sie überlegt, ob Kaysha wohl auch für *sie* einen Leichnam verstecken würde, und fragt sich nicht zum ersten Mal, ob sie den richtigen Job hat.

Nova beobachtet die Trauergäste, die nacheinander den Arbeiterverein verlassen, bis sie Olive Farrugia aus der Tür treten und zur Bushaltestelle auf der anderen Straßenseite gehen sieht. Sie hat Olive schon den ganzen Vormittag im Auge behalten, weil sie sich so merkwürdig benahm – sie schien vor sich hin zu brabbeln und sah sich immer wieder ängstlich um, als würde sie damit rechnen, dass irgendetwas passiert. Nova war auf der Trauerfeier, um sie alle im Auge zu behalten, vor allem Sadia, deren Haus zur selben Zeit durchsucht wurde. Nova hat schon seit einer Woche einen Polizisten in Zivil vor Sadias Haus postiert, der unauffällig ihr Kommen und Gehen überwacht und sicherstellen soll, dass sie nicht türmt. Olive ist ein Fall für sich. Nova hat einen Tipp von einem pensionierten Kollegen bekommen, John Jones, der sich an einen alten Fall erinnerte, in dem Jamie eine Rolle gespielt hatte. Jamie hatte zu der Zeit, in der Olive eine Familientragödie durchstehen musste, eine Art Beziehung zu ihr unterhalten, und John hält es für möglich, dass Olive etwas wissen könnte, dass sie vielleicht einen bisher unbekannten Freund kennt, der Nova nützlich sein könnte. Jemanden, den sie sonst übersehen würde. Merkwürdig, dass John inzwischen mit Jamies Tante verheiratet ist. Es gibt in diesem Fall so viele merkwürdige Zufälle, die vielleicht gar keine sind, und sie ist immer noch dabei, das Puzzle zusammenzusetzen. Nicht zum ersten Mal in ihrer Laufbahn spielt sie mit dem Gedanken, eine Tafel mit sämtlichen Ermittlungsergebnissen aufzustellen wie in den amerikanischen Krimis, darauf ein großes Porträt von Jamie Spellman zu befestigen und um ihn herum die Bilder der verschiedenen Frauen mit roten Fäden zu verbinden. Nur haben sie dafür keinen Platz im Büro.

Nova schaut zu, wie Olive die Straße überquert. Sie wirkt benommen und entgeht gleich zweimal um Haaresbreite einem vorbeifahrenden Auto, aber sie scheint die Gefahr gar nicht wahrzunehmen. Nova eilt ihr über die Straße nach, weil sie nicht möchte, dass sie allein nach Hause fährt, doch Olive scheint gar nicht zu bemerken, dass Nova plötzlich neben ihr steht.

»Mrs Farrugia«, sagt Nova und tippt ihr auf die Schulter. Olive schreckt zusammen. »Darf ich Sie nach Hause fahren?«

Olive betrachtet sie von Kopf bis Fuß und besonders lang Novas Haar, bevor sie ihr eigenes mit den Fingern glatt streicht. Sie schaut wortlos die Straße hinab, wo jeden Moment der Bus auftauchen muss. Nova zieht ihre Marke aus der Tasche und zeigt sie Olive.

»Ich bin Detective Inspector Nova Stokoe von der Northumbria Police, darf ich Sie nach Hause fahren?«

Olive sieht Nova aus leicht zusammengekniffenen Augen an, nickt dann aber und folgt ihr die Straße entlang bis zu der Seitenstraße, in der Novas Escort steht. Beide steigen ein, Nova schaltet das Gebläse an und hält die Hände vor die Düsen, bevor sie losfährt.

»Kalt draußen, oder?«, beginnt sie.

»Tatsächlich ist es vier Grad wärmer als gestern«, sagt Olive. Ihre Stimme ist leise und klingt leicht kratzig, so als hätte sie lange mit niemandem gesprochen.

»Wer hätte das gedacht?«, meint Nova und setzt aus der Parklücke. »Und wo soll ich Sie hinbringen, meine Liebe?«

»Tynemouth«, sagt Olive nur.

»Ich liebe Tynemouth. Meine Nana war oft mit mir auf dem Sonntagsmarkt, billige Bücher kaufen«, sagt Nova und spürt, wie ihr bei der Erinnerung an ihre Großmutter warm wird.

»Wie schön.« Olive klingt gelangweilt.

»Wohnen Sie nahe beim Markt?«

»Nicht weit davon«, sagt Olive. »Am Meer. An der Promenade.«

»Okay, kein Thema«, sagt Nova und sieht ihre Beifahrerin an. »Tragisch, oder? Das mit Jamie. Er war so jung.«

Olive rutscht auf ihrem Sitz herum.

»Waren Sie befreundet?«, fragt Nova.

»Vor Ewigkeiten. Wir gingen beide in dieselbe Kirche. Hin und wieder konnte ich auch Kim hinschleifen – meine Tochter.«

»Kim ist ein toller Name. Meine erste Freundin hieß Kim.«

Olive sieht Nova lange an und streicht dann den Rock über ihren Schenkeln glatt. Nova lächelt, als sie an ihre Kim denkt, die sie genau ein einziges Mal gesehen hat, auf einem Schulausflug nach Whitby, als sie elf Jahre alt war. Nachdem sie durch den Ort geschlendert waren, verbrachte ihre Klasse ein paar Stunden am Strand und in der Brandung. Eine andere Schulklasse war ebenfalls dort, und die Kinderschar durchmischte sich und baute gemeinsam Sandburgen. Neue Freundschaften wurden geschlossen, während die Lehrerinnen rauchend beieinandersaßen und Cola aus der Dose tranken. Nova hatte sich morgens im Bus mit ihrer besten Freundin gestritten und saß darum allein, starrte aufs Meer und gab sich Mühe, gedankenversunken und melancholisch auszusehen, aber auf attraktive Weise. Ein Mädchen aus der anderen Schule setzte sich neben sie und sprach sie an. Sie hatte ebenfalls knallrotes Haar, hübsche blaue Augen, und als sie lächelte, ging Novas Herz auf. Sie freundeten sich schnell an, und Nova beschloss – weil ihr klar war, dass sie das Mädchen nie wiedersehen würde –, Kim zu offenbaren, dass sie auf sie stand, was sie noch nie zu einem Mädchen gesagt hatte, obwohl sie schon auf viele Mädchen gestanden hatte. Ehrlich gesagt nur auf Mädchen.

»Bist du lesbisch?«, hatte Kim daraufhin geflüstert, und Nova zuckte mit den Achseln.

»Keine Ahnung. Was soll das sein?«

»Ein Mädchen, das auf Mädchen steht statt auf Jungs.« Kim hob das Kinn an und lächelte.

»Ich wusste nicht, dass es ein eigenes Wort dafür gibt«, sagte Nova, und ihr Herz schlug schneller. Wenn es ein Wort dafür gab, musste es noch mehr Mädchen wie sie geben, dachte sie.

»Ja. Das nennt man lesbisch. Unsere Nachbarn sind lesbisch.«

»Cool«, sagte Nova und war plötzlich den Tränen nahe. Sie rieb mit den Handgelenken über ihre Augen, und Kim legte eine Hand auf ihren Rücken.

»*Ich* finde, es ist okay, lesbisch zu sein. Unsere Nachbarinnen sind voll nett. Meine Mom findet es aber nicht okay. Sie ist durch die Decke gegangen, als ich ihr erzählt hab, dass ich auf Miss Larkin stehe«, sagte Kim und nickte zu einer jungen Lehrerin hin, die ein paar Meter entfernt mit geschlossenen Augen und auf ihre Ellbogen gestützt im Sand lag und das kastanienbraune Haar in der Brise wehen ließ.

»Bist du auch lesbisch?« Nova merkte, wie sie rot wurde, doch Kim zuckte nur mit den Achseln.

»Keine Ahnung«, sagte sie. »Ich weiß nur, dass ich im Moment auf Miss Larkin stehe. Keine Ahnung, auf wen ich als Nächstes stehe.«

Eine von Novas Lehrerinnen rief die Kinder zusammen und erklärte, es sei Zeit zum Aufbruch, und Nova zog ihren Notizblock und einen Stift aus ihrem Rucksack.

»Das ist jetzt ein bisschen schnell«, sagte Nova atemlos, während sie ihre Telefonnummer auf eine Seite kritzelte und sie dann herausriss. »Aber willst du mit mir gehen?«

Kim warf lachend den Kopf in den Nacken, und Nova fielen die Sommersprossen auf, die das Gesicht des Mädchens und ihren Hals sprenkelten. »Klar, meinetwegen, warum nicht?«

»Cool«, sagte Nova und drückte Kim die Seite in die Hand. »Bis dann.«

»Bis dann«, sagte Kim, und Nova rannte winkend zu Mr Almond hin, der schon in seine Sportlehrerpfeife blies. Wochenlang wartete Nova auf Kims Anruf und sagte sich dabei immer wieder, dass sie jetzt eine Freundin hatte – wobei sie jedes Mal ein glückseliger Schauer durchlief. Doch Kim rief nicht an, und Nova sah sie nie wieder.

»Standen Sie Jamie nahe? War er mit Ihrer Tochter befreundet?«, fragt Nova nach ein paar Minuten Schweigen, in denen die Stadt an ihnen vorüberzieht.

»Mit *mir*«, betont Olive. »Wie gesagt, über die Kirche.«

»Haben Sie ihn in letzter Zeit gesehen?«

Olive überhört Novas Frage und schaut mit abgewandtem Gesicht aus dem Fenster. Nach ein paar Minuten wiederholt Nova ihre Frage, diesmal etwas lauter. Olive schüttelt ärgerlich den Kopf.

»Woher wissen Sie eigentlich, wer ich bin?«, faucht sie.

»Ihr Name tauchte bei meinen Nachforschungen über Mr Spellmans Vergangenheit auf«, erklärt Nova. »Einem meiner Kollegen fiel ein, dass Sie sich vor Jahren recht nahestanden.«

»Das ist Ewigkeiten her.«

»Das mit Ihrer Tochter tut mir leid.«

Olive schweigt.

»Das klingt nach einer grauenvollen Situation«, fährt Nova fort.

»Er war am Boden zerstört, als sie …«, sagt Olive, sieht Nova an und schnäuzt sich. »Er war immer für mich da.«

»Das ist gut.«

»Er war ein guter Mensch.«

»Schön, das von jemandem zu hören.«

»Also, wenn Sie die Falschen fragen, bekommen Sie natürlich die unmöglichsten Schauergeschichten zu hören.« Olive richtet sich in ihrem Sitz auf.

»Glauben Sie, er hätte Feinde haben können?«

Sie muss halten, Nova kann weiter vorn eine Behelfsampel sehen. Sie sieht Olive an, die mit einem Finger gegen ihre Lippen klopft und blind geradeaus starrt.

»Mrs Farrugia, kennen Sie zufällig eine Frau namens Kaysha Jackson?« Nova zieht die Handbremse an und wendet sich Olive zu. Sie weiß nicht, wie sie auf diese Frage gekommen ist, sie hat keinen Beweis dafür, dass Kaysha dieser Frau je begegnet ist, aber sie fragt trotzdem, nur für alle Fälle. Kaysha ist allen anderen immer einen Schritt voraus, Nova eingeschlossen, und falls Olive tatsächlich ein weiteres Puzzlesteinchen ist, hat Kaysha das bestimmt als Erste erkannt. Olive presst die Lippen zusammen und bläht die Nasenflügel, und Nova hat den Eindruck, dass sie ihre Antwort abwägt. Die Schlange an wartenden Autos vor ihnen gerät in Bewegung, aber Nova fährt nicht an, sie richtet den Blick weiter auf Olive. Ihr stockt vor Spannung der Atem. Schließlich schüttelt Olive den Kopf.

»Ich kenne niemanden, der so heißt.«

»Sicher?«, fragt Nova, und ihr wird die Brust eng. Jemand hupt hinter ihr, und sie fährt stöhnend an.

»Absolut.«

Nachdem Nova Olive abgesetzt hat, fährt sie nach Hause. Sie schaltet die Heizung ein, zieht ihren Pyjama an und schaltet das Handy aus. Sie will nicht mehr über Jamie Spellman nachdenken. Je mehr Bruchstücke aus seinem Leben sie zusammenfügt, je genauer sie erfasst, was für ein Mensch er war, desto weniger kümmert sie sein Tod, hat sie festgestellt. Sie weiß, dass ihr der Fall trotzdem nahegehen sollte, dass geköpft zu werden eine grauenvolle Art zu sterben ist, ganz gleich, was du getan hast. Sie ist kein Fan der Todesstrafe, aber sie kann nur mit Mühe Mitleid für ihn aufbringen. Sein Tod ist nur ein weiterer Todesfall in einer Stadt voller Menschen, die alle irgendwann sterben werden.

Sie spürt, wie der Ärger auf Jamie und auf ihren Job ihren ganzen Körper erfasst. Vieles geht ihr inzwischen nicht mehr nahe, oder aber zu nahe, allerdings nicht das, was ihr nahegehen sollte. Ihr geht das Wohlergehen der Frauen nahe, die Jamie ausgenutzt hat, sie merkt, dass sie Sympathie für sie empfindet, obwohl sie sich genau damit bei ihrem letzten Fall so viel Ärger eingehandelt hat. Ein Mann war tot aufgefunden worden, seine Frau und ihre Geliebte waren in den Fall verwickelt. Kaum etwas deutete darauf hin, dass er gewaltsam zu Tode gekommen war, und gar nichts darauf, dass eine der Frauen etwas damit zu tun hatte, aber bald wurde offensichtlich, dass die DCI und alle anderen im Revier die Frauen unter Verdacht hatten, dass sie ihre lesbische Beziehung anstößig fanden und der Meinung waren, dass irgendetwas an ihnen faul sein musste. Nova hatte das Gefühl, dass diese Frauen allein aufgrund ihrer Sexualität verdächtigt wurden, und wehrte sich erbittert dagegen. Sie mochte die beiden.

Seit Nova die institutionalisierten Vorurteile gegenüber Menschen wie ihr aufgefallen sind, fallen sie ihr auch gegenüber anderen Randgruppen auf – sie hat sie schon immer gespürt, aber sie war bis dahin überzeugt gewesen, dass alle bei der Polizei ihre Arbeit voranstellten. Sie hatte nicht gemerkt, wie sehr die Doppelmoral ihrer Kollegen und der gesamten Institution sich auf ihre Ermittlungen auswirkte. Je stärker ihr das bewusst wird, desto weniger identifiziert sie sich mit ihrem Beruf. Seit sie abgestraft und lächerlich gemacht wurde, weil eine der beiden Frauen schließlich den Mord gestanden hatte, hält sie im Grunde nur noch an ihrem Beruf fest, weil sie so schwer dafür gearbeitet hat, es so weit zu bringen. Als sie damals direkt von der Universität zur Polizei ging, glaubte sie wirklich, sie würde das Richtige tun, sie würde Gesetze durchsetzen, die Gleichheit und Gerechtigkeit in der Gesellschaft förderten und die Menschen beschützten. Sie ist die jüngste weibliche Detective Inspector, die es je in ihrer Region gab, und sie war, als sie noch mit dem Herzen bei der Arbeit war, richtig gut in ihrem Job. Sie hat Jahre daran gearbeitet, die Polizei behutsam von innen heraus zu verändern, aber sie sieht keinerlei Effekt. Inzwischen versteht sie, warum die Menschen aus der Arbeiterklasse, mit denen sie spricht, ihr nicht vertrauen, obwohl sie eigentlich zu ihnen gehört. Sie halten sie für eine Verräterin, und möglicherweise ist sie das auch. Sie wüsste nicht, was sie mit ihrem Leben anfangen sollte, wenn sie irgendwann kündigen sollte, und hasst die Vorstellung, beruflich neu anfangen zu müssen, aber gleichzeitig weiß sie auch nicht, wie lange sie noch einer Polizei angehören kann, an die sie nicht mehr glaubt.

Sie versucht abzuschalten. Sie liegt lange in der Badewanne

und bestellt dann über ihr Festnetztelefon ein chinesisches Essen, schaltet den Fernseher ein und zappt mehrmals durch die fünf Kanäle, bis sie schließlich bei einem Krankenhausdrama hängen bleibt, das sie nicht interessiert. Stattdessen kreisen ihre Gedanken um Kaysha und Sarah, um Kayshas Gesichtsausdruck, als sie angehalten und begriffen hat, mit wem Sarah da im Regen unter einem Schirm kauerte. Nova stellt sich die beiden zusammen vor; Kaysha, die allen immer drei Schritte voraus ist, und Sarah, die undisziplinierte Alkoholikerin, die aber trotzdem irgendwie charmant ist. Sie stellt sich vor, wie sie sich kennengelernt haben könnten, sie stellt sie sich zusammen im Bett vor, und wie sie sich durch Sarahs Haus vögeln – ein halb verfallenes Gutshaus, hat Kaysha ihr erzählt. Sie öffnet eine Flasche Wein, zündet ein paar Kerzen an und versucht sich auf einen Film zu konzentrieren, kann es aber nicht. Sie ist immer eifersüchtig auf Kayshas andere Beziehungen, obwohl sie kein Recht dazu hat.

In der Szene von Newcastle gibt es eine gewisse Holly, die von der Stasi der Ex-DDR besessen ist. Sie baut in ihrer Freizeit deren Spionageapparate nach und verkauft sie gelegentlich. Als Nova ihr einen Fünfziger für ein Mikro zusteckte, fragte Holly nicht lang, wozu sie es brauchte, sondern erklärte ihr, wie sie es einsetzen und mit einem Autoradio koppeln konnte. Nova hätte ein offizielles Abhörgerät verwenden können, aber das hätte sie beantragen müssen und Papierkram bedeutet. Sie will ihre Erkenntnisse nicht unbedingt weitergeben müssen, falls sie herausfindet, dass Kaysha schuldig ist. Es kommt ganz auf das Warum an.

Nova hat das Mikro seit einer Woche, aber bisher konnte sie sich nicht dazu durchringen, es einzusetzen – teils, weil sie weiß, dass Kaysha durch die Decke geht, falls sie davon erfährt, teils, weil Nova immer noch gern glauben würde, dass Kaysha nur zufällig an Silvester in dem Hotel war. Jetzt, da

Nova zweifelsfrei von der Verbindung zwischen Kaysha und Jamie Spellman weiß, kann sie dieses Risiko nicht mehr eingehen. Gerade als sie nach ihrem Handy greift, um Kaysha zu schreiben, dass sie vorbeikommen soll, klopft es an der Tür. Offenbar hat jemand den Lieferdienst ins Haus gelassen, und so wühlt sie in ihren Taschen nach Geld, während sie die Tür aufzieht, wo ihr Kaysha gegenübersteht.

»Du hast heute also Sarah kennengelernt?« Kaysha tritt ohne ein Lächeln ein und lässt sich aufs Sofa fallen. Nova schließt die Tür und setzt sich neben sie.

»Ja«, sagt sie nur. Kaysha darf nicht wissen, dass Nova gegen sie ermittelt, darum muss sie sich cool geben. »Sieht ganz so aus.«

»Hast du nach ihr gesucht?«

Nova schmunzelt. »Krieg dich ein, Jackson. Ich war beruflich dort. Und ehe ich michs versehen habe, musste ich auf sie aufpassen. Sie hat die Trauerfeier ziemlich aufgemischt.«

»Natürlich«, sagt Kaysha und presst die Lippen zusammen. »Ohne Hilfe kommt sie nicht vom Trinken los. Aber sie will sich nicht helfen lassen.«

»Sieht so aus, ja.«

»Was hast du dort gesucht, wenn du beruflich dort warst?«

»Es war die Totenfeier für den geköpften Kerl. Ich wollte sehen, ob dort irgendwelche zweifelhaften Figuren auftauchen.«

»Und?« Kaysha lehnt sich in die Polster und schlägt die Beine übereinander.

»Niemand von besonderem Interesse«, sagt Nova. »Merkwürdiger Zufall, dass Sarah den Toten kannte.«

»Ja«, sagt Kaysha. »Ich wusste das auch nicht, bis ich sie abgeholt habe. Sie ist ein stilles Wasser, meine Sarah. Sie erzählt eigentlich nie jemandem was.«

»Warum bist du mit ihr zusammen?«, fragt Nova und greift

nach Kayshas Hand. Kaysha streicht sich mit der anderen Hand übers Gesicht und zuckt dann mit den Achseln.

»Ich hab eindeutig einen Hang zu komplizierten Beziehungen«, sagt sie und lehnt sich an Nova, die den Arm um sie legt.

»War sie wieder okay, bis ihr zu Hause wart?«

»Ich hab sie ins Bett gebracht. Sie wird ihren Rausch ausschlafen und morgen früh wieder aufwärmen.«

»O fuck«, flüstert Nova und küsst Kaysha auf den Scheitel. Kaysha beginnt zu weinen, erst ganz leise, mit attraktiven Filmstartränen, die an ihren Wimpern hängen, dann mit lauten Schluchzern, die ihren ganzen Körper erschüttern. Nova drückt Kaysha an sich. So hat sie Kaysha noch nie erlebt. Nova hat sie schon weinen sehen, wenn sie sich gestritten oder einen traurigen Film angeschaut haben, aber so noch nie, und Nova weiß nicht, wie oder ob sie Kaysha trösten soll. Weint sie wirklich, weil ihre Beziehung so kompliziert ist, oder weint sie etwa, weil sie jemanden ermordet hat?

Es läutet, und aus der Sprechanlage verkündet eine knisternde Männerstimme, dass Novas Essen da ist. Sie rührt sich nicht, aber Kaysha löst sich von ihr und wischt schniefend ihre Tränen ab.

»Geh an die Tür, ist schon okay«, sagt sie. Nova zögert, aber Kaysha lächelt. »Mach schon. Du brauchst meinetwegen nicht zu verhungern. Ich weiß, dass du nicht kochen kannst.«

»Blöde Kuh«, sagt Nova, gibt Kaysha aber einen Kuss auf die Wange. Bis sie mit dem Essen zurückkommt, außer Atem, weil sie die Treppe genommen hat, hat Kaysha sich wieder gefangen. Ihre Nase ist noch rosa, und gelegentlich muss sie schniefen, aber ansonsten wirkt sie gefasst. Nova verteilt das Essen auf zwei Tellern, denn sie weiß genau, dass Kaysha mitessen wird, selbst wenn sie schon gegessen hat. Sie kommen beide aus armen Familien und wissen, dass man angebotenes Essen nie ablehnen sollte, und auch wenn beide inzwischen genug Geld haben, ist diese Gewohnheit nicht abzulegen.

Beim Essen unterhalten sie sich über den Kult, für den Kaysha sich schon eine ganze Weile interessiert. Nova erzählt ihr einiges von dem, was sie herausgefunden hat: dass es sich um eine Gruppe zorniger Teenagerinnen handelt, die es wütend macht, wie die Welt sie ausnutzt. Kaysha meint, dass sie vielleicht einen Artikel über sie schreiben wird, über diese modernen Hexen, gegen die die eingeschüchterte Landbevölkerung schon die Heugabeln zu spitzen beginnt. Sie wirkt beeindruckt und sagt, dass es ihr gefällt, wenn sich Mädchen zur Wehr setzen, dass es etwas in ihr auslöst. Stolz. Wen interessiert es schon, wenn dabei ein paar Schafe sterben mussten?

»Auf die Schafsmorde könnten sie wahrscheinlich sogar verzichten«, sagt Nova, und Kaysha blickt vielsagend auf das Lammfleisch an Novas Gabel.

»Wer im Glashaus sitzt …«, sagt sie lächelnd.

»Das ist was anderes.«

»Wieso?«

»Na ja …«

Kaysha lacht. »Ich verarsch dich nur, Mann. Ich nehme an, die Schafe können gar nichts für irgendwas.«

Später haben sie Sex, langsam und gefühlvoll. Hinterher muss Kaysha weinen, das kommt ab und zu vor, und Nova hält sie im Arm. In der ersten Zeit hatte sie jedes Mal Angst, sie hätte irgendwas falsch gemacht oder Kaysha könnte bereuen, was sie getan hatten, aber Kaysha wiegelte immer ab. *Nur ein altes Trauma,* sagte sie dann. *Hat nichts zu bedeuten.* Später geht Nova ins Bad und weint ebenfalls. Als sie ins Schlafzimmer zurückkommt, schläft Kaysha schon. Nova täte nichts lieber, als zu ihr ins Bett zu krabbeln, ihren Körper an Kayshas zu kuscheln und eng umschlungen einzuschlafen, wie sie es so oft getan haben, um später gemeinsam aufzuwachen, in dem Wissen, dass Kaysha auch am nächsten und übernächsten und überübernächsten Tag da sein würde.

Stattdessen schleicht sie auf Zehenspitzen zur Couch und nimmt sich Kayshas Jacke. Es ist eine abgetragene, dicht mit Aufnähern und Buttons besetzte Jeansjacke, die Kaysha schon trägt, seit sie sich kennengelernt haben. Nova holt das winzige Mikro aus ihrer eigenen Jacke und lässt es in die Brusttasche der Jeansjacke gleiten. Die Brusttaschen sind steif und kaum aufzuknöpfen, weil sie nie benutzt werden, und Nova befestigt das Mikro so, dass der winzige Kopf kaum aus der Tasche ragt. Sie ist überzeugt, dass Kaysha nichts bemerken wird. Sie trägt die Jacke schon so lange, dass sie keinen Blick mehr dafür hat, sie existiert immer weiter.

Am nächsten Morgen verschwindet Kaysha, und Nova braucht eine halbe Stunde, bis sie ihr Handy unter der Couch wiedergefunden hat. Es war die ganze Nacht ausgeschaltet. Sechs entgangene Anrufe sind darauf, darum ruft sie zurück, während sie sich fertig macht.

»Stokoe?« Es ist die DCI.

»Ja«, sagt Nova, während sie, die Haarklammern zwischen den Zähnen, ihre Locken zu bändigen versucht.

»Wo haben Sie gesteckt, verflucht noch mal? Ich versuche Sie seit gestern Abend anzurufen. Wir haben sie.«

»Wen?«

»Die Ehefrau. Sie haben nicht viel gefunden, sie hat so gut wie alles weggeputzt. Aber unter dem Auto in der Garage waren Blutflecken.«

»Gut.« Novas Gedanken überschlagen sich, hätte sie doch nicht gedacht, dass es Sadia war. »Was noch?«

»Ein Glas Whisky, fast leer, aber der Rest war definitiv mit

Diazepam versetzt. Seine Fingerabdrücke darauf, aber auch ihre.«

»Hm. Allerdings nur ein Indiz. Vielleicht hat er das Diazepam selbst genommen, und sie hat das Glas nur zur Spüle getragen … Ich weiß nicht.«

»Und sie haben die Mordwaffe gefunden.«

»O Scheiße, was war es?«

»Eine Axt mit ihren Fingerabdrücken, und zwar ausschließlich ihren.«

»Sie hat sie nicht gereinigt?«

»Doch, aber sie haben Spuren seines Blutes darauf gefunden. Metall ist poröser, als man meinen möchte.«

»Okay, ich fahre sofort los«, sagt Nova und zieht ihre Jacke an. »Noch mal Entschuldigung wegen des Handys.«

»Bauen Sie diesmal bloß keinen Mist«, sagt die DCI, und Nova stockt. Sie weiß, dies ist ihre letzte Chance – falls sie einen Fehler macht, ist sie draußen. Sie weiß nur nicht, ob sie das noch interessiert.

31

SADIA
11. JANUAR 2000

Als Sadia am frühen Abend von der Trauerfeier nach Hause kommt, zieht sie sich bis auf die Unterwäsche aus, legt sich ins Bett und vergräbt sich unter der Decke. Ameera ist bei Ana und Tom, damit Sadia sich ausruhen kann, und sie fällt in einen traumlosen Schlaf, aus dem sie erst um Mitternacht erwacht. Sie steht nur auf, um aus der Küche eine Flasche Wein zu holen, und verkriecht sich dann wieder unter der Decke, wo sie trinkt und stundenlang die Familienvideos ansieht, die Jamie immer aufnehmen wollte.

Sie sieht sie nicht der Reihe nach an. Auf dem ersten Band ist sie beim Spielen zu sehen, Ameera stolpert rotwangig und in einen Schneeanzug gepackt durch den Garten und purzelt nach vorn, als sie den Schnee zu fassen versucht. Jamie hebt Ameera auf, drückt sie und küsst ihre winzige Stirn. Dann ist sie ein Neugeborenes frisch nach dem allerersten Bad, pitschnass und krähend, und Jamie filmt, wie Sadia mit dem Finger einmal rund um das Babygesicht fährt und Ameera dann leise singend eine Windel anlegt, die viel zu groß für das winzige Baby aussieht. Danach krabbelt Ameera über den Boden, sie zeichnet, weint wegen irgendwas, es folgt ihr erster Tag im Kindergarten, an dem Sadia ihr unter Tränen von der Tür aus zum Abschied zuwinkt und Jamie dann die Kamera umdreht, um sich selbst dabei zu filmen, wie er die Augen verdreht. Es ist, als wäre jeder Augenblick ihres Familienlebens dokumentiert, und auf jedem Video ist irgendwann Jamie zu sehen, nachdem er die Kamera an Sadia übergeben oder abgestellt hatte, um sie alle drei aufzunehmen. Für einen

Außenstehenden sieht es so aus, als wäre er immer dabei gewesen. Tatsächlich wollte er nicht, dass sie etwas aufnahm, während er nicht dabei war, so als wären die endlosen Stunden, die Sadia allein mit ihrem Kind verbrachte, es nicht wert, festgehalten zu werden, als könnte nichts Bemerkenswertes geschehen, wenn Jamie nicht anwesend war.

Sie sehen so glücklich aus, wie sie einander und Ameera anstrahlen, sie durch die Luft schwingen, im Wald spielen oder *Happy Birthday* singen, und wahrscheinlich waren sie das auch, bis Sadia erst das mit Josie erfuhr und dann von allem anderen. In ihren schwachen Momenten wünscht sie sich, sie hätte nie von seiner letzten Affäre erfahren. Nur Tage später hätte er ihr von einem weiteren Neugeborenen erzählt, das eine Mutter brauchte – er hätte sie überzeugt, dass Josie nur eine weitere junge Frau war, die sich ein ungewolltes Baby hatte anhängen lassen und der sie nur helfen würden, wenn sie es großzögen, genau wie damals bei Sarah. Sie wäre nie auf die Idee gekommen, dass das Kind von ihm sein könnte, und sie hätten weiter in geborgtem Glück baden können. Aber dann muss sie an Sarah denken und daran, wie verheerend es ist, ein Baby, erwünscht oder nicht, aus den Armen seiner Mutter zu reißen, es ihr wegzunehmen, ehe sie Gelegenheit hatte, selbst zu entscheiden, ob sie es behalten will oder nicht. Ihr ist klar, dass Josies Baby niemals ihres sein wird oder hätte werden sollen.

Sadia weiß, dass sie jahrelang die Augen verschlossen hat, dass sie kommentarlos über viele Dinge hinweggegangen ist, die sie hätten abstoßen sollen, dass sie sich gezwungen hat, all die Ausreden zu glauben, die er vorbrachte, wenn er drei Tage nicht nach Hause gekommen war. Sie stellt sich vor, was er zu Sarah gesagt haben muss, um sie zum Schweigen zu bringen, oder womit er sie überredet hat, ihr Kind wegzugeben. Sie fragt sich, wie weit er bei Josie gekommen war, ob er sie schon überzeugt hatte, dass sie gar kein Kind haben wollte, nachdem er sie wenige Monate zuvor überzeugt hatte, dass sie unbedingt eines bekommen wollte. Wie kommt Josie wohl mit allem zurecht, wenige Tage ehe sie dieses Baby zur Welt bringen wird? Sarah fragt sich auch, welche Rolle sie bei alledem gespielt hat, ob sie bloß eine stille Komplizin war oder ob sie Jamie durch ihre Trauer über ihre eigene Unfruchtbarkeit zu seinen Taten verleitet hat. Sie fragt sich, ob er das alles nur getan hat, weil er sie so liebte, oder ob er sich damit nur selbst beweisen wollte, wozu er in der Lage war.

Um acht Uhr morgens wacht sie mit Kopfschmerzen wieder auf, die leere Weinflasche noch fest in der Hand. Auf dem Bildschirm ist nur weißes Rauschen zu sehen. Sie ist froh, dass sie sich heute früh um kein Kind kümmern muss – es ist, als hätte sich im Schlaf der Nebel gelichtet, als wüsste sie endlich, was zu tun ist.

Sie schlüpft in ihren Morgenmantel und geht nach unten in die Küche, wo sie sich an die Küchentheke lehnt, während das Wasser im Kessel heiß wird, und über Sarah nachdenkt. Ihr Zustand bei der Trauerfeier hat sie zutiefst erschreckt. Kaysha hatte erwähnt, dass Sarah zu viel trinkt, aber so hatte Sadia sie noch nie erlebt. Bei ihren Treffen war Sarah immer hellwach und sarkastisch gewesen, streitlustig wie ein Teenager, obwohl sie eher Mitte zwanzig ist, weshalb es Sadia schwerfiel, Mitleid mit ihr zu haben. Selbst als Sarah ihre Geschichte erzählte, immer wieder ermuntert und bestärkt durch Kaysha, hätte Sadia am liebsten die Augen verdreht, stand sie doch damals noch derart unter Jamies Einfluss, dass sie ihr kaum glauben konnte; insgeheim war sie überzeugt, diese wilde Geschichte sei nur der Rechtfertigungsversuch einer Frau, die ungewollt schwanger geworden war. Glühende Wut hatte Sadia durchschossen, so frech fand sie es, dass Sarah ungewollt schwanger geworden war und so leichtfertig mit dieser kostbaren Gabe umging, während Sadia sich nichts sehnlicher wünschte als ein Haus voller Kinder, aber nicht den Körper hatte, es zu füllen.

Es gibt keine rundum saubere Lösung für Sarah, für sie und Ameera. Immer wieder hat Sarah verkündet, dass sie keine Mutter sein will, dass sie nie eine sein wollte und nie eine werden will. Sadia glaubt, dass Sarah, auch wenn sie bei der Trauerfeier anders klang, Ameera nicht zu sich nehmen will, schon gar nicht allein. Oder vielleicht doch, falls sie sich irgendwann fängt; vielleicht hat das Zusammentreffen mit dem Kind etwas in ihr ausgelöst, und nun will sie Ameera zurückbekommen. Sadia wird ganz flau bei dem Gedanken, dass ihr jemand das Kind wegnehmen könnte, das sie seit vier Jahren liebt. Sie würde alles für Ameera tun. Für Sadia bedeutet Blut nichts und Liebe alles.

Vielleicht, überlegt sie, sollte sie Sarah helfen, trocken zu werden, einen Job zu finden, dann könnten sie irgendwann zu einer Art Familie zusammenwachsen, in der auch Sarah eine Beziehung zu Ameera hat. Vielleicht könnten sie das Mädchen gemeinsam erziehen. Der Gedanke bereitet Sadia höllische Angst, denn was ist, wenn am Ende doch das Blut zählt und Ameera sich instinktiv zu ihrer leiblichen Mutter hingezogen fühlt? Wenn Sadias Bemühungen nichts fruchten und Ameera bei jeder Gelegenheit zu Sarah rennt? Sadia würde rein gar nichts dagegen unternehmen können, denn falls irgendjemand irgendwann herausfinden sollte, dass Sarah Ameera zur Welt gebracht hat, hätte Sadia jedes Recht verloren. Vielleicht würde sie sogar wegen Kidnapping verhaftet. Vielleicht verdientermaßen.

Das Wasser kocht, und Sadia atmet einmal tief durch und konzentriert sich darauf, Instantkaffee in den Becher zu löffeln und ihn danach mit Wasser zu füllen. Der Schnee von letzter Woche ist endlich geschmolzen, und der Morgen ist klar und sonnig. Draußen sieht es fast warm aus. Sie schlüpft in Jamies Müllraustrageschlappen, die sie immer noch nicht weggeräumt oder weggeworfen hat, und tritt auf die Terrasse. Der Garten ist von Licht überflutet, und verglichen mit letzter Woche wirkt die Luft fast sommerlich. Sadia setzt sich auf einen Gartenstuhl, trinkt ihren Kaffee und versucht, zur Ruhe zu kommen und ihre Gedanken auf ihre Umgebung zu richten – den Duft der Kiefernnadeln, das Rascheln der Brise in den Zweigen, die Dunkelheit des Waldes selbst an einem so hellen Morgen. Sie zieht die Füße aus Jamies Schuhen und stellt sie auf das feuchte Gras, um sich zu erden. Es wird sich alles finden, denkt sie.

Der Kaffee ist kalt geworden, aber sie trinkt ihn trotzdem, bevor sie wieder aufsteht, um ins Haus zurückzugehen. Eine Wolke zieht vorbei, und Sadia sieht in dem Teich unten im Garten, knapp vor den Bäumen, etwas aufblitzen. Offenbar sind die Kois aufgewacht. Sie macht sich jedes Jahr Sorgen, dass sie sterben könnten, wenn der Teich zufriert, aber im Frühling sind sie jedes Mal wieder da, stets noch dicker als zuvor. Der Teich war Jamies Vorzeigeprojekt, eines der wenigen Vorhaben, die er im Haus tatsächlich zu Ende gebracht hat. Er hat oft Projekte in Angriff genommen und dann liegen lassen, bis Sadia irgendwann jemanden engagierte, um alles fertigzustellen. Im Oktober hatte er auf ganzer Länge den Gartenzaun niedergerissen, weil angeblich das Holz verrottet war und er einen neuen ziehen wollte, aber nachdem er die Löcher für die Zaunpfosten gegraben hatte, verlor er die Lust daran. Das Haus steht ohnehin allein, direkt am Waldrand, trotzdem fühlt sich Sadia ohne den Zaun schutzlos. Auch wenn sie weiß, dass ihre Befürchtungen irrational sind.

Sie geht zum Teich und rechnet fest damit, einen Koi-Karpfen dicht unter der Oberfläche schwimmen zu sehen. Ihr

Liebling ist ein großer, orangefarbener, den sie Goldie Hawn nennen. Wieder sieht sie etwas metallisch aufblinken und lächelt, bis sie begreift, dass sich der Fisch nicht bewegt, und sie sich fragt, ob die Karpfen die Kälte vielleicht doch nicht überlebt haben. Sie geht in die Hocke und erkennt, dass das Blinken nicht von einem Fisch, sondern von einer silbernen Uhr kommt. Während sie ins Wasser starrt, scheint sich im schlammigen Wasser ein Körper zu materialisieren, der knochenbleich am Grund liegt. Je länger sie hinschaut, desto deutlicher ist er zu erkennen. Sie kann sich nicht davon lösen, von diesem sich immer klarer abzeichnenden Körper, von dem blauen T-Shirt und den Jeans, die Jamie an Silvester trug, seinen Schuhen, seinem Hals. Der Becher fällt ihr aus der Hand, und etwas Wasser vom Teich spritzt auf ihre Füße.

Sie hört das Hämmern an ihrer Haustür, nimmt es aber nicht als etwas wahr, auf das sie reagieren sollte. Sie hört Rufe und Schritte in ihrem Rücken und kann immer noch nicht wegschauen. Sie hat keinen Blick für die Menschen übrig, die sie umgeben, antwortet nicht auf ihre Fragen und fängt erst an zu schreien, als ihr die Hände auf den Rücken gezogen und Handschellen angelegt werden und sie weggezerrt wird.

32

NOVA
12. JANUAR 2000

Das Diazepam habe ich ihm gegeben«, erklärt Sadia. »Aber umgebracht habe ich ihn nicht.«

Nova hat noch keine einzige Frage gestellt, trotzdem will Sadia ganz offenkundig reden. Nach ihrer Verhaftung brauchte sie ein paar Stunden, bis sie sich beruhigt hat. Nova weiß nicht, was sie glauben soll. Einerseits wirkt es extrem verdächtig, dass Sadia bei ihrem Eintreffen über dem enthaupteten Leichnam ihres Mannes stand, an einem Fleck, an dem man ihn höchstwahrscheinlich länger nicht gefunden hätte. Andererseits war die Frau eindeutig verstört, entweder durch den Anblick des Leichnams oder das plötzliche Auftauchen der Polizei in ihrem Garten, das kann Nova nicht sagen. So oder so wurde sie in Gewahrsam genommen, und sie haben endlich den Körper zum Kopf.

»Wieso haben Sie ihm Diazepam gegeben?«

»Weil er mich sonst umgebracht hätte.«

»Er hat gesagt, dass er Sie umbringen würde?«

»Ja.« Sadias Körper spannt sich an. »Mehr als einmal. Ich wollte ihn verlassen und unsere Tochter mitnehmen, das hätte er niemals zugelassen. Ich hatte Angst davor, was er mir antun würde, falls ich es versuchte.«

»Hat er Sie schon früher bedroht?«, fragt Nova. Instinktiv würde sie sich gern über den Tisch beugen und die Hand der Frau ergreifen, aber sie beherrscht sich.

»Wir haben uns immer wunderbar verstanden, bis ich das mit Josie herausfand.«

»Josie Kitchen?« Nova ist kurz überrascht, dass Sadia von

Josie weiß, aber andererseits scheinen sich diese Frauen alle untereinander zu kennen.

»Genau.«

»Haben Sie die beiden zusammen erwischt?«

»Nein. Leider nicht, das wäre wahrscheinlich einfacher gewesen. Es war, als wollte mich das Universum zwingen, genauer hinzusehen. Ich kannte Josie schon länger.«

»Ach, das ist interessant. War sie eine Freundin der Familie?« Nova macht sich eine Notiz, denn das passt nicht zu dem, was Josie über ihre Beziehung zu Jamie erzählt hat.

»Nein, das war reiner Zufall. Ich war Stammgast in dem Café, in dem sie arbeitet. Ich war oft dort, es ist ein bezaubernder kleiner Laden mit Blumen auf den Tischen und täglich frischem Gebäck. Ich habe immer ein paar Worte mit ihr gewechselt, während sie mir meinen Kaffee machte.«

Nova legt den Kopf schief. »Erzählen Sie.«

»Sie beklagte sich immer wieder über ihren Freund, zwar nicht unbedingt mir gegenüber, aber gegenüber ihren Kolleginnen; dass er sie versetzt hätte oder dass er immer noch bei seiner Ex wohnen würde, obwohl er geschworen hatte, dass sie sich getrennt hätten und er angeblich nur noch auf die Scheidungspapiere warten würde. Im Nachhinein ist es beinahe komisch, dass Jamie ihr das erzählt hat.«

»Sie dachten, mit Ihrer Ehe sei alles in Ordnung?«

»Es war alles wie immer. Ich war glücklich, ich hatte eine Familie, ein nettes Haus, ich brauchte nicht arbeiten zu gehen. Worüber hätte ich mich beschweren sollen?«

»Hatten Sie ihn im Verdacht, eine Affäre zu haben?«

Sadia verzieht das Gesicht. »Nein. Aber rückblickend gab es eine Menge Hinweise, die ich wohl absichtlich übersehen habe. Dass er so oft auf Dienstreise musste, obwohl er in einem Labor arbeitete. Man hätte meinen können, er sei reisender Vertreter, so oft war er unterwegs. Was er natürlich nicht war. Er war immer bei der Frau, mit der er gerade eine Affäre hatte.«

»Und wie haben Sie es dann herausgefunden?«

»Also, wie gesagt, ich kannte Josie. Ich wusste von den Irrungen und Wirrungen ihrer Beziehung mit diesem mysteriösen älteren Freund, den sie ausgerechnet im Kebab-Laden ihres Dads kennengelernt hatte, und als sie dann auch noch schwanger wurde, hätte ich sie … es klingt gemein, aber ich hätte sie am liebsten geohrfeigt. Wie unglaublich blöd von ihr, sich von diesem schrecklichen Kerl schwängern zu lassen. Und noch dazu war sie so jung. Ich war neidisch«, fährt Sadia fort. »Ich kann keine Kinder bekommen und hätte es so gern gekonnt. Ich hätte für mein Leben gern ein Kind zur Welt gebracht. Darum machte sie mich richtig wütend, und wenn sie danach wieder weinend zur Arbeit kam, dachte ich regelmäßig, wie undankbar sie war. Ich war so neidisch, dass es mir zwischendurch niederträchtige Freude bereitete, wenn es ihr schlecht ging. Eines Tages war sie ganz besonders schlecht drauf – sie musste nach hinten verschwinden, weil sie sich nicht beruhigen konnte –, und ihre Kollegin erzählte mir, dass sich Josie so schrecklich aufregen würde, weil ihr Freund heilige Eide geschworen hatte, dass er am Abend zu ihrer Geburtstagsfeier auftauchen würde, aber in letzter Sekunde abgesagt hatte. Offenbar war Josie sicher, dass er stattdessen etwas mit seiner Frau unternehmen würde. Und ich fühlte mich ihr überlegen, weil mich mein Mann ausgerechnet an diesem Abend zu unserem Hochzeitstag ausführen würde.«

»Erzählen Sie weiter«, sagt Nova.

»Also, ich stelle meine Tasse immer auf die Theke zurück, nachdem ich meinen Kaffee ausgetrunken habe, um ihnen einen Weg zu ersparen, verstehen Sie? Diese Mädchen laufen schon mehr als genug. Gerade als ich die Tasse abstellte, kam ein Lieferant mit einem Blumenstrauß an die Theke und meinte, die Blumen seien für Josie, dann verschwand er wieder. Josie war nicht im Raum … sie war immer noch hinten und vergoss Tränen über ihren Freund, der sie versetzt hatte. Ich bewunderte den Strauß, der exakt so aussah wie der, den Jamie mir immer zum Geburtstag oder Hochzeitstag besorgte – es war immer das gleiche Arrangement der immer gleichen Floristin. Ich fand das immer richtig rührend, so als wäre das mein ganz besonderer Strauß, den er eigens für mich zusammengestellt hatte. Ich klappte die Karte auf, nicht aus Neugier, sondern nur, weil ich wissen wollte, ob der Strauß wirklich von meiner Floristin war. Und dann las ich den Text.« Sadia verstummt, und Nova fragt sich, ob Sadia diese Worte schon öfter laut ausgesprochen hat oder ob sie sich möglichst nicht daran erinnern möchte. »Ich sehe ihn immer noch vor mir, er steht mir immer noch vor Augen. ›*Für Josie. Sorry, dass ich es heute nicht schaffe, Baby. Ich liebe dich mehr als alle Atome zusammen, Jamie*‹.«

Nova schiebt eine Schachtel Taschentücher über den Tisch und wartet ab, bis Sadia sich beruhigt hat, ehe sie sie bittet weiterzuerzählen.

»Natürlich kannte ich seine Handschrift, aber was er da schrieb … *ich liebe dich mehr als alle Atome zusammen* … Exakt dasselbe sagte er auch immer zu mir. Mir war sofort klar, dass das kein Zufall war. Dieser Strauß kam von *meinem* Jamie. Damals brauchte ich eine Sekunde, um das zu begreifen, denn irgendwie dachte ich – im ersten Moment –, dass die Blumen für mich sein müssten und es eine Verwechslung gegeben hatte, dass das Universum mir irgendwie einen Streich gespielt hatte.«

»Kann ich mir vorstellen.«

»Ich stand also noch völlig verwirrt da, als Josie wieder nach vorn kam, die Blumen sah, die Karte las und zu strahlen anfing. Sie sagte, das würde er immer zu ihr sagen, das mit den Atomen, weil er Wissenschaftler wäre und das für lustig halten würde, und sie würde das so schön finden. Poetisch. Ich nickte nur, ich konnte kaum noch denken. Ich wünschte ihr alles Gute zum Geburtstag und flüchtete. Auf dem Heimweg wünschte ich mir, ich hätte sie gefragt, wie er mit Nachnamen hieß oder wie er aussah; ich zermarterte mir den Kopf, versuchte mich zu erinnern, ob er jemals eine Josie erwähnt hatte oder ob die Zeiten, in denen er auf Dienstreise gewesen war, mit den Tagen übereinstimmten, an denen sie während ihrer Arbeit ihm Café nicht geweint hatte, aber Sie wissen schon, selbst wenn, hätte ich das nicht mehr zusammengebracht. Ich glaube, selbst zu diesem Zeitpunkt war ich noch nicht auf die Idee gekommen, dass ihr Baby von Jamie sein könnte – soweit ich wusste, war er unfruchtbar. Das hatte er mir erzählt, als wir uns kennenlernten, wahrscheinlich um mein Vertrauen zu gewinnen und es so aussehen zu lassen, als hätten wir etwas gemeinsam.«

»Was passierte, als Sie nach Hause kamen?«, fragt Nova.

»Ich verbrachte den ganzen Tag auf dem Sofa oder ging im Haus auf und ab. Ich brachte nichts zustande, ich konnte mich auf nichts konzentrieren. Stunde um Stunde zermarterte ich mir den Kopf über diese Karte und versuchte mich zu überzeugen, dass ich mich verlesen hatte, dass das unmöglich seine Handschrift sein konnte oder vielleicht die Floristin die Karte geschrieben hatte und sie eine ähnliche Handschrift hatte wie Jamie. Vielleicht hatte die Floristin Jamies Spruch über die Atome kopiert, weil Josies Freund nicht in der Lage war, sich selbst etwas auszudenken. Ich überlegte mir, ob der Spruch mit den Atomen vielleicht gar nicht von Jamie stammte, sondern aus einem Film oder Gedicht, und dass durch einen Riesenzufall Josies Freund denselben Film gesehen und den Spruch genauso romantisch gefunden hatte und dass er ihn darum auf eine Karte zu einem Blumenstrauß für seine

Freundin geschrieben hatte. Bis ich meine Tochter vom Kindergarten abholen ging, war ich wie im Wahn, ich drehte mich die ganze Zeit im Kreis. Wir nahmen an diesem Tag den langen Weg durch den Wald nach Hause, denn im Wald komme ich immer zur Ruhe, wenn ich mich aufrege oder ärgere, und Ameera liebt den Weg. Sie findet jedes Mal einen Tannenzapfen oder einen Stein, den sie mit nach Hause nimmt. Also gingen wir durch den Wald heim, und zu Hause machte ich ihr Tee, und dann spielten wir ein bisschen. Bis Jamie nach Hause kam, hatte ich mich wieder beruhigt. Er kam breit lächelnd zu uns ins Wohnzimmer und küsste uns wie immer: *Wie geht's meinen beiden liebsten Mädchen?* Sie können es sich vorstellen. Erst zog er eine Rose hinter dem Rücken hervor und überreichte sie Ameera, sie freute sich unglaublich darüber, und wir machten ein großes Trara darum, Wasser in eine Vase zu füllen und sie auf den Kamin zu stellen. Dann kam er mit einem Strauß für mich zurück – exakt dem gleichen Strauß, den er mir immer kaufte. Dem gleichen Strauß, den er auch Josie geschickt hatte. Und ich schaute auf die Karte, und es war dieselbe Handschrift, seine Handschrift, ganz eindeutig, mit diesem dummen Spruch über Atome, und mit seiner Unterschrift dazu.«

Nova atmet tief aus. »O Mann.«

»O Mann«, wiederholt Sadia. »Ich spürte nur noch eine Wahnsinnswut, so als hätte sie sich über Jahre hinweg aufgestaut, in all den Augenblicken, in denen er nicht ans Telefon gegangen und nicht heimgekommen war, in den vielen Wochen, in denen er auf Dienstreise gewesen war, bei all den Gelegenheiten, bei denen ich mich belügen ließ und nicht den Mut gehabt hatte, ihn zur Rede zu stellen. Und dabei hatte ich damals erst an der Oberfläche gekratzt. Ich brauchte Wochen, um das ganze Ausmaß zu erfassen. Wie abgeschnitten ich von meiner Familie war, ich hatte keine Freunde, keinen Job, gar nichts. Alles, was wir hatten, lief auf seinen Namen. Ich selbst hatte gar nichts.«

»Das ist ja schrecklich«, sagt Nova und presst die Lippen zusammen. Manchmal bekommen Frauen mildernde Umstände zugesprochen, wenn sie ihren Mann nach langem häuslichem Missbrauch umbringen, aber manchmal glauben die Geschworenen nicht, dass sie überhaupt misshandelt wurden, sondern halten das für eine Ausrede. Sie weiß nicht mal, wie die Geschworenen Jamie Spellman einschätzen würden. Vielleicht würde er die Jury sogar im Tod mit seinem Charme betören. »Hat er Sie daran gehindert, Ihre Familie oder Freunde zu sehen?«

Sadia stößt ein fast heiteres Schnauben aus. »Nicht direkt, dafür war er zu clever. Er hätte nie ausgesprochen, dass ich meine Eltern nicht besuchen oder das oder dies oder jenes nicht tun dürfte – aber mir war immer klar, dass er danach wieder in einer seiner finsteren Launen versinken würde. Dann sprach er tagelang nicht mit mir, auch wenn ich rechtzeitig von meinem Ausflug zurück war und sein Abendessen auf dem Tisch stand, wenn er abends von der Arbeit nach Hause kam, schwieg er manchmal eine ganze Woche lang. Er ging in den Pub, statt nach Hause zu kommen, und ließ sein Essen auf dem Tisch kalt werden, sodass ich es wegwerfen musste. An solchen Abenden ging auch ich hungrig zu Bett, denn mir war klar, dass ich keinesfalls essen durfte, bevor Jamie nach Hause kam. Schließlich bekam er schon schlechte Laune, wenn ich auch nur davon redete, dass ich meinem Bruder eine Geburtstagskarte schicken oder meine Mum anrufen könnte, und so versandete irgendwann jeder Kontakt. Ich habe seit sechs Jahren mit niemandem aus meiner Familie gesprochen. Sie wissen nicht mal, dass ich eine Tochter habe.«

»Tut mir leid, dass Sie so leben mussten.« Nova ist froh,

dass sie nie etwas Ähnliches ertragen musste. »Wie ging es an dem Tag weiter, an dem Sie von seiner Affäre erfuhren?«

»Ich brachte Ameera ins Bett. Sie beklagte sich zwar, weil sie viel früher schlafen gehen musste als sonst und es draußen noch hell war, aber schließlich schlief sie ein. Als ich wieder nach unten kam, hatte sich seine Laune schon verdüstert. Ab und zu bekam er einen ganz bestimmten Gesichtsausdruck, den ich zu fürchten gelernt hatte, weil er dann nicht mehr ansprechbar war; dann blieb mir nichts anderes übrig, als ihn in Ruhe zu lassen und das Beste zu hoffen. Doch an diesem Abend konnte ich das nicht.« Sie holt tief Luft und fährt sich mit der Hand übers Gesicht. »Ich warf die Blumen vor seinen Augen in den Müll. Das werde ich nie vergessen. Wenn ich diesen einen dummen Fehler nicht begangen hätte, dann wäre er vielleicht noch am Leben, dann wäre all das nicht passiert. Josie würde … ich weiß nicht.«

»Er nahm es nicht gut auf, dass Sie seine Blumen in den Müll warfen, nehme ich an.«

»Nein, natürlich nicht. Er fragte, was der Scheiß soll, und ich fragte ihn, ob er ein Mädchen namens Josie kennen würde. Er hatte nicht mal den Anstand, rot zu werden. Er sah mich an, als müsste er überlegen, dann schüttelte er den Kopf und fragte, was diese Josie mit seinen Blumen zu tun hätte. Ich erzählte ihm von der Karte an den Blumen im Café, und er lachte. Er wirkte so gelassen, dass ich ihm beinahe geglaubt hätte, als er mir erklärte, es müsste ein anderer Jamie mit einem ähnlichen Blumengeschmack sein. Er wäre bestimmt nicht so dumm, eine Siebzehnjährige zu schwängern«, schließt Sadia, reibt sich über die Augen und schnaubt. »Und das war's.«

»Was war's?« Nova hat das Gefühl, etwas verpasst zu haben.

Sadia holt lächelnd Luft. »Ich hatte ihm nicht erzählt, dass sie schwanger war.«

»Scheiße«, sagt Nova, gefesselt von Sadias Schilderung und inzwischen ohne jede berufliche Objektivität. Mindestens diesen Teil glaubt sie ihr. Er hatte eine Affäre, und sie hat es herausgefunden.

»Ich spiele die Szene jeden Tag in meinem Kopf ab. Nur diese eine Szene, in der Küche. Jede einzelne Bewegung steht mir übertrieben klar und deutlich vor Augen, während ich den Moment festzuhalten versuche, an dem ich hätte schweigen müssen, um alles aufzuhalten. Es gibt so viele dieser Momente, aber ich konnte nicht aufhören. Ich war zu wütend. Ich hätte mein schönes Leben behalten können, ich hätte ein weiteres Baby bekommen können, aber das habe ich nicht, ich provozierte ihn immer weiter, bis seine Sicherungen durchbrannten.«

»Was tat er dann?«

»Ich meinte, ich hätte kein Wort davon gesagt, dass sie schwanger sei, und er erklärte mir lachend, das hätte ich wohl, aber ich wusste genau, dass ich nichts dergleichen gesagt hatte. Ich war noch nie so zornig gewesen wie in diesem Moment, als er mir weismachen wollte, ich würde nicht mehr wissen, was real war und was nicht. Ich packte einen Teller und schmiss ihn auf den Fußboden, und dann noch einen und noch einen. Ich war wie besessen, aber er lachte immer weiter, bis ich ihn anschrie, dass ich ihn verlassen würde, dass er zu seiner kleinen Tussi ziehen könnte und Ameera und ich am nächsten Morgen weg wären. Da schlug er mich. Mit der Faust, direkt ins Gesicht, sodass ich rückwärts gegen die Wand prallte. Ehe ich begriff, was passiert war, lag ich schon auf dem Boden, und er trat mich in die Rippen, nur ein einziges Mal, aber so fest, dass ich keine Luft mehr bekam.« Sadia wischt mit der Hand über ihre nassen Wangen und trinkt einen Schluck Wasser.

»Lassen Sie sich Zeit, Mrs Spellman«, sagt Nova und ordnet die Papiere vor ihr zu einem Stapel. »Brauchen Sie eine Pause?«

Sadia schüttelt schniefend den Kopf. Dann spricht sie weiter, mit belegter Stimme, als hätte sie eine Erkältung. »Nein. Nein, ich möchte das lieber so schnell wie möglich hinter mich bringen. Falls *Sie* eine Pause brauchen …?«

»Es geht schon, danke«, sagt Nova. »Erzählen Sie einfach weiter, wenn Sie so weit sind, es hat keine Eile.«

»Ich bin so weit«, sagt Sadia, lockert ihre Schultern und fährt sich mit einer Hand durchs Haar.

»Sie haben sich also gestritten, und er hat Sie geschlagen. Hatte er Sie schon früher geschlagen?«

»Nein. Das war das erste Mal.«

»Okay. Und was tat er danach?«

Sadia braucht eine Sekunde, um wieder zu Atem zu kommen, und pustet dann die Luft zwischen den zusammengepressten Lippen durch. Sie sieht aus, als müsste sie gleich wieder weinen, aber das tut sie nicht.

»Er sagte … Er ging neben mir in die Hocke, packte mich an den Haaren und sagte, wenn ich ihm je wieder drohen würde, die Tochter wegzunehmen, würde er mich umbringen.«

»Wussten Sie zu diesem Zeitpunkt schon, dass …?«

»Dass sie seine leibliche Tochter war? Nein. Also sagte ich … ich sagte ihm, dass Ameera genauso gut meine Tochter sei wie seine, und da ließ er mich lachend los und schenkte sich ein Glas Whisky ein. Ich verkroch mich in eine Ecke, und er setzte sich an den Küchentisch, und dann sagte er … er sagte: ›Ist dir noch nie aufgefallen, dass sie meinen Mund hat?‹«

Nova nickt und wartet ab, bis Sadia weiterspricht.

»Dann ging er raus in den Garten, während ich auf dem Küchenboden sitzen blieb. Ich glaube, ich … ich weiß nicht …

ich stand unter Schock. So wütend hatte ich ihn noch nie erlebt, diesen Menschen kannte ich überhaupt nicht. Ich verstand es nicht. Wir waren zehn Jahre zusammen, aber so hatte ich ihn noch nie gesehen. An dem Abend gingen wir natürlich nicht aus, aber wir hatten auch die Babysitterin nicht abbestellt. Ich dachte gar nicht nach, als ich die Tür öffnen ging, um ihr zu sagen, dass wir sie doch nicht brauchten – und sie schrak sichtlich zusammen, als sie mich sah. Ich hatte keine Ahnung, wie ich aussah, bis ich später im Spiegel meine blau angelaufene Wange und die blutige Lippe sah.«

»Mussten Sie ins Krankenhaus?«

»Nein. Es waren keine schlimmen Verletzungen, nur Blutergüsse.«

»Sie haben also nicht die Polizei gerufen, nichts weiter unternommen?«, fragt Nova, obwohl sie die Antwort zu kennen meint, weil ihr keine entsprechende Akte untergekommen ist.

»Ich legte mich zu Ameera ins Bett und nahm sie in den Arm. Ich wusste nicht, was ich sonst tun sollte. Ich war schockiert, mehr als alles andere. Ich war immer noch völlig fassungslos über den Ausdruck in seinen Augen, als er mich geschlagen hatte. Sein Blick hatte mich noch mehr schockiert als der Schlag selbst, glaube ich.«

»Hat er sich entschuldigt?«

»O ja, am nächsten Morgen entschuldigte er sich unzählige Male, aber als ich mit ihm über Josie reden wollte, über das, was er über Ameeras Mund gesagt hatte, stritt er wieder alles ab. Er erklärte mir, ich würde Gespenster sehen. In den nächsten Wochen war das ein ständiger Kreislauf – wir stritten uns, er schlug mich, er entschuldigte sich und stritt dann ab, dass er mich je betrogen hätte, ganz zu schweigen davon, ein Kind gezeugt zu haben. Zwei Kinder. Er begann früher als sonst nach Hause zu kommen, tauchte unangekündigt mittags auf, rief ständig zu Hause an.«

»Er hatte Angst, Sie könnten ihn verlassen?«

Sadia nickte. »Ich hielt es nicht mehr aus. Irgendwann vertraute ich meinem eigenen Gedächtnis nicht mehr, weil er mir ständig irgendwelche Dinge erzählte, um sie später wieder abzustreiten, oder weil er irgendetwas tat und mir hinterher erklärte, ich hätte mir das nur eingebildet.«

»So was nennt man Gaslighting. Er wollte erreichen, dass Sie Ihrer eigenen Wahrnehmung nicht mehr trauen, damit Sie sich auf ihn verlassen müssen, um die Wahrheit zu erfahren – oder wenigstens seine Version.«

»Ich wusste nicht, dass es einen Begriff dafür gibt.«

»Es ist eine skrupellose Technik. Und so ging das bis wann?«

»Bis Silvester. Ich hielt es nicht mehr aus. In der Nacht davor hatten wir Ameera mit unserem Streit geweckt, und offenbar war sie die Stufen heruntergeschlichen. Sie stand unten an der Treppe und musste alles mitansehen, ich bemerkte sie erst, als ich auf dem Boden lag und sie in ihrem Pyjama am Fuß der Treppe stehen sah.«

»Gott, das ist ja furchtbar.«

»Er ließ nicht zu, dass ich sie danach ins Bett brachte, obwohl sie weinend nach mir rief, stattdessen erklärte er ihr, dass ich ihn zuerst geschlagen hätte und er sich nur gewehrt hätte. Dass alles meine Schuld sei. Ich hörte unten an der Treppe zu. Am nächsten Morgen war sie wütend auf mich, und als ich sie nach dem Grund fragte, sagte sie, ich hätte ihrem Daddy wehgetan. Und das war's. Ich wusste, dass wir fliehen mussten, und am nächsten Tag war Freitag, Silvester. Er hatte an meinem Auto die Reifen abmontiert, damit ich nirgendwohin fahren konnte, und es auf Ziegeln in der Garage aufgebockt. Da steht es immer noch.«

»Wohin wollten Sie fliehen?«

»Ich weiß es nicht. Vielleicht zu meinen Eltern nach Manchester. Er weiß nicht, wo sie wohnen. Er hat es immer so hingestellt, als wäre es keine gute Idee, wenn sie ihn kennenlernen würden, sie würden ihn bestimmt nicht akzeptieren, sie würden mich manipulieren, indem sie meine Entscheidungen infrage stellten. Inzwischen ist mir klar, was er da tat, aber damals war ich völlig in seinem Bann.«

»Haben Sie seit seinem Tod mit Ihren Eltern gesprochen?«

»Nein, noch nicht. Vielleicht tue ich es noch. Es fällt mir nicht leicht, nachdem inzwischen so viel Zeit vergangen ist.«

»Das kann ich verstehen. Also, was passierte an Silvester? Erzählen Sie der Reihe nach.«

»Er war in der Garage, wie gesagt. Ich nahm seit ein paar Monaten Diazepam gegen den Stress. Es macht einen benommen … richtig benommen, und so zerstampfte ich mehrere Tabletten, keine Ahnung, wie viele es waren. Ich hatte Angst, dass es nicht funktionieren würde, wenn ich zu wenig nahm, und dass er mich umbringen würde, weil ich zu türmen versuchte, darum zerkleinerte ich immer mehr Tabletten. Ich rührte sie in ein Glas Whisky, das ich ihm bringen sollte, und gab noch ein bisschen Honig dazu, um den Geschmack zu kaschieren. Es wäre nicht nötig gewesen. Er war kein Whiskygenießer, er kippte immer alles auf einen Zug weg, nur um zu beweisen, dass er ein richtiger Mann war. Ich erzählte ihm, dass ich mit Ameera im Wald spazieren gehen würde, und er stellte sicher, dass ich nichts bei mir hatte, womit ich irgendwohin verschwinden konnte.«

»Wie meinen Sie das? Was denn?«

»Geld, eine Bankkarte. Ein Handy. Oder auch nur meinen Hausschlüssel.«

»Ich verstehe«, sagt Nova und kritzelt die wichtigsten Punkte in ihr Notizbuch. *Diazepam, Whisky, Morddrohung, falls sie ihn zu verlassen versucht.*

»Ich hatte schon mit Ana abgesprochen, dass sie uns abholen sollte, ich wollte Ameera bei ihr lassen, dann noch mal nach Hause fahren und das Notwendigste zusammenpacken, solange er ausgeknockt war. Dann sollte sie uns am Bahnhof absetzen.«

»Aber dann lief etwas schief?«

»Wir fuhren zu ihr nach Hause, tranken Tee, und ausgerechnet da begann es zu schneien, darum mussten wir länger als gedacht warten. Bis die Straßen gestreut waren und Ana uns zurückbrachte, war Jamie schon nicht mehr da. Alles sah aus wie immer, nur er war weg, auch sein Geldbeutel, Schlüssel und Handy, aber ansonsten war alles da. Die Türen waren unverschlossen, und in der Küche lief immer noch das Radio. Sein Auto stand auch noch da.«

»Warum haben Sie ihn nicht vermisst gemeldet?«

Sadia schlingt die Arme um ihre Brust, und Nova fällt auf, dass Sadia zum ersten Mal während dieser Vernehmung ihre Antwort abzuwägen scheint. Ab hier wird ihre Geschichte mit etwas nicht ganz Wahrem verwebt. Nova nimmt sich vor, Ana Cortêz zu befragen, bevor Sadia mit ihr sprechen kann, und dann die beiden Geschichten zu vergleichen, auch wenn die beiden seit Silvester reichlich Zeit hatten, sich abzusprechen.

»Er hatte mir schon früher erklärt, dass er mit Ameera verschwinden und ich sie nie wiedersehen würde, falls ich zur Polizei ginge, nachdem er mich geschlagen hatte. Manchmal sagte er auch, er würde mich umbringen, wenn ich ihn anzeigen würde. Selbst vom Gefängnis aus würde er jemanden anheuern können. Ich könnte mich nie wieder sicher fühlen. Ich hatte Angst, die Polizei zu rufen, ich dachte, vielleicht bekommt er das irgendwie mit.«

»Wie lange waren Sie weg, nachdem Sie Ihrem Mann das Diazepam gegeben hatten?«

»Ich weiß es nicht mehr«, sagt Sadia und fummelt dabei an

ihren Ärmeln herum. »Ein paar Stunden. Wahrscheinlich erst so gegen Mitternacht.«

»Und Sie schliefen in dieser Nacht zu Hause?«

»Ja.«

Nova zieht eine Braue hoch. »Und Sie hatten keine Angst, in Ihrem Haus zu schlafen, obwohl Ihnen klar sein musste, dass der Mann, den Sie unter Drogen gesetzt hatten und der gedroht hatte, Sie umzubringen, sich möglicherweise irgendwo versteckt hatte, vor Wut kochend, weil Sie ihn reingelegt hatten?«

»Also …«

»Denn ich hätte in dieser Nacht bestimmt nicht zu Hause geschlafen.«

33

MAUREEN
12. JANUAR 2000

Maureen sitzt in ihrem Sessel am Schlafzimmerfenster und sieht zu, wie John seinen Koffer vom Schrank herunterzieht. Am Handgriff hängt noch die Gepäckbanderole von ihrer Reise auf die Kanaren im Oktober, und sie muss daran denken, wie unbelastet dieser Urlaub gewesen war, wie sie tagelang über Märkte mit leckerem Essen und gefälschten Designerwaren spaziert waren und abends auf ihrem Hotelbalkon Karten gespielt hatten. Einmal nahmen sie an einer Exkursion teil, bei der ihr Bus durch ein Meer von Magmagestein bis zum Gipfel eines aktiven Vulkans bergauf kroch. Dort oben gab es ein Restaurant, mitten im Nichts, wo sie ein Grillhähnchen aßen, das über der Lavaglut gegrillt worden war. Ein Mann goss Wasser in eigens gebohrte Löcher, und Maureen schrie erschrocken auf, als wenige Sekunden später das durch die Erdwärme zum Kochen gebrachte Wasser in die Höhe schoss. John lachte sie aus. Damals war der Urlaub nichts Besonderes für sie, nicht zu vergleichen mit ihren Flitterwochen in Indien, aber jetzt sehnt sie sich dorthin zurück und träumt davon, im Sonnenuntergang an einem Kiesstrand Sangria zu trinken und keine drängenderen Sorgen zu haben als ein paar Mückenstiche.

John zieht den Reißverschluss des Koffers auf und wirft ein paar von Maureens Badeanzügen in den Wäschekorb. Stattdessen schmeißt er Hemden und Hosen achtlos hinein, so lieblos, dass Maureen ihm die Aufgabe am liebsten abgenommen hätte. Sie legt seine Kleidung schon so lange zusammen, dass sie selbst jetzt, wo er sie verlässt, beinahe aufsteht, um ihm zur Hand zu gehen. Doch sie bleibt reglos sitzen, betäubt, dass er wahrhaftig ihre Ehe aufgibt. Sie fragt sich, ob sie ohne ihn überhaupt noch funktionieren kann. Als er seine Socken in den Koffer wirft, spürt sie einen Stich – Eifersucht, Zorn, Trauer, sie kann das Gefühl nicht einordnen.

»Keine andere Frau wird deinen Haufen schwarzer Socken durchwühlen, um sicherzustellen, dass die Paare richtig zusammenpassen.«

»Was?«, fragt er verdattert, ein Paar Socken in der Hand.

»Deine Socken.«

»Was redest du da? Die sind alle gleich.«

»Das sind sie nicht.« Sie steht auf, geht durchs Zimmer und nimmt zwei Paar hoch. »Sieh her. Die sind unterschiedlich. Der Stoff ist anders.«

»Ach ja?«

»Du hast mal gesagt, du würdest es hassen, verschiedene Socken zu tragen, weil sie sich an den Füßen unterschiedlich anfühlen würden, darum gehe ich sie jedes Mal durch und sortiere sie genau nach Paaren«, erklärt Maureen ihm zittrig. John bleibt der Mund offen stehen, dann zuckt er perplex mit den Schultern. »Und ich fürchte, dass das keine andere Frau für dich tun wird.«

»Ich will keine andere Frau«, sagt John und wirft weiter Sachen in seinen Koffer.

»Aber mich willst du auch nicht mehr.«

»Ich kenne dich einfach nicht mehr. Ich dachte, ich würde dich kennen. Offenbar tue ich es nicht.«

»Du kennst mich, John. Ich bin dieselbe wie immer«, sagt Maureen. Sie merkt, wie sie wieder hysterisch wird, und sie weiß, dass John dann nicht mit ihr spricht. Sie hat das Gefühl, dass ihr alles entgleitet, denn er stellt sich taub, wenn sie ihm zu erklären versucht, warum sie ihm nie von Jamie erzählt hat.

»Nein, Maureen, tue ich nicht. Kein bisschen.«

»Was willst du denn wissen?«

»Nichts. Du hast mich angelogen.«

»Ich habe nie gelogen, ich habe dir nur nicht alles erzählt.«

John knallt den Koffer zu. »Du hast gesagt – als wir uns damals kennenlernten –, da hast auf die Tränendrüsen gedrückt und mir erzählt, dass du immer Mutter werden wolltest und nie eine Chance dazu hattest. Und ich fand dich bezaubernd und dachte, also gut, eigene Kinder kann ich ihr keine mehr schenken, aber sie kann ein Teil meiner Familie sein. Das war eine verdammte Lüge.«

»Nein – er ist nicht – er war nicht mein Sohn.«

»Doch, das war er. Du warst seine Mutter, Maureen, du warst alles, was er hatte, und du hast ihn gehasst. Du hattest die Möglichkeit, ihm eine Mutter zu sein, und du hast sie weggeworfen. Kein Wunder, dass nichts Gutes aus ihm geworden ist.«

»Es würde dir den Magen umdrehen, wenn du wüsstest, was er alles getan hat. Er war ein Monster.«

»Und wer hat dieses Monster erschaffen?«, fragt John.

Maureen sagt nichts mehr, und John geht, ohne sich auch nur zu verabschieden. Sie hört, wie er nach dem Hund pfeift, dann schlägt die Tür, und sie hört ihn wegfahren. Lange rührt sie sich nicht, bis es dunkel um sie herum ist. Sie ist wieder allein. Sie war fast ihr ganzes Leben allein, auf die eine oder andere Art, aber so schrecklich hat es sich noch nie angefühlt.

Noch im Tod macht Jamie alles kaputt.

34

MAUREEN
MÄRZ 1965

Eine Handvoll Schneeflocken fiel vom Himmel und bestreute den gefurchten Acker zwischen dem Farmhaus und ihrer Hütte, wie um die Sünden des vergangenen Tages zu überdecken. Die Farmersfrau tauchte das blutdurchtränkte Laken in eine Schüssel mit warmem Wasser, drückte aufblühende rote Mohnblüten aus dem Stoff und wischte dann damit über kalte Haut. Der Farmer trank vor dem Haus Whisky aus der Flasche und wechselte sich dabei mit dem jungen Arzt ab, der sein Bestes gegeben hatte. Dunkle Fingerabdrücke befleckten das Glas. Atemwolken schwebten vor ihren Mündern wie eine Beichte. Sterne tupften den tintenschwarzen Himmel, der Mond hing knapp über dem Horizont. Die beiden schauten den zwei Gestalten nach, die den ausgefahrenen Feldweg entlangwanderten, aufeinander gestützt, bis sich die Tür der Hütte hinter ihnen schloss.

»Setz dich hierher, Liebes.« Dana, die Farmerstochter, setzte Maureen in einen der beiden abgewetzten Sessel und bückte sich, um das Feuer anzumachen. »Ich mache ihm ein Fläschchen Trockenmilch.«

Maureen saß stocksteif in ihrem Sessel und drückte das winzige Stoffbündel an ihre Brust, aber das Baby sah sie nicht an, selbst als es zu schnuffeln und zu weinen begann. Ihre Gedanken waren ausschließlich bei ihrer Schwester, deren Leichnam in einem Bett im Farmhaus erkaltete und auf den Bestatter wartete. Das Rumoren in der Küche, wo das junge Mädchen Wasser heiß machte, verschwamm im Hintergrund, während Maureen benommen in die aufsteigenden Flammenzungen starrte, bis das Kind vom Pfeifen des Kessels endgültig wach wurde und sie mit seinem Geschrei aus ihrer Lähmung riss. Als die Farmerstochter mit der Milch kam, reichte Maureen ihr das Baby und ging nach nebenan, um sich ein Bad einzulassen. Sie schälte sich aus ihrem blutfleckigen Kleid und lag dann in der Kupferwanne, bis das Wasser kalt geworden war. Als sie wieder ins Zimmer zurückkam, mit nassen Haaren im Gesicht und ohne sich irgendwie sauberer zu fühlen, hatte Dana aus dem Koffer, der unter dem Bett verstaut lag, und ein paar Wolldecken eine improvisierte Wiege gemacht. Der Kleine schlief.

»Die Trockenmilch reicht dir bis morgen«, sagte Dana. »Zum Glück hatten wir die noch. Wir brauchen sie für die Lämmer, wenn ihre Mütter … Also, jedenfalls hat er einen gesunden Appetit. Mein Dad fährt morgen früh los und holt noch mehr. Kommst du zurecht? Soll ich hierbleiben?«

Maureen schüttelte den Kopf. Dana ging, und Maureen lag bibbernd auf Alice' Bettseite, bis ihr Körper die Laken angewärmt hatte. Das Kind schlief währenddessen in dem Koffer auf dem Boden, und sie sah zu, wie die Flammen über sein winziges Gesicht flackerten. Noch war unmöglich festzustellen, ob er Alice ähnlich sah. Maureen fragte sich, was wohl passieren würde, wenn sie den Koffer zuklappen und in einen Fluss werfen würde, um den Jungen wieder mit seiner Mutter zu vereinen, nachdem er sie bei seiner Geburt ermordet hatte. Sie fiel in einen klammen, zittrigen Schlaf, aus dem sie viel zu früh von einem kleinen Lungenpaar gerissen wurde.

Sechs Jahre später hatte Maureen gelernt, beim Aufstehen nicht auf die knarrende Diele zu treten, um den Jungen nicht zu wecken. Sie lebte für diese Stunde vor der Morgendämmerung, in der sie mit einem Kaffee auf der Türschwelle zwischen Küche und Garten saß und lauschte, wie die nächtliche

Stille von den ersten zwitschernden Zaunkönigen durchbrochen wurde.

Jeden Tag sammelte sie in einer alten Keksdose, die neben der Tür stand, die nach dem Essen übrig gebliebenen Speckschwarten und Brotkrümel, legte sie dann morgens für die Vögel aus und schaute zu, wie sie sich bei Sonnenaufgang darum versammelten und alles aufpickten. Im Lauf der Jahre hatte sich eine besonders freche Krähe dazugesellt, die regelmäßig auftauchte, sich manchmal sogar neben Maureen auf der Türschwelle niederließ, ihre Futtergaben wegpickte und sich das Gefieder streicheln ließ. Gelegentlich fand Maureen glitzernde Geschenke auf dem Küchenfensterbrett. Sie hatte immer angenommen, dass Jamie sie gesammelt hatte, bis sie eines Nachmittags beobachtete, wie die Krähe dort eine Spiegelscherbe ablegte. Sie bewahrte diese Dankesbekundungen in einer Seitentasche in dem alten Koffer unter dem Bett auf, zusammen mit anderen Kleinigkeiten, die sie über die Jahre gesammelt hatte: gepressten Blumen, einem Taschentuch, das ihrer Großmutter gehört hatte, und Alice' letzter, halb gegessener Schokoladentafel, die sorgfältig verwahrt in einem kleinen silbernen Zigarettenetui mit ihren Initialen lag. Die Krähe war ein Geheimnis, das sie mit niemandem teilte.

Eines Morgens strich Maureen mit einem Finger über den seidigen Krähenscheitel, als sie in ihrem Rücken das Kind hörte.

»Kann ich die streicheln?«, fragte Jamie. Maureen und die Krähe erschraken, die Krähe plusterte ihr Gefieder auf und flog davon. James schob die Unterlippe vor und setzte sich neben Maureen auf die Türschwelle, die Zehen gegen die Kälte eingerollt und in einer zu kurzen Pyjamahose. Er lehnte sich gähnend an sie und rieb sich den Schlaf aus den Augen.

»Geh wieder ins Bett, James«, sagte sie, ohne ihn anzusehen. »Es ist noch zu früh für dich.«

»Aber ich bin schon wach«, sagte er und kuschelte sich unter ihren Arm, damit sie ihn an sich drückte. Sie rieb eine Sekunde seinen Arm und stand dann auf.

»Na, wenn du schon wach bist, dann mache ich dir Frühstück«, sagte sie, ging ins Haus zurück und ließ das Kind allein auf der Schwelle sitzen. Als alle Vögel weggeflogen waren, kam der Junge herein und setzte sich an den Küchentisch, während sie einen Topf mit Wasser füllte, um Eier zu kochen.

»Ist es heute?«, fragte er.

»Ja, es ist heute«, sagte Maureen. »Zieh dich an, wenn wir gefrühstückt haben, gehen wir.«

Von der Hütte zur Kapelle waren es zwei Meilen. Sie folgten einem schmalen Pfad, der sich zwischen den Schafweiden durch und an einem silbrigen, schnellen Bach entlangschlängelte, der nach dem nächtlichen Regen angeschwollen war. Sie kamen nur langsam voran, weil James darauf bestand, mit jedem Schaf und Pferd zu reden, das in der Nähe des Zauns stand. Maureen hatte nach dem Whisky vom Vorabend einen ziemlichen Schädel und war es schon bald leid, auf James zu warten, der alle paar Schritte stehen bleiben wollte. Sie packte das Kind am Handgelenk, marschierte los und zerrte ihn dabei hinter sich her, dass er aufheulte.

»Du tust mir weh!«, rief James und wand sich in ihrem Griff, bis er sich befreit hatte und ihr ein paar Schritte vorausrennen konnte. Er rieb sich übertrieben den Arm, während er weiterging, und drehte sich regelmäßig mit leicht zusammengekniffenen Augen zu Maureen um, bis er über einen Stein stolperte und vornüber in den Schlamm fiel.

»Pass doch auf, wo du hintrittst«, sagte Maureen und zog ihn am Oberarm auf die Füße, ohne dabei wesentlich langsamer zu werden.

Der Grabstein stand versteckt in einer abgelegenen Ecke des Friedhofs. Die Kirchengemeinde war klein und hatte wenig Geld, darum war der Friedhof mehr oder weniger überwuchert. Gelegentlich brachte Maureen eine Schere mit, um das hohe Gras vor dem Grabstein zurückzuschneiden. Nachdem sie das gröbste Unkraut beseitigt hatte, durfte James die Blumen davor ablegen, und dann standen sie ein paar Minuten schweigend da. Maureen sprach ein Gebet.

»Möchtest du auch etwas sagen, James?«, fragte sie.

Das Kind zog die Schultern hoch und knetete die Hände. »Hallo, Mum.«

»Ist das alles?«

»Ja.«

»Dann warte da drüben«, sagte Maureen und deutete auf eine Holzbank ein paar Schritte weiter, mit Blick auf Alice' Grab. James trottete davon, und Maureen ging in die Hocke, wobei sie sich mit einer Hand am Grabstein einhielt. Sie schniefte und biss sich auf die Wange, um nicht zu weinen, nur um es dann doch zu tun.

Maureen kauerte lange am Grab und stand erst auf, als ihre Waden so taub waren, dass sie fast vornüberkippte. Sie ordnete die Blumen neu, die James hingelegt hatte, schnäuzte sich und setzte sich neben dem Jungen auf die Bank. Er sackte gähnend gegen Maureen. Der Morgen war zu warm für die Jahreszeit, und außer ihnen war niemand auf dem Friedhof. Ein paar verfrühte Insekten summten um den Löwenzahn, und ein paar Felder weiter blökte eine Herde Hochlandrinder. Selbst der Junge war ausnahmsweise still und ruhig, obwohl er nicht schlief, und Maureen genoss die heitere Ruhe.

Die Sonne strahlte auf ihre geschlossenen Lider, und beinahe wäre sie eingeschlummert, eingelullt durch die warme Brise, bis Jamie niesen musste und seine Nase an ihrer Schulter abwischte. Er wickelte einen losen Faden aus ihrer Strickjacke um sein Zeigefingergelenk und zupfte mit der anderen Hand an einem Schorf auf seinem Knie.

»Hör auf damit«, sagte Maureen und zog ihre Strickjacke weg, wodurch sich der Faden um seinen Fingerknöchel zuzog.

»Autsch!«

»Dann mach eben keine Faxen«, fuhr sie ihn an, wickelte den Faden von seinem Finger und wandte das Gesicht ab.

»Du bist gemein«, sagte James, hüpfte von der Bank und setzte sich im Schneidersitz auf das Grab, den Rücken Maureen zugedreht. Sie konnte ihn leise reden hören, und es war ihr unangenehm, dass er direkt über Alice' kalten Knochen saß, aber gleichzeitig war sie erleichtert, dass er ihr nicht mehr so nah war. Nach ein paar Minuten kam er zurück und setzte sich wieder neben sie.

»Ich hab dich verpetzt.« Er hatte die Brauen hochgezogen und das Kinn vorgereckt. »Ich hab Mum alles über dich erzählt.«

»Ach ja? Was denn?«

»Dass du mir wehtust und so gemein zu mir bist.«

»Ich verstehe.«

»Mum sagt, du musst nett zu mir sein, sonst kommt sie spuken.«

»Sie kommt spuken?«

»Genau. Dana sagt, wenn Menschen sterben, werden sie manchmal zu Gespenstern, und dann spuken sie, und wenn du böse zu mir bist, kommt meine Mum zu dir und spukt.«

»Deine Mutter ist kein Gespenst, sie ist im Himmel.«

»Also, mir hat sie was anderes gesagt, mir hat sie gesagt, sie ist ein Gespenst und kommt spuken.«

»Und woher weißt du, was sie gesagt hat? Du bist ihr nie begegnet, du dummer Junge.« Heiße Scham brachte ihre Wangen zum Glühen, sobald sie das letzte Wort ausgesprochen hatte. James schob wieder die Unterlippe vor. Maureen empfand kaum je so etwas wie Mutterinstinkt, aber nun beugte sie sich zur Seite und nahm ihn in den Arm. Es war eine ungewohnte Geste, und tatsächlich versteifte er sich unter ihrer Berührung, darum ließ sie ihn gleich wieder los. Das Kind wischte sich über die Augen.

»Und sagst du es jetzt zu mir?«

»Was denn?«

»Sag es schon«, verlangte James und verschränkte die kleinen Arme.

»Ich weiß nicht, was du meinst«, sagte Maureen, obwohl sie es genau wusste. Sie brachte es nie über sich, den Tag zu einem Festtag zu machen.

»Du sollst mir alles Gute zum Geburtstag wünschen!«

Als Maureen am nächsten Morgen aufwachte, war James schon wach. Er saß mit einem Glas Wasser und einem Butterbrot am Küchentisch. Er lächelte, während sie ihren Kaffee machte und die Tür öffnete, um ihn auf der Türschwelle zu trinken. Sie öffnete die Dose mit den Krümeln, stellte aber fest, dass sie leer war. James hatte die Vögel gefüttert, und nun waren sie weggeflogen. Sie drehte sich zu ihm um, sah ihn in sein Wasser schmunzeln, und setzte sich trotzdem auf die Schwelle.

Es war ein trüber Morgen mit leichtem Nieselregen, und Maureen zog die Füße an, damit sie unter dem kleinen Vordach blieben. Erst nach ein paar Minuten bemerkte sie den zerzausten schwarzen Körper, der leblos am Fuß der Stufen lag.

35

NOVA
12. JANUAR 2000

Gary Jeffries steht hinter der Rezeption des Towneley Arms und wienert die furnierte Theke. Er lächelt, als er Nova sieht.

»Officer … Stephens?«, fragt er und streckt ihr die Hand hin.

»Detective Inspector Stokoe«, sagt sie und schüttelt seine Hand. »Wie geht es Ihnen inzwischen?«

»Ach ja, Verzeihung. Detective. Natürlich«, sagt Gary und stemmt die Hände in die Hüften. »Viel besser, danke. Hab immer noch Albträume, aber … vergessen Sie's. Was kann ich für Sie tun?«

»Ich such den Chef. Ich hätte noch ein paar Fragen.«

»Harry ist in der Bar«, sagt Gary und deutet auf den Bogendurchgang zum Speisesaal. »Einfach durch die Tür auf der anderen Seite und an der Küche vorbei.«

»Danke.«

Der Raum ist verraucht, in der Bar sind nur zwei Gäste, die beide am Ende der Theke sitzen und mit dem Besitzer und seiner Frau Karten spielen. Seine Frau bemerkt Nova zuerst und stupst ihren Mann an, der sie über seine Brille hinweg ansieht. Er nickt Nova kurz zu und spielt dann seine nächste Karte aus, woraufhin die beiden Gäste stöhnend ihr Blatt hinwerfen.

»Detective«, begrüßt Harry sie und winkt sie mit einer Kopfbewegung näher. Seine Frau zündet sich eine Zigarette an und lehnt sich an den Barschrank.

»Gibt es etwas Neues?«, fragt sie Nova.

»Wir haben im Zimmer ein paar Fingerabdrücke gefunden«, sagt Nova und zieht ein zusammengefaltetes Papier aus ihrer Tasche. »Es gab kaum welche – sieht so aus, als hätte derjenige, der den Kopf dort aufgestellt hat, alles sauber gemacht, aber ein paar haben wir doch sichern können. Die meisten stimmten mit den Proben überein, die Sie und Ihre Angestellten abgegeben haben, aber wir haben auch die von jemand anderem gefunden. Ich muss nur wissen, ob diese Frau vielleicht hier arbeitet oder ob Sie sie wiedererkennen.«

»Lassen Sie mal gucken, Süße«, sagt der Mann und beugt sich vor. Nova faltet das Blatt auf. Es zeigt ein Foto von Sarah, und der Mann und seine Frau sehen sich kurz an. Beide schmunzeln. Einer der Gäste beugt sich über die Theke und wirft einen Blick auf das Bild, ehe Nova es wegziehen kann.

»Ah, das ist doch sexy Sarah«, sagt er und leert sein Bierglas. Die Zigarette im Mundwinkel, zapft ihm die Wirtin das nächste Bier, ohne dass er gefragt hätte. »Die schlimmste Barkeeperin, die mir je untergekommen ist. Auch die hübscheste, aber miserabel gelaunt. Miserabel.«

»Sie hat hier gearbeitet?«

»Ja, eine Zeit lang, vor ein paar Jahren«, bestätigt die Wirtin.

»Vor ein paar Jahren? Es gibt also keinen Grund, warum ihre Fingerabdrücke noch dort oben sein sollten?«

Harry zieht die Schultern hoch. »Wir haben oben schon ewig nicht mehr gründlich sauber gemacht, vielleicht seit zehn Jahren nicht mehr, wir nutzen den Raum bloß als Lager für irgendwelchen Krempel. Sie hat da oben viel Zeit verbracht, als sie bei uns war. Keine Ahnung, ob das ein Grund ist, sagen Sie's mir.«

»Sie haben sie in letzter Zeit nicht gesehen?«

»Nein, nein. Ich hab sie gefeuert, und seither war sie nicht mehr hier.«

»Ich verstehe.«

»Ach ja«, sagt der Gast, der bisher schweigend dabeisaß, als hätte er eben erst begriffen, über wen sie sprechen. »Sie hat doch ständig diesen Typen gevögelt, während sie eigentlich arbeiten sollte, stimmt's, Harry?«

Die Wirtin reißt die Augen auf, aber der Mann ist nicht zu bremsen.

»Den ohne Kopf?«

Nova fährt herum, doch der Mann sieht sie nur lächelnd und mit leicht verschwommenem Blick an.

»Richtig, und genau in dem Zimmer, wo sie ihn gefunden haben, hab ich recht? Klingt für mich nach einer verschmähten Geliebten, wie?«, lacht der erste Gast.

Nova sieht den Geschäftsführer fragend an. Sein Gesicht verrät nichts.

»Jamie Spellman war Gast bei Ihnen?«, fragt sie.

»Aye, schon. Ja, vor Jahren war er öfter da, aber ich hab ihn ewig nicht mehr gesehen. Nicht mehr, seit wir Sarah gefeuert haben«, antwortet der Wirt. Er setzt die Brille ab und reibt sich übers Gesicht. »Jedenfalls nicht, bis er wieder aufgetaucht ist.«

»Und als Sie ihn gefunden haben, kam Ihnen nicht in den Sinn, uns zu erzählen, dass Sie ihn kannten?«

Der Wirt wirft Nova einen vielsagenden Blick zu, der seine Haltung zum Thema *an die Polizei verpfeifen* klarmacht. »Wie gesagt, es ist schon lang her, er war nie wirklich Stammgast, und ganz ehrlich, Süße, ich hab den Kopf nicht so lang angeschaut, dass ich ihn erkannt hätte.«

»Und es ist Ihnen seither nicht in den Sinn gekommen, sich bei uns zu melden?«

Der Mann zuckt mit den Achseln, und die Frau taucht die Spitze ihrer Zigarette in eines der Abtropfbecken, wo sie zischend erlischt.

»Hören Sie, Liebes, das alles hat nix mit uns zu tun«, erklärt sie Nova in fettestem Yorkshire-Akzent. »Wir hatten kein' Schimmer, was da oben abläuft, das hätt' jeder sein können. Wir hatten an dem Abend eine große Silvesterfeier. Falls sie das war, hat keiner sie gesehen. Reden Sie am besten mit ihr selbst, Liebes.«

Nova nickt ärgerlich. »Wir sprechen uns noch.«

Sie marschiert aus der Bar, hebt kurz die Hand, als sie an Gary vorbeigeht, und steigt in ihr Auto. Die Sonne ist schon untergegangen, dabei ist es kaum fünf Uhr. Es kann kein Zufall sein, dass Jamies Kopf dort aufgetaucht ist, wo er mit Sarah eine Affäre hatte. Mittlerweile ist für Nova sonnenklar, dass Sarah in den Fall verwickelt ist. Sie weiß, dass Kaysha darin verwickelt ist, selbst wenn sie nur Sarah schützen will, und Nova hat den Verdacht, dass auch Sadia die Hand im Spiel hatte; ihr will nur nicht in den Kopf, wie alles zusammenpassen soll. Sie muss an Josie denken, die vor einigen Tagen im Revier erschien und Gewissensqualen wegen eines Mordes hatte, für den sie mit Sicherheit nichts konnte, die aber gleichzeitig mit Sicherheit mehr wusste, als sie preisgeben wollte. Irgendwie passt alles zusammen, aber die Verbindungen sind komplex. Nova versucht, die verschiedenen Hinweise zu einem Bild zu ordnen, aber es sind so viele Frauen, so viele bewegliche Teile, und jedes Mal, wenn sie der Lösung näherzukommen meint, taucht ein neuer Aspekt auf, der alles umwirft. Sie will den Fall unbedingt lösen, sie hat das Gefühl, kurz vor einem Durchbruch zu stehen.

Nova ruft in der Zentrale an und lässt sich Sarahs Adresse geben, kritzelt sie auf die Rückseite einer Quittung und startet den Wagen. Sie weiß ungefähr, wo sie hinfahren muss, zieht aber sicherheitshalber den Straßenatlas unter dem Sitz hervor.

Sarah wohnt nahe bei einer der kleinen Bergarbeitersiedlungen außerhalb der Stadt, etwa eine halbe Stunde vom Zentrum entfernt, aber der Verkehr ist die Hölle. Die Tyne Bridge ist geschlossen, wahrscheinlich wegen eines Unfalls, deshalb muss Nova einen Umweg nehmen und sich durch den dichten Verkehr quälen, bis sie Newcastle hinter sich lässt. Die Straßen werden leerer, als sie die Vororte passiert und dann in den Grüngürtel kommt, wo sich links und rechts der Straße Felder hinziehen und ab und zu ein Dorf auftaucht. Sie merkt, dass sie zu schnell fährt, sie hat das Gefühl, endlich in ihrem Fall weiterzukommen, in ihr bauen sich Spannung und eine morbide Vorfreude auf, denn sie hofft, dass Sarah ihr einige Antworten liefern kann, dass sie endlich herausfindet, warum diese drei Frauen, die alle in enger Verbindung zu demselben Mann und demselben Kind stehen, einen Mord begehen könnten.

Nova kommt in das Dorf und hält nach einem alten Gutshaus Ausschau, kann aber keines entdecken. Sie biegt immer wieder falsch ab und landet irgendwann auf einem Feldweg, der sie auf eine Straße zurückführt, die sie zwanzig Minuten zuvor entlanggefahren ist. Schließlich lässt sie sich in einem Eckladen den Weg zu dem Gutshaus beschreiben, an dem sie offenbar zweimal vorbeigefahren ist, weil es so von Efeu überwuchert ist, dass es zwischen den Bäumen kaum zu sehen ist.

Das Eisentor am Ende der Zufahrt steht offen, und gleich dahinter steht ein winziges Torhäuschen mit zersplitterten Fenstern, aus denen Zweige und Blätter wachsen. Der Garten vor dem Haus ist völlig überwuchert, und so sieht Nova das Gebäude erst von Nahem aus der Dunkelheit aufragen. Die Haustür steht offen, und im ersten Augenblick fragt sich Nova, ob sie eine veraltete Adresse bekommen hat, denn es sieht definitiv nicht so aus, als würde hier noch jemand wohnen.

Sie klopft mehrmals an, aber niemand antwortet, darum tritt sie ein.

»Sarah?«, ruft sie in die Dunkelheit. Das Haus erscheint ihr wie ein endloser Tunnel von Gängen und Zimmern, die in immer neue Zimmer führen, und Nova weiß, dass Sarah, oder auch jeder andere, sich hier leicht vor ihr verstecken könnte. In der Küche weist einiges darauf hin, dass kürzlich jemand hier war – ein Topf mit einem Rest Suppe auf dem Herd, ein noch weicher Laib Brot. Der Wasserhahn tropft alle paar Sekunden, und das Echo hallt im Raum wider. Nachdem Nova ein paar Türen ausprobiert hat, entdeckt sie endlich ein Zimmer, das bewohnt wirkt. Leere Weinflaschen und Chipstüten liegen verstreut auf dem Boden. Ein Sessel steht dicht vor einem laufenden, aber stumm gestellten Fernseher. Nova sieht sich im Zimmer nach einem Hinweis darauf um, wo Sarah stecken könnte, sieht aber nur Staub und einen überquellenden Aschenbecher und sonst nichts Auffälliges. Bevor sie geht, greift sie aus purer Gewohnheit nach der Fernbedienung auf dem Sessel, um den Fernseher auszuschalten, stockt aber, als sie begreift, was sie da sieht. Die *Six o'Clock News* zeigen Aufnahmen von der Tyne Bridge, die zu beiden Seiten von Polizeiautos abgesperrt wird, so wie schon vor einer Stunde, als Nova dort vorbeikam. Jemand steht auf der falschen Seite des Geländers, das Gesicht dem Fluss zugewandt, das lange, schwarze Haar vom Wind zerzaust. Polizisten versuchen die Frau zu beruhigen, deren Gesicht zwar verpixelt wird, als die Kamera darauf zoomt, aber die Jacke und das Halstattoo erkennt Nova auf den ersten Blick.

Sie rennt aus dem Haus und zu ihrem Auto, wühlt im Kofferraum nach dem Einsatzlicht und rast kurz darauf vom Grundstück, durch die dunklen Dörfer und Vororte in die Stadt zurück, mit rasendem Puls und blinkendem Blaulicht. Sie muss es zu Sarah schaffen. Mehr weiß sie nicht, sie kann kaum einen anderen Gedanken fassen, sie weiß nur, dass sie es rechtzeitig zu ihr schaffen muss. Falls Sarah Jamie umgebracht hat, hatte er den Tod vielleicht wirklich verdient. Nova ist sicher, dass hinter ihrer Beziehung mehr steckt als nur eine Affäre; irgendetwas hat so tiefe Wunden in Sarah hinterlassen, dass sie allmählich den Kampf gegen ihre Erinnerungen verliert. Vielleicht, denkt Nova – und bei dem Gedanken wird ihr fast übel –, hat Sarah von ihrer Affäre mit Kaysha erfahren. Vielleicht ist sie am Boden zerstört und will allem ein Ende machen, weil sie der einzige Mensch hintergangen hat, dem sie noch vertrauen konnte.

Nova steigt so energisch auf die Bremse, dass die Reifen quietschen und sie nach vorn geschleudert wird. Sie lässt den Wagen so nahe der Brücke wie möglich stehen und sprintet die sonst so belebte Straße entlang, zwischen Streifenwagen und Polizisten hindurch, die sie aufzuhalten versuchen. In kürzester Zeit ist sie außer Atem, und die Beine tun ihr weh, trotzdem läuft sie weiter und rennt durch die eisige Luft auf den beleuchteten Brückenbogen zu. Sie kann Sarah sehen, sie kann die weißen Hände sehen, die sich ums Sicherheitsgeländer krallen, und den so kleinen, zerbrechlichen Körper vor den massiven Eisenbögen. Tief unter ihr brodelt der vom Regen angeschwollene Fluss, und Nova rennt immer weiter.

»Sarah!«, ruft sie und könnte schwören, dass Sarah sich ihr zudreht, dass sie ihr eine Sekunde in die Augen sieht, bevor sie sich fallen lässt. Sie scheint in der Luft zu schweben, während Nova hin zu jener Stelle rennt, wo Sarah gerade noch stand, so als gäbe es noch eine Chance, sie zu retten. Doch bis Nova dort ankommt, ist sie schon weg, der Fluss hat sie verschluckt und trägt sie davon, als wäre sie nichts.

36

SARAH
1995

Sarah trat auf den leeren Parkplatz. Vor ihr erstreckte sich eine Gewerbezeile, die links und rechts in einer Sackgasse mit ordentlichen Vorstadthäuschen endete. Zwei junge Männer in weißen Hemden und knöchellangen schwarzen Schürzen räumten klappernd Stühle und Tische auf die Terrasse der Trattoria direkt unter Sarahs Wohnung. Sie riefen und pfiffen ihr zu, während sie auf die beiden zustöckelte, hörten aber damit auf, als sie vielsagend zu ihrem Küchenfenster hochsah. Es strahlte hell im abendlichen Dämmerlicht.

»Alles klar?«, fragte einer der jungen Männer, als sie sich unter der Markise und außerhalb der Sichtweite des Fensters auf einen Stuhl fallen ließ. Beide waren noch keine zwanzig und arbeiteten seit ein paar Monaten mit Sarah im Restaurant. Wenn Jamie nicht da war, kamen sie oft nach der Abendschicht mit nach oben und tranken Wein, den sie aus der Restaurantküche mitgehen ließen. Beide, Adam und Stevie, wohnten noch bei ihren Eltern, und Sarahs Wohnung war für sie ein sicherer Hafen. Es war ihr egal, ob die beiden Händchen hielten.

»Schon, und bei dir? Kannst du mir ein Wasser bringen?«

»Hol dir doch selbst eins, faule Kuh«, sagte Adam und verdrehte die Augen. Trotzdem ging er ins Restaurant und brachte ihr ein Glas.

»Schlau von dir, dass du heute nicht gearbeitet hast. Seit der Sache mit der Frau gestern Abend ist Luigi auf dem Kriegspfad«, sagte Stevie und nickte dann zu Sarahs Fenster hin. »Ich hab gedacht, du bist ihn endlich los?«

»Hab ich auch gedacht«, sagte Sarah. »Hat sich die Frau beschwert, oder was?«

»Tun sie gerne, wenn sie mit einem Glas Rotwein übergossen werden.«

»Blöde Kuh«, sagte Sarah und schlug die Beine übereinander. »Sie hat genau gewusst, dass es keine Absicht war.«

»Hat aber nicht geholfen, dass du dich bepisst hast vor Lachen«, meinte Stevie lachend.

»Es war ja auch lustig. Habt ihr was für mich?«

»Bist du sicher, dass das eine gute Idee ist?«, fragte Adam, der Fülligere. Er stemmte die Hände in die Hüften und nickte zu ihrem geschwollenen Bauch hin.

»Pfff, kümmer dich um deinen eigenen Kram«, sagte Sarah. »Ist immerhin rein pflanzlich. Das tut nichts.«

»Wenn du meinst.« Adam zuckte mit den Achseln, ließ den Blick kurz über den leeren Parkplatz wandern und schob ihr dann ein kleines rechteckiges Papiertütchen aus seiner Schürzentasche zu.

Sarah betrachtete es mit hochgezogenen Brauen. »Was ist das denn, kaufst du deinen Stoff jetzt am Kiosk?«, fragte sie, öffnete das Tütchen und blickte auf ein grünes, etwa kastaniengroßes Knäuel. Sie schnupperte daran.

»Ich nehm jetzt Papier. Ist nachhaltiger.«

»Was soll denn der Scheiß?«

»In zwanzig Jahren ersaufen wir in Plastiktüten. Wirst schon sehen«, sagte er. »Also hab ich ein paar Tüten aus dem Laden an der Ecke mitgehen lassen.«

Sarah lachte. »Bist 'n alter Hippie, Mann.«

Adam zwinkerte und deckte weiter die Tische.

»Und behältst du's?«, fragte Stevie, während er eine weiße Tischdecke über den Tisch neben ihrem breitete und dann eine Handvoll Besteck darauf fallen ließ.

Sarah zuckte mit den Achseln. »Nicht, wenn ich's verhindern kann. Wollt ihr ein Kind adoptieren? Hausgemacht, frisch aus dem Ofen.«

»Hab ein bisschen Schiss, dass es ein Dämon wird, bei diesem Arschloch von Dad«, sagte er.

»Aye, kann schon sein«, sagte Sarah. Sie zog eine verbeulte Tabaksdose aus der Innentasche ihrer Jacke und öffnete sie auf dem Tisch. »Hast 'n Filter?«, fragte sie, während sie eine Prise Tabak herauszupfte und auf einem Zigarettenpapier verteilte.

»Scheißt der Bär im Wald?« Er reichte ihr einen Filter aus einem Beutel, den er in seiner Schürzentasche trug.

»Danke dir«, sagte Sarah und platzierte den Filter hinter den Tabakstreifen. Sie drehte alles zu einem schlanken Zylinder und leckte den Klebestreifen an. Stevie streckte ihr ein Feuerzeug hin, sie beugte sich vor und inhalierte tief den ersten brennenden Zug. Stevie setzte sich neben sie und legte eine Hand auf ihre Schulter.

»Aber dir geht's okay?« Er nahm ihr den Spliff ab, zog einmal und reichte sie zurück. Sarah schmunzelte. »Oder spielt er das Arschloch?«

»Er ist immer ein Arschloch.«

»Du könntest was Besseres kriegen, weißt du?« Adam setzte sich auf ihre andere Seite und stemmte das Kinn auf die Faust.

»Klar«, sagte sie, klemmte den Spliff zwischen ihre Lippen und stand auf. »Und jetzt an die Arbeit, ihr faulen Säcke. Ich bin weg.«

»Faule Säcke? Sagst ausgerechnet du?«

»Ausgerechnet ich«, sagte Sarah und zeigte ihnen den Finger, bevor sie in der schmalen Gasse zwischen dem Restaurant und der Apotheke nebenan verschwand, dicht an der Wand, damit Jamie sie nicht rauchen sah. Rund um ihre Haustür standen aufgestapelte alte Stühle neben überquellenden Mülltonnen. Die Müllmänner streikten mal wieder, und der Gestank von drei Wochen alter Pasta, die vor sich hin gammelte, ließ Sarah würgen. Sie spuckte einen Mundvoll Galle aus und schnippte die halb gerauchte Kippe in eine der Tonnen. Dann zog sie ein Bodyspray und ein Päckchen Wrigley's aus ihrer Tasche, sprühte sich ein, bis sie wieder würgen musste, und stopfte die letzten Kaugummis in ihren Mund. Die nackte Glühbirne in der Nische zwischen Tür und Treppe war schon lange durchgebrannt, ohne dass sich irgendwer die Mühe gemacht hätte, sie auszuwechseln, sodass das Treppenhaus komplett im Dunkeln lag, aber Sarah kannte den Weg blind. Sie stieg zu ihrer Wohnung hoch und holte tief Luft, bevor sie die Tür öffnete.

Jamie hackte Tomaten mit dem großen Küchenmesser, das Sarah unten geklaut hatte. Trotz ihrer ständigen Beschwerden hatte Luigi das kaputte Schloss an der Haustür nicht repariert, darum hatte sie zum Selbstschutz das Messer aus seiner Küche mitgenommen. War nur fair. Das Fruchtfleisch der Tomaten floss über das Schneidebrett und tröpfelte auf die Kochplatte, auf der eine Pfanne mit zu viel Öl spritzte. Jamie sah nicht auf.

»Hi«, sagte Sarah von der Tür aus. »Ich wusste nicht, dass du kommst.«

»Hab ich dir doch gesagt«, sagte er und fegte die Tomaten mit der Messerkante in die Pfanne, bevor er Pilze zu schneiden begann. »Hast du das vergessen?«

»Muss wohl«, sagte Sarah. Sie war ziemlich sicher, dass er ihr *nichts* gesagt hatte, aber das war keinen Streit wert. »Ich hasse Pilze.«

Jamie warf achselzuckend ein paar in die Pfanne. »Ich nicht.«

»Was machst du da?«

»Du kannst die Pilze ja rauspicken.«

»Ich weiß, mach ich ja, ich frag ja nur.« Sie war zu müde für das hier; sie kannte dieses Spiel schon. Er war auf einen Streit aus und wusste, dass er einen anzetteln würde, wenn er ihr nur lang genug zusetzte. Sie wollte, dass er verschwand, und sie wollte, dass er blieb. Sie fühlte sich unwiderstehlich zu ihm hingezogen, auch wenn das inzwischen eher Besessenheit war als Liebe, so als würde sie um jeden Preis bohren wollen, bis sie auf den fröhlichen Menschen stieß, in den sie sich ein Jahr zuvor in der Hotelbar verliebt hatte. Doch dieser Mensch war inzwischen unerreichbar geworden. Manchmal sah sie etwas von ihm in einem Lächeln aufblitzen, oder wenn er beschwipst war, bevor sie wieder mal das Falsche sagte und er sich zurückverwandelte, das Lächeln zum Feixen wurde. Jeden einzelnen Tag überlegte Sarah, ob sie ihr Schloss auswechseln sollte, aber gleich darauf stellte sie sich ein Leben mit ihm zusammen vor, ein richtiges Leben, nicht diese merkwürdige Teilzeit-Koexistenz in ihrer winzigen Wohnung, wenn er sich kurzfristig von seiner Frau wegschleichen konnte. Sarah bekam jedes Mal Gewissensbisse, wenn sie an sie dachte – Sadia. So wie es sich anhörte, war sie eigentlich ganz in Ordnung, aber ziemlich beschränkt. Offenbar glaubte sie ihm alles, was er ihr auftischte.

»Krieg ich heute keinen Kuss?« Er säbelte eine Zwiebel in ungleichmäßige Stücke. Sarah hängte ihren Mantel auf, beugte sich zu ihm und presste eine Sekunde lang die Lippen auf seine, dann wich er zurück. »Ich habe dir doch gesagt, dass du mit Rauchen aufhören sollst.«

»Ich weiß«, sagte sie. »Aber das ist nicht so einfach.«

»Ich weiß, dass du dieses Kind nicht willst, aber ich dachte, du hättest wenigstens genug Respekt vor seinem Leben, um es nicht alle fünf Minuten zu vergiften.«

»Das ist doch kein Drama. Meine Mum hat auch geraucht, als sie mit mir schwanger war, und ich bin trotzdem gut geraten. Ich glaube, das ist alles nur New-Age-Scheiße.«

»Du findest, du bist gut geraten?« Er schnaubte.

Sarah atmete tief durch und trat sich die Stiefel von den Füßen. »Kann ich dir mit irgendwas helfen?«

»Nein.« Er nahm die Pfanne von der Platte, stellte sie in den Ofen und ließ sich aufs Sofa fallen. Sarah setzte sich neben ihn, achtete dabei darauf, ihn nicht zu berühren, und massierte ihre Füße. Sie waren angeschwollen und schmerzten.

»Es tut mir leid, okay?« Sie lehnte sich zurück. »Genau das hab ich damit gemeint, dass ich eine beschissene Mutter wäre. Ich bin zu egoistisch.«

»Du wärst schon okay, wenn du nur wollen würdest.«

»Ich will aber nicht. Ich wollte nie Kinder.«

»Ach ja, und wie oft haben wir das schon zu hören bekommen? Die arme kleine Sarah hat sich anbumsen lassen und will das Kind jetzt nicht mehr haben.«

»Also, *ich* hab mich nicht angebumst, oder?«, fauchte sie.

Er zuckte mit den Achseln. »Wer nicht schwanger werden will, sollte die Beine zusammenhalten, das weiß jede Oma.«

»Du bist genauso schuld wie ich«, sagte sie. »Immerhin hast *du* mittendrin den Gummi abgezogen und *vergessen, ihn rauszuziehen.*«

»Ich dachte, wir wollten ein Kind«, sagte er. »Wie dumm von mir.«

»Genau, wie blöd von dir, Jamie. Ich habe dir nie, niemals erzählt, dass ich ein Baby haben will. Und *selbst wenn* ich eins gewollt hätte, was ich nicht tue, warum sollte ich eins mit *dir* wollen? Schau dich um, Mann. Ich wohne praktisch in einem Lagerraum über einem Restaurant, und du bist verdammt noch mal mit einer anderen Frau verheiratet. So können wir kein Kind großziehen.«

»Wenn kümmert das schon? Wir lieben uns, das genügt doch.«

»Ganz und gar nicht. Allein mit Liebe kriegst du kein Balg satt.«

Jamie stand auf. »Ich glaube wirklich, du wärst eine gute Mutter, wenn du nicht gerade rumzickst.«

»Und selbst wenn ich eine wäre, selbst wenn ich ein Kind wollte, wo wärst du dann? Wie soll ich dem Kleinen erklären, dass sein Daddy nur vorbeischaut, wenn er mal von seiner Frau wegkann? Fick dich doch, Jamie.«

»Wenn du wollen würdest, dass wir es zusammen großziehen, würde ich sie für dich verlassen«, verkündete er knapp.

Sarah ließ stöhnend den Kopf nach hinten fallen. Das hatte sie schon Millionen Male gehört. Anfangs hatte sie ihm geglaubt, aber sie wusste schon lange, dass er seine geliebte Sadia niemals verlassen würde, Kind hin oder her.

»Weißt du, wie glücklich du dich schätzen kannst, Sarah? Dass du das verfluchte Privileg hast, ein Kind zu bekommen? Weißt du, wie gern sie ein Baby von mir hätte? Wie viele Nächte habe ich mit ihr zusammen durchwacht und ihre Hand gehalten, während sie geweint hat, weil sie sich sehnlichst ein Kind wünscht und keinen beschissenen Uterus hat, um es auszutragen? Werd erwachsen und sei dankbar für das, was du hast, Mann.«

»Ich weiß! Ich weiß, dass sie gern ein Kind hätte, das ist nicht meine verdammte Schuld, Jamie.« Sarah wischte Tränen von ihren Wangen. »Meinetwegen kann sie es haben. Wenn ich könnte, würde ihr sogar meine Gebärmutter mitgeben. Ich wünschte, ich könnte ihr einfach alles überlassen.«

Jamie sagte lange nichts, doch dann stand er auf, holte das Essen aus dem Ofen und schaufelte es auf zwei nicht zusammengehörende Teller. Er trug sie an den Tisch, verschwand dann im Bad und knallte die Tür hinter sich zu. Sarah weinte in ihre Hände und ließ kurz die Tränen laufen, bevor sie ihr Gesicht abwischte und ebenfalls aufstand, um Besteck aus einer Schublade zu holen. Sie legte es auf den Tisch, ordnete alles ein wenig an, holte eine Flasche Bier für Jamie aus dem

Kühlschrank und schenkte sich selbst ein Glas Wasser ein. Sie hätte auch gern ein Bier getrunken, aber das lohnte den Ärger nicht.

Eine Kerze warf ihr zittriges Licht über den Tisch, und an den Wänden ragten gespenstische Schatten auf. Den Tisch und die Stühle hatte Sarah vor einigen Monaten ganz allein die Treppe hochgewuchtet, aus dem Durchgang hinter dem Restaurant, wo der Geschäftsführer immer seinen Sperrmüll ablud. Sie hatte jedes Stück mit Sekundenkleber, Beharrlichkeit und akkurat zusammengefalteten Pappestücken restauriert. Danach hatte sie sich noch ein weinfleckiges Tischtuch und etwas verbogenes Besteck geholt. Als sie hier eingezogen war – sie war im Towneley Arms gefeuert worden und hatte diesen Job bei Luigi bekommen –, hatte Jamie jedes Mal gelacht, wenn sie beim Essen den Teller auf den Knien balancierte, darum hatte sie sich den Tisch geholt, obwohl in ihrer Einzimmerwohnung kaum Platz dafür war, und seither aßen sie immer am Tisch. Anfangs waren ihre gemeinsamen, über die Woche verstreuten Abendessen – immer, wenn er sich zu Hause loseisen konnte – von Lachen und mühsam unterdrückter Lust durchdrungen gewesen.

Jamie kam aus dem Bad zurück und setzte sich. »Gib mir mal das Salz«, befahl er, ohne von seinem Teller aufzusehen. Der Tisch war klein, und das Salz stand näher bei ihm als bei Sarah, trotzdem schob sie es ihm zu. Er ließ den Streuer stehen, und sie beschäftigte sich weiter damit, die Pilze aus ihrem Essen zu fischen und sie am Tellerrand aufzuhäufen. Er nahm einen großen Schluck Bier aus der Flasche und schob dann seufzend den Teller von sich weg. Den Kopf in den Nacken gelegt, starrte er an die Decke und verschränkte die Arme. Sarahs Brust wurde eng, und sie atmete vorsichtig aus, ehe sie etwas sagte.

»Was ist denn?«, fragte sie.

Jamie stand kopfschüttelnd auf, ohne Sarahs Blick zu erwidern, ging mit beiden Tellern zum Mülleimer und kippte das kaum angerührte Essen weg. Dann stellte er die Teller in die Spüle, drehte das Wasser auf und sah finster aus dem Fenster auf die Restaurantterrasse unten. »Was für eine Schande, wie?« Er sah sie über die Schulter an, mit hochgezogenen Brauen und großen grauen Augen.

Sarah starrte auf den Teppich und gab sich Mühe, nicht wieder zu weinen. Das würde alles nur noch schlimmer machen.

»Schau dir die beiden an«, fluchte er. »Wie sie da unten rumgockeln.«

»Fang nicht damit an.«

»Ach, ich vergaß, das sind ja deine *besten Freunde*«, meinte er mit einem hinterhältigen Lächeln. »Wie kann ich es nur wagen?«

»Wozu musst du auf sie losgehen? Sie haben dir einen Scheiß getan.«

»Ist das Kind etwa von einem von den beiden? Hast du deshalb solche Angst, Mutter zu werden? Weil du eine kleine Tucke zur Welt bringen könntest?«, fragte er. »Ich weiß, dass du auf den Rothaarigen stehst.«

»Ach, fick dich, Mann, er ist schwul! Das weißt du genau. Und der andere ist sein Freund.«

»Und trotzdem bist du scharf auf ihn«, sagte er.

Sarah lachte, der Zorn machte sie mutig und unvorsichtig. »Du bist eine lächerliche Entschuldigung für ein menschliches Wesen.«

»*Ich* bin hier lächerlich?«

»Ja, genau du«, sagte sie. »Verpiss dich. Ich bin heute nicht in der Stimmung für deine Scheiße.«

»Na schön.« Er zog die Schuhe an, griff nach seinem Mantel und knallte die Tür hinter sich zu. Sarah brach in Zornestränen aus und wünschte sich im selben Moment, er würde zurückkommen. Sie kämpfte den Drang nieder, ihm nachzulaufen, und drehte sich stattdessen einen Joint. Damit legte sie sich aufs Sofa und schaltete zur Ablenkung den Fernseher ein. Die Stimme eines Naturfilmers erfüllte den Raum. Sarah holte tief Luft und versuchte sich ins Gedächtnis zu rufen, was ihr Therapeut ihr erklärt hatte, als sie noch ein Teenager war. *Nicht eskalieren lassen.* Sie sah kein Licht am Ende des Tunnels, fühlte sich gefangen, mit einem Kind belastet, das sie unmöglich behalten konnte. Sie spürte, wie es sich in ihr bewegte, und ihr wurde übel.

Sie hatte abtreiben wollen. Sobald sie gemerkt hatte, dass sie schwanger war, hatte sie es loswerden wollen. Sarah hatte schon immer bei allem versagt. In ihrem ganzen Leben hatte sie nie etwas richtig hinbekommen, und ihre Eltern hatten immer dafür gesorgt, dass sie das auch wusste. Sie hatte nie genug Interesse an der Schule gezeigt, um ihre Prüfungen zu schaffen. Sie hatte keinen Job länger als ein paar Monate halten können. Sie hatte jede Beziehung beendet, sobald es ernst wurde, abgesehen von der mit Jamie. Der Satz *Ich liebe dich* hatte immer einen leichten Würgereiz in ihr ausgelöst, so fremd waren ihr die Worte, deshalb hatte sie jedes Mal Reißaus genommen, sobald sie ihn zu hören bekam.

Jamie war schon fast sechs Monate mit Sarah zusammen gewesen, als er ihr zum ersten Mal erklärt hatte, dass er sie liebte; aber er hatte von Anfang an dafür gesorgt, dass sie es spürte. Sie hatten sich kennengelernt, als sie an der Bar im Towneley Arms gearbeitet hatte, und innerhalb weniger Wochen hatte Sarah jede freie Sekunde während ihrer Schicht am Ende der Theke verbracht, wo Jamie Witze über die anderen Gäste, die Familie des Hotelbesitzers, seine Frau und sich selbst und manchmal auch über Sarah riss – allerdings folgte in letzterem Fall regelmäßig ein Lächeln und die Versicherung: *War nur Spaß*. Er gab ihr mehr Drinks aus, als sie während der Arbeit hätte trinken sollen, er sorgte dafür, dass sie jedes Mal betrunkener war als er, und sie war glücklich. Ab und zu brachte er ihr Blumen mit, die sie regelmäßig empört zurückwies, bis er ihr erklärte, dass er sie unterwegs in einem Mülleimer gefunden hätte oder dass dies ein Trauergesteck sei, weil sie ein so armes Würstchen sei, woraufhin sie die Augen verdrehte und die Blumen ins Wasser stellte und ihn als elender Schleimer bezeichnete. Er sagte dann jedes Mal, schon, aber du liebst mich, und irgendwann hatte er es so oft gesagt, dass sie ihm recht geben musste.

Sechs Wochen nachdem sie sich kennengelernt hatten, hatte James ohne Sarahs Wissen mit dem Geschäftsführer ausgemacht, dass sie das Wochenende zu ihrem Geburtstag freibekommen würde. Jamie holte sie ab, als sie zu ihrer Freitagabendschicht erschien, und fuhr mit ihr nach Schottland in eine Hütte mit Hot Tub und freiem Blick über ein Tal voller Ginster und Heidekraut. Erst war sie sauer, weil sie Überraschungen hasste und es nicht ausstehen konnte, wenn ihr jemand ungewollt Aufmerksamkeit schenkte, und weil noch nie jemand etwas so Nettes für sie getan hatte, weshalb sie nicht wusste, wie sie anders als mit Ärger darauf reagieren sollte. Jamie hatte den Kofferraum mit Weinflaschen und Chipstüten vollgepackt und Sarah zum ersten Mal geküsst, als sie mit Tränen in den Augen in der Hütte saß, und sein Kuss war so zärtlich gewesen, dass sie ganz vergessen hatte, wütend zu sein.

Als Sarah irgendwann aufgehört hatte zu weinen und sich in ihrer Trauer eingerichtet hatte, ging die Tür auf und Jamie stand wieder in ihrer Wohnung. In der einen Hand hielt er ein paar Plastiktüten, in der anderen einen Blumenstrauß. Sarah war wütend, weil ihr bei seinem Anblick ein Glücksschauer durch ihren Körper lief.

»Ich dachte, du hättest dich verpisst«, sagte sie und schaute wieder in den Fernseher.

»Charmant«, sagte er, schloss die Tür und stellte die Tüten auf der Küchenbank ab. »Ich war nur Milch holen.«

»Was redest du da?«

»Ich hab's dir doch gesagt, ich war nur Milch holen. Und dabei habe ich noch ein paar Sachen eingekauft.«

»Nein, warst du nicht, du bist nach Hause gefahren, weil ich dir gesagt hab, du sollst dich verpissen.«

Jamie setzte sich zu ihren Füßen auf das Sofa und legte eine Hand auf ihr Bein. »Nein, Sarah. Du bist durcheinander. Ich war nur Milch holen. Und ich habe uns unterwegs was Essbares geholt, weil dir mein Essen nicht geschmeckt hat.«

Sarah sah ihn stirnrunzelnd an. Er massierte ihr Bein und wirkte überhaupt nicht wütend. Aber sie wusste ganz genau, dass er wütend weggegangen war. »Bist du sicher?«

»Aber ja. Das ist nur diese – wie heißt das noch? Schwangerschaftsdemenz oder so. Du kriegst da dauernd was durcheinander«, sagte er und stand lächelnd auf. »Schau, was ich dir mitgebracht habe.«

»Okay.« Sarah richtete sich verwirrt auf. Er sah wirklich nicht so aus, als wäre er eine Stunde zuvor so wütend gewesen, dass er aus dem Raum gestürmt war. Vielleicht hatte sie ein anderes Mal im Kopf gehabt. Sie wusste es nicht mehr. Er zog zwei Flaschen Bier aus der Tüte. Eine reichte er ihr, die andere stellte er in den Kühlschrank.

»Alkoholfrei«, sagte er. »Ich weiß, dass du für ein Bier sterben könntest.«

»Danke«, sagte sie und stellte es auf dem Tisch ab.

»Und ich habe noch das hier und das hier und das hier«, sagte er mit alberner Piepsstimme, um sie zum Lachen zu bringen, und zog dabei Brot, Milch und Saft aus der Tüte. Sie lächelte.

»Danke.«

»Und dann kriegst du auch noch die hier.« Damit streckte er ihr den Nelkenstrauß hin und drückte ihr die Blumen ins Gesicht. »Riech mal.«

Sarah schob sie lachend zur Seite. »Ja, bezaubernd. Ich stelle sie gleich ins Wasser.«

»Nein, nein, lass mich das machen«, sagte er, füllte ein Bierglas mit Wasser und stellte den Strauß hinein, immer noch im Zellophan. Dann öffnete er die zweite Tüte und zog ein paar Pappbehälter mit chinesischem Essen heraus. »Und das habe ich auch noch mitgebracht.«

»O mein Gott, danke. Ich bin so hungrig.« Sie wollte schon aufstehen.

»Nein, nein, bleib, wo du bist.« Jamie strich ihr die Haare aus dem Gesicht und streichelte ihren Kopf. Er reichte ihr einen geöffneten Behälter und eine Gabel und setzte sich dann mit seinem Essen neben sie. »Wir können einfach hier essen, du brauchst nicht aufzustehen.«

Der Behälter war voller Sojasprossen. Seit Sarah schwanger war, lechzte sie nach Sojasprossen, es hatte was mit dem knackigen Biss zu tun, und der Anblick brachte sie beinahe zum Weinen. Er liebte sie eben doch, und zwar richtig.

»Du hast das Ding fürs Erste besänftigt«, sagte sie mit vollem Mund und tätschelte ihren Bauch.

Jamie verdrehte die Augen. »Sag nicht ›Ding‹ dazu, Mann. Da drin ist ein kleiner Mensch.«

»Schon gut. Sorry.«

»Weißt du, du glaubst zwar, dass du ihn nicht lieben wirst, aber warte nur ab, bis er auf der Welt ist. Warte nur ab, bis du ihn gesehen hast. Bis er auf der Welt ist und du die winzigen Finger und Zehen siehst, bis er zu schreien anfängt und du weißt, dass er dich braucht. Du wirst ihn bestimmt lieben, wenn er erst da ist, das verspreche ich dir.«

»Bestimmt nicht. In vier Wochen ist er endlich draußen, dann gehört mein Körper wieder mir«, sagte sie. »Das Ding – *der kleine Mensch* ist nicht mein Baby. Es gehört jemand anderem. Ich brüte es nur aus.«

»Und wessen Kind ist es dann, wenn es nicht deins ist?«

»Das weiß ich nicht. Ich werde mir wohl jemanden suchen müssen, der sich ein Baby wünscht und keins bekommen kann«, sagte sie und dachte dabei an Stevie und Adam.

»Was ist mit Sadia?«, fragte Jamie und strich dabei mit den Fingern über Sarahs Bauch.

»Was soll mit ihr sein?«

»Das sieht doch nach der naheliegenden Lösung aus«, sagte er.

»Du glaubst, sie würde es großziehen wollen?«, fragte Sarah viel zu schnell, viel zu eifrig, weil sie im selben Moment ein Gefühl tiefer Erleichterung erfüllte, gefolgt von einem eifersüchtigen Stich. Nicht wegen des Babys, dachte sie, sondern Jamies wegen.

»Ihn.«

»Ihn«, wiederholte Sarah und legte ihre Hand auf Jamies. »Entschuldige.«

»Da bin ich absolut sicher.«

37

SARAH
1996

Sarah saß gerade mit Stevie auf der Restaurantterrasse, als – zwei Wochen zu früh – ihre Fruchtblase platzte. Stevie hatte zwar schon drei Gläser Wein intus, trotzdem packte er Sarah in seinen verbeulten Fiesta und fuhr sie ins Krankenhaus auf der anderen Seite der Stadt. Gleich nach der Ankunft rief Sarah von einem Münzapparat aus Jamie bei der Arbeit an und eröffnete ihm, dass das Baby unterwegs war. Bis er eintraf, war das Kind bereits auf der Welt; nun lag es leise krähend in einer Krippe neben ihrem Bett. Winzig und perfekt, wie die Hebamme ihr mitgeteilt hatte, dennoch konnte Sarah ihre Tochter nicht ansehen. Sie hatte sie in ihren Händen gehalten, ihr Gewicht auf ihrem Bauch gespürt und das Ziehen, als der winzige Mund an ihrem Nippel gesogen hatte, aber die ganze Zeit über hatte Sarah eisern die Augen geschlossen gehalten.

Jamie wirkte kurz verärgert, als er ins Zimmer kam und das Baby sah.

»Ich hab's verpasst«, sagte er. »Ich dachte, ich würde es noch rechtzeitig schaffen.«

»Sorry.«

Er holte tief Luft, lächelte und beugte sich über Sarah, um dem Kind über die Wange zu streicheln. Er küsste Sarah, als würde er sie zum allerersten Mal küssen, als wäre es ihm wirklich ernst, und einen winzigen Moment dachte sie, *vielleicht könnte es funktionieren.* Vielleicht würde es wieder so werden wie am Anfang. Zum ersten Mal sah sie das Baby an, blickte in seine dunklen Augen und spürte ein so mächtiges

Ziehen, dass sie Angst hatte, in Ohnmacht zu fallen. *Vielleicht könnte es funktionieren,* dachte sie wieder.

»Sadia ist schon unterwegs«, sagte Jamie, ging auf die andere Bettseite und nahm Sarah das Kind aus den Armen. »Ich habe ihr erzählt, dass du bei uns im Labor arbeitest, vergiss das nicht. Nur als Putzfrau, also kling nicht allzu … du weißt schon. Clever.«

»Du musst ihr Köpfchen stützen.« Sarah streckte die Hand aus und legte das Baby behutsam in Jamies Armen zurecht. »Das hat mir die Schwester erklärt.«

»Es ist ein Mädchen?«

»Ja.«

»Ich habe ihr erzählt, du wüsstest nicht, wer der Vater ist.«

Sarah nickte stumm und biss sich auf die Wange.

Jamie sah sie an, und die Falten auf seiner Stirn wurden tiefer. »Du hast es dir doch nicht anders überlegt, oder?«

»Nein«, schniefte Sarah. »Das sind nur die Hormone.«

Jamie lächelte. »Das legt sich, wenn du sie siehst. Sadia. Sie ist nicht wie wir.«

»Wie meinst du das?«

»Ich meine, sie ist einfach … gut. Ein wirklich guter Mensch.«

»Wenn sie so gut ist, warum ist sie dann mit dir zusammen?«

Jamie sah stirnrunzelnd von dem Baby auf. »Warum sollte sie nicht mit mir zusammen sein?«

Jemand klopfte an die offene Tür. Im Türrahmen stand eine Frau mit einem breiten Lächeln auf dem hübschen Gesicht. Sie trug ein knöchellanges geblümtes Kleid und hatte das Haar zu einem Pferdeschwanz gebündelt. In einer Hand hielt sie einen Weidenkorb, in der anderen einen Blumenstrauß, und Sarah dachte, dass sie aussah wie frisch von der Titelseite eines teuren Frauenmagazins, in dem es hauptsächlich um

Haushalt und Mutterschaft geht. Sarah fragte sich, warum Jamie jemals mit *ihr* eine Affäre angefangen hatte, wo er so eine Frau an seiner Seite hatte. Wahrscheinlich hatte Fremdgehen überhaupt nichts mit dem Aussehen zu tun. Es ging nur um Macht.

»Hallo«, sagte Sadia leise und trat ins Zimmer.

»Schau mal, wen ich hier gefunden habe«, sagte Jamie, lächelte seine Frau an und nickte zu dem Baby hin.

»Hallo«, sagte Sadia noch mal. Sie legte eine Hand auf Jamies Schulter und sah eine Sekunde das Baby an, bevor sie sich an Sarah wandte. Sie nahm Sarahs Hand, beugte sich vor und gab ihr einen Kuss auf die Wange. Sie roch frisch gewaschen. »Wie geht es Ihnen? Ich bin Sadia. Sie sehen wirklich gut aus.«

Sarah lächelte, doch bevor sie etwas sagen konnte, sprach Sadia schon weiter.

»Wie ist es gelaufen, gab es keine Komplikationen? Fühlen Sie sich gut? Tut mir leid, dass ich nicht früher kommen konnte«, sagte sie und hielt dabei immer noch Sarahs Hand. Sarah war eigentlich jeder Körperkontakt zuwider, vor allem mit Fremden, aber sie war körperlich und emotional so erschöpft und diese Frau so warmherzig, dass sie die Berührung tröstlich fand.

»Ich glaube, es lief alles ganz gut«, sagte Sarah. »Es ist ein Mädchen. Zweitausenddreihundert Gramm, haben sie gesagt.«

»Ein Mädchen!«, sagte Sarah, drückte noch einmal Sarahs Hand und drehte sich dem Baby zu. Sie hob es exakt so aus Jamies Armen, wie die Hebamme es Sarah gezeigt hatte, mit einer Hand unter dem kleinen Kopf. Jamie schaute zu, wie Sadia das Baby sanft wiegte, und sah sie dabei so an, wie er Sarah nie angesehen hatte. Sadia küsste ihn.

»Jetzt sind wir eine Familie«, flüsterte sie unter Tränen. Jamie schloss seine Frau von hinten in die Arme und sah über ihre Schulter hinweg auf ihr gemeinsames Baby. Er küsste Sadia auf die Wange, und Sarah fühlte sich wie eine störende Dritte, die einen intimen Moment beobachtet.

Abends ging Jamie nach Hause, weil er am nächsten Tag arbeiten musste, während Sadia darauf bestand, bei Sarah und dem Baby zu bleiben. Jamie hatte Sarah einen warnenden Blick zugeworfen, als er aus dem Zimmer gegangen war, aber sie war nicht so dumm, Sadia irgendwas zu erzählen, was sie nicht erfahren sollte. Wozu auch? Sie wusste, dass Sadia die Richtige war, um dieses Kind zu erziehen, darum wollte Sarah sie auf keinen Fall vor den Kopf stoßen. Die Blumen und den Korb hatte Sadia für Sarah mitgebracht. Sadia hatte sie den Korb noch nicht öffnen lassen, aber ihr erklärt, dass er voller Dinge war, die gut für einen postpartalen Körper waren, nur ein paar Kleinigkeiten zum Verwöhnen, das Geringste, was sie tun konnte.

Immer wieder driftete Sarah weg, aber jedes Mal, wenn sie aufwachte, saß Sadia auf dem Besucherstuhl und las eine Zeitschrift oder stand über die Krippe gebeugt und schaute das Baby an. Als es gefüttert werden musste, fragte Sarah, ob Sadia ihm ein Fläschchen geben wollte, aber Sadia schüttelte den Kopf.

»Wenn Sie es stillen könnten, nur heute Abend – das tut der Kleinen so gut, wissen Sie? Ich wünschte, ich könnte sie stillen.« Sie sagte das so ernst, dass Sarah sich nicht weigern konnte. Als es draußen endlich zu dämmern begann, zog Sadia ihren Stuhl an Sarahs Seite.

»Sarah«, flüsterte sie und streichelte dem Baby über den Kopf. Es war auf Sarahs Brust eingeschlafen. »Sind Sie sicher, dass Sie das wollen?«

Sarah holte tief Luft und spürte das Gewicht des Babys auf ihrem Körper. Es gab kleine Laute von sich, bei denen Sarah das Herz eng wurde.

»Ich bin nicht ihre Mutter«, sagte Sarah. »Das sind Sie.«

Sadia drückte Sarahs Hand. »Ich hätte nie gedacht, dass ich das einmal hören würde, wissen Sie? Nicht, seit ich erfahren habe, dass ich selbst keine Kinder bekommen kann. Und als ich dann Jamie kennenlernte, als wir uns begegneten, wusste ich sofort, dass er der Richtige für mich ist, aber leider kann er auch keine … Sie wissen schon. Darum waren unsere Optionen sehr eingeschränkt. Aber jetzt haben wir Sie.«

»Er ist auch unfruchtbar?«, wiederholte Sarah stirnrunzelnd. Einen Moment war sie verwirrt und fragte sich, ob er das tatsächlich glaubte und deshalb immer beteuert hatte, dass sie keine Kondome bräuchten.

»Ach, hat er das gar nicht erwähnt? Ich bin sicher, dass es ihn nicht stört, wenn ich Ihnen das verrate.«

»Sind Sie sicher?«, brach es aus Sarah heraus.

»Wieso sollte er so was erfinden?« Sarah runzelte die Brauen und verschränkte die Arme.

»Entschuldigung, ich weiß nicht, warum ich das gesagt habe«, sagte Sarah errötend. »Die Hormone. Er scheint sie wirklich zu lieben.«

Sadia lächelte. »Das tut er.«

Am nächsten Tag kam er wieder, und Sarah und das Baby wurden aus dem Krankenhaus entlassen. Sadia gab Sarah einen Kuss auf die Wange und setzte sie mit dem Korb und den Blumen in ein Taxi, während sie und Jamie mit dem Baby in ihrem Auto nach Hause fuhren. Sarah fühlte sich, als wäre ein Teil ihres Körpers amputiert worden. Als der Fahrer fragte, wohin sie wollte, nannte sie ihm nicht die Adresse der Wohnung über dem Restaurant – die sie auch im Krankenhaus für die Nachsorge- und Hebammenbesuche angegeben hatte, die nie stattfinden sollten –, sondern ließ sich nach Heather Hall fahren. Der Taxifahrer wusste nicht, wo das lag, darum musste sie ihn aus der Stadt lotsen. Als sie vor dem Haus hielten, pfiff er leise durch die Zähne.

Sie war seit Jahren nicht mehr dort gewesen, aber das Haus sah genauso aus, wie sie es in Erinnerung hatte – kalt und leblos. Sie fand den Schlüssel, der immer noch unter der Klematis lag, und schloss die Tür auf. Fünf Jahre waren vergangen, seit ihre Eltern gestorben waren, ohne dass jemand eingebrochen wäre. Die Uhr ihres Vaters lag immer noch auf der Ablage neben der Tür, wo er sie regelmäßig vergessen hatte, und unter der Garderobe standen immer noch ordentlich aufgereiht und inzwischen durch Spinnweben verbunden mehrere Paar Schuhe. Davids Bild hing noch wie früher an der Wand, unübersehbar, wenn man ins Haus trat. Der Rahmen war irgendwann verkleinert worden, denn ursprünglich hatte sie auf dem Bild neben ihm gestanden. Doch nachdem sie durchgebrannt war, hatte man sie herausgeschnitten, sodass nur noch ihre Hand übrig geblieben war, deren Finger sich mit denen ihres Bruders verbanden.

Ihre Eltern waren reich und kalt und enttäuscht gewesen, dass sie kein Junge war. Genau wie Sarah selbst, als sie noch ein kleines Mädchen war. Sie wusste, dass die Macht im Haus bei den Männern lag. Ihr Bruder war groß und stark, er hatte wildes, volles goldenes Haar und ein lockeres Lächeln, dem kaum jemand widerstehen konnte. Er war ein guter Schüler und Sportler, und er war nett zu Sarah, auch wenn ihre Eltern es nicht waren, denn Sarah war nur in einem gut: sich in Schwierigkeiten zu bringen.

Mit sechzehn begann David sich zu beklagen, dass seine Knochen schmerzen würden. *Wachstumsschmerzen*, sagte der Arzt. *Sportverletzungen. Tiefe Blutergüsse im Gewebe.* Schließlich, und viel zu spät, stellte man fest, dass es Krebs war. Sechs Wochen nach der Diagnose war er tot. Danach rutschte Sarah endgültig ab. Sie und ihre Eltern entfremdeten sich noch mehr, und Sarah spürte deutlich, dass sie sich wünschten, es hätte Sarah getroffen und nicht ihren Bruder, auch wenn die beiden es nie offen aussprachen. Mit siebzehn packte sie ihre Sachen und zog aus, ohne dass jemand sie aufzuhalten versuchte. Sie sah ihre Eltern nie wieder.

Drei Jahre nach ihrem Auszug starben ihre beiden Eltern, als ihr Vater auf der Heimfahrt von einer Wohltätigkeitsveranstaltung betrunken mit dem Mercedes gegen eine Eiche krachte. Überraschenderweise hatten sie alles ihr hinterlassen – Geld, Haus, Autos. Bis zu diesem Tag hatte sie nichts davon angerührt, und auch jetzt rätselte sie, warum es sie an ihrem seelischen Tiefpunkt ausgerechnet an diesen Ort zurückzog. Vielleicht gehörten sie und das Haus, bevölkert von den Geistern der Vergangenheit, einfach zusammen.

38

KAYSHA
12. JANUAR 2000

Kaysha fährt mit dem Auto an die Küste, wie so oft in letzter Zeit. Sie öffnet die Tür zu Olives Haus, ohne vorher anzuklopfen, und entdeckt sie in der Küche, wo sie sich anscheinend immer aufhält. Heute Abend steht sie über die Spüle gebeugt und hält sich mit beiden Händen am Fensterbrett darüber fest. Ihr Kopf wendet sich kurz Kaysha zu, dann schaut sie wieder in den Garten.

»Wonach hältst du Ausschau?«, fragt Kaysha.

Olive braucht ein paar Sekunden, bevor sie antwortet. »Nach den Vögeln.«

»Die sind wahrscheinlich schon im Bett«, sagt Kaysha leise. Ihr kommt Olive ruhiger vor als sonst, und Kaysha will sie nicht aufregen. Sie stellt sich zu ihr und schaut ebenfalls in den Garten. Er ist klein und von hohen, moosbedeckten Mauern umgeben. Außerdem ist er sehr gepflegt, die Gartenmöbel sind über den Winter abgedeckt. In einem Baum hängt ein Vogelfutterspender, und an den Stamm ist ein altes Vogelhäuschen genagelt. »Ich wette, im Sommer ist es hier voller Vögel.«

»Sie kommen doch wieder, oder?«, fragt Olive und sieht Kaysha wieder an, und Kaysha hat schon wieder den Eindruck, dass sie kaum noch größer ist als ein Kind und in ihrem Nachthemd zu ertrinken scheint, als wäre sie geschrumpft. Sie wird von Tag zu Tag weniger, und Kaysha will nicht ausschließen, dass sie eines Tages komplett verschwunden ist und nichts als ihr Nachthemd zurückbleibt, über die Küchenbank gebreitet in diesem stillen, stillen Haus.

»Ganz bestimmt, ja«, sagt Kaysha und legt Olive die Hand auf die Schulter. Olive sieht auf ihre Finger, schüttelt sie aber nicht ab. »Was für Vögel sind es denn?«

»Spatzen. Dutzende. Sie verstecken sich in dem Gebüsch da drüben«, sagt Olive und deutet in die hintere Ecke des Gartens. »Die Nachbarn haben immer Katzen, mindestens drei, vier Stück, und einmal hat eine von ihnen vor meinen Augen einen Vogel gefangen und ihm einen Flügel ausgerissen. Ich bin schreiend rausgerannt, aber es war zu spät, die Katze ist mit dem Vogel über den Zaun verschwunden, nur der Flügel blieb zurück. Ich habe den Flügel unter den Rhododendren begraben.«

Kaysha hört mit halbem Ohr zu, halb verfolgt sie die Nachrichten in dem Fernseher hinter Olive. Ein Helikopter kreist über der abgesperrten Tyne Bridge, auf der alles voller Polizei ist. Es folgt eine Nahaufnahme von einem Polizeiboot auf dem Fluss, von einem Taucher, der sich bereit macht.

»Hörst du mir überhaupt zu?« Olive schwenkt eine Hand vor Kayshas Gesicht.

»Ja, Olive. Vögel, Katzen. Das ist schreck…«

»Ich war so wütend, dass ich den Nachbarn gesagt habe, ich würde ihre Katze erschießen, wenn sie noch einmal in meinen Garten kommt, und sie sagten, dann würden sie die Polizei rufen. Also habe ich mir stattdessen eine Wasserpistole besorgt. Eine von diesen großen, bei denen man pumpen muss und die richtig weit schießen. Und als die Katze das nächste Mal in den Garten kam und sich auf die Lauer legen wollte, habe ich mich von hinten angeschlichen und sie mit meiner Spritzpistole beschossen. Seither lässt sie es bleiben«, sagt Olive, fast ohne zu blinzeln.

Kayshas Handy vibriert in ihrer hinteren Hosentasche. Sie hofft, dass es Nova ist, sie kam ihr heute früh so kühl vor, darum setzt sie Olive auf einen Stuhl und verschwindet im

Wohnzimmer, um den Anruf entgegenzunehmen. Sie zieht das Handy aus der Tasche, es ist tatsächlich Nova.

»Hey«, sagt sie.

»Kay… kann ich dich sehen?«, fragt Nova. Sie klingt eigenartig, und Angst durchflutet Kayshas Körper. Nova weiß etwas. Vielleicht ist Sadia beim Verhör eingeknickt, vielleicht werden sie jetzt alle verhaftet.

»Was ist denn?«

»Ich muss dich sehen.«

»Ich kann jetzt nicht«, sagt Kaysha und blickt auf Olive, die durch die Tür zu ihr hersieht. »Was ist denn?«

»Fuck. Ich kann nicht – ich wollte dir das nicht übers Telefon sagen. Sitzt du?«, fragt Nova, und Kaysha lässt sich auf eines der Sofas fallen.

»Jetzt schon, warum?«

»Es geht um Sarah«, sagt Nova, und ihre Stimme erstirbt.

Nacktes Entsetzen durchpeitscht Kaysha, sie fragt sich, ob Sarah verhaftet wurde, ob Nova irgendwas herausgefunden hat, was Kaysha entgangen ist. Olive kommt ins Wohnzimmer und setzt sich direkt neben Kaysha, entschieden zu nahe. Kaysha deckt mit einer Hand das Handy ab.

»Einen Moment, Olive. Ich bin gleich fertig«, flüstert sie und setzt sich auf das andere Sofa, bevor sie sich wieder meldet. Sie gibt sich Mühe, energisch und abgeklärt zu klingen. »Was ist mit ihr? Hast du sie irgendwo betrunken aufgelesen?«

»Bist du mit jemandem zusammen?«

»Nein, das ist nur der Fernseher. Was ist denn los?«

»Sarah … ich habe gerade gesehen … sie ist – Sarah ist tot. Sie ist – sie ist von der Tyne Bridge gesprungen.«

Kaysha kann nicht begreifen, was Nova da sagt, und während Nova immer wieder fragt, ob sie okay ist, öffnet sich Kayshas Hand und lässt das Handy fallen. Als es auf dem

Holzboden aufschlägt, löst sich die Batterieabdeckung, und der Akku fällt heraus, und dann ist das Handy tot.

Als Kaysha endlich auf die Knie gegangen ist und das Handy wieder zusammengesetzt hat, ruft sie nicht Nova zurück. Stattdessen verschickt sie eine Nachricht mit Olives Adresse und der Aufforderung, so schnell wie möglich zu kommen und ohne Anklopfen einzutreten, es gebe einen Notfall. Dann wartet sie ab. Olive scheint die veränderte Atmosphäre zu spüren und verhält sich vorübergehend beinahe normal. Sie erzählt Kaysha, sie hätte ein Mädchen gekannt, das auch von einer Klippe gesprungen ist und sie ganz allein auf der Welt zurückließ, und das hätte sie ihr nie verziehen. Kaysha hat nicht die Kraft, irgendetwas zu sagen, sie kann Olive nicht entgegnen, dass man das verflucht noch mal überhaupt nicht vergleichen kann – weil Kim damals keineswegs gesprungen ist und Olive das genau weiß. Olive scheint in den Muttermodus zu schalten und beginnt Kaysha zu umsorgen, wischt ihr übers Gesicht und zieht ihr behutsam die Jeansjacke aus, hängt sie an die Garderobe und bringt ihr stattdessen eine wärmende Decke. Sie macht Kaysha eine Tasse Tee, drückt sie ihr in die Hand und massiert ihr dann den Rücken.

Josie erscheint als Erste.

»Oh, gut«, sagt sie, während sie ihre Wollmütze absetzt und sich umsieht. »Ich hatte schon Angst, es gäbe noch einen Kopf.«

»Dir ist niemand hierher gefolgt, oder?«, fragt Kaysha.

Josie schüttelt den Kopf. »Was gibt es denn für einen Notfall? Hat Sadia ihnen von uns erzählt?«

Nachdem Sadia am Morgen festgenommen worden war, durfte sie Ana anrufen, damit sie sich um Ameera kümmert, bis Sadia wieder entlassen wird. Ana hatte daraufhin Kaysha informiert, die allen anderen Bescheid sagte. Alle saßen den ganzen Tag über auf glühenden Kohlen, teils fragten sie sich, ob Sadia ihn *wirklich* umgebracht hatte, teils hatten sie nur Angst, dass sie alle zusammen vor Gericht landen könnten.

»Nein«, sagt Kaysha jetzt und gibt Josie ein Zeichen, sich zu setzen, was sie auch tut. »Nicht, soweit ich weiß. Es geht um Sarah ... Sarah ist ...«

»Tot«, beendet Olive den Satz für sie und lächelt dabei, als hätte sie etwas leicht Amüsantes verkündet.

Josie reagiert erschrocken auf Olives Einwurf und sieht Kaysha mit aufgerissenen Augen an. Kaysha nickt, lässt sich in die Polster sinken und kneift sich in die Nasenwurzel, weil sie auf keinen Fall die Fassung verlieren will, nicht jetzt schon. Jedes Mal, wenn sie die Augen schließt, sieht sie Sarah fallen.

Ana kommt als Nächste, Maureen eine Stunde danach, und Kaysha überlässt es Josie zu erklären, was vorgefallen ist. Kaysha gönnt sich ein paar Minuten allein im Garten, immer noch in ihre Decke gewickelt, um zur Ruhe zu kommen und sich für das bevorstehende Gespräch zu wappnen. Als sie wieder ins Haus tritt, sieht ihr niemand ins Gesicht, so als hätten die anderen über sie gesprochen und als würden sie ihre Trauer nicht aushalten.

»Glaubt ihr, sie hat's getan und sich deshalb ... also wegen der Schuldgefühle?«, fragt Ana niemanden im Besonderen.

»Nein«, sagt Kaysha. »Das kann ich mir nicht vorstellen. An Silvester bin ich, erst etwa eine Stunde bevor wir zusammengerufen wurden, von ihrem Haus zu meiner Mutter gefahren. Ich glaube, sie hätte gar keine Zeit dazu gehabt.«

»Aber sie wollte ihn umbringen«, speit Olive. »Immer wieder hat sie gesagt: *Er hat den Tod verdient, wir sollten ihn einfach kaltmachen und Schluss, damit würden wir der Welt einen Gefallen tun.* Mich hat das ganz krank gemacht.«

»Ja, Olive, wir wissen alle, wie sehr du Sarah hasst, aber das ist jetzt kaum angebracht, oder?«, fährt Josie sie an und überrascht damit alle. Olive kneift die Lippen zusammen und sagt nichts mehr. Minutenlang spricht keine ein Wort. Nur zwei Frauen fehlen in ihrer Gruppe, trotzdem erscheint sie ihnen viel kleiner als sonst, viel weniger mächtig, weniger durchsetzungsfähig.

»Das ist meine Schuld«, sagt Kaysha schließlich, vornübergebeugt und den Kopf in beide Hände gestützt. »Wenn ich nicht so verflucht scharf darauf gewesen wäre, mich zu rächen, wäre nichts davon passiert.«

»Sei nicht albern, Kleines«, sagt Maureen und denkt insgeheim, dass Kaysha recht haben könnte. Sie hat diese Gruppe ins Leben gerufen. Eine Frau nach der anderen hat sie geködert, hat erst ihr Leben ausgeforscht und schließlich eingegriffen, sie hat die sechs Frauen ausgewählt, denen Jamie am übelsten mitgespielt hatte und die ihn höchstwahrscheinlich ebenfalls bestraft sehen wollten. Viermal haben sie sich vor Silvester getroffen, immer in demselben Hotelzimmer, für das Sarah noch einen Schlüssel hatte und in das alle durch die nie abgeschlossene Hintertür und über die Hintertreppe kamen, die mit rostigen Putzeimern und alten Wischmopps vollgestellt war. Maureen musste sich immer extrem konzentrieren, keine Blechlawine auszulösen, wenn sie über das Gerümpel hinwegstieg. Nie begegneten sie dabei einem Angestellten, genau wie Sarah ihnen erklärt hatte, denn die Hintertreppe wurde genau wie der gesamte oberste Stock nur als Abstellplatz benutzt. Sarah hatte erzählt, sie hätte mal zwei Monate in dem Zimmer gewohnt, ohne dass es irgendwem aufgefallen wäre.

»Du konntest nicht wissen, dass so was passieren würde«, sagt Ana. »Das – das alles – ist allein Jamies Schuld.«

»Wirklich?« Kaysha starrt auf den Boden. Niemand antwortet.

»Was unternehmen wir wegen Sadia?«, fragt Josie, und alle schauen sie an. »Wir können nicht zulassen, dass sie allein die Schuld auf sich nimmt. Außer, wenn sie es tatsächlich getan hat, schätze ich, aber selbst dann müssen wir für sie einstehen und dem Gericht erklären, was für ein fieses Schwein er war. Dass sie nicht anders konnte.«

»Sie hat es nicht getan«, sagt Ana und erklärt den übrigen Frauen, wie die Drogen in seinen Drink gelangten, dass Sadia ihn verlassen wollte und dass sie zur Tatzeit mit Ana zusammen war.

»Hätte sie ihn vielleicht schon früher umbringen und dann zu dir fahren können, nachdem sie sauber gemacht hatte? Ist sie vielleicht durchgedreht und hat ihn umgebracht?«, fragt Josie. Selbst Olive lauscht jetzt gespannt, schaut die Rednerinnen eindringlich an, saugt alle Informationen auf.

»Ameera war den ganzen Tag bei ihr, also nein«, sagt Ana. »Und warum sollte sie den Kopf abtrennen, den Rest der Leiche in ihren Teich werfen und seinen Schädel ins Hotel mitbringen? Das ergibt keinen Sinn.«

»Warum sollte das *irgendwer* tun? Ich verstehe nicht, warum sein Kopf überhaupt ins Hotel gebracht wurde. Warum wurde er nicht im Wald vergraben? Jeden Tag zerbreche ich mir den Kopf darüber«, sagt Maureen. Sie holt ein Päckchen Zigaretten und ein Feuerzeug aus ihrer Tasche – ein altes Laster, das sie wieder aufgenommen hat.

»Ich weiß, warum«, sagt Josie. »Das ist so was wie eine Warnung, oder nicht? Ich dachte, das wäre allen klar.«

»Hast *du* etwa …?«

»Nein, natürlich nicht«, sagt Josie. »Gut, meine Hormone drehen gerade durch, aber ich glaube nicht, dass ich ihm den Kopf abhacken könnte. Nein, ich meine bloß, na ja … es ist wie damals, im Mittelalter oder so, als sie, keine Ahnung, die Leichen der Verbrecher in den Straßen aufgehängt oder ihren Kopf auf Pfähle gespießt haben. Daran erinnert mich das. Dass sie – wer auch immer das getan hat – allen zeigen wollte: *Das machen wir mit Vergewaltigern. Seid gewarnt!*«

»Das hätten wir an die Wand schreiben sollen, statt dieser Zeichnung«, haucht Maureen beeindruckt. *»Seid gewarnt, Vergewaltiger.«*

»Aber die Zeichnung hat funktioniert«, sagt Kaysha. »Und wenn wir ihn als Vergewaltiger bezeichnet hätten, hätte vielleicht jemand gedacht – hätte sich vielleicht jemand an mich erinnert und mich verdächtigt.«

»Hätte ich früher auch.« Ana sieht Kaysha an und senkt den Kopf. Inzwischen fühlt sie sich von ihrem früheren Selbst verfolgt, manchmal, tief in der Nacht, wenn es nichts anderes zu denken gibt, hört sie sich selbst reden, wie sie arrogant und selbstgerecht anderen erklärte: *Es ist so traurig, so, so traurig, dass sie solche Lügen verbreiten muss, nur um Aufmerksamkeit zu erregen. Ich glaube nicht, dass ihr wirklich klar ist, was das für Konsequenzen haben kann. Damit könnte sie Jamies Leben ruinieren. Es ist wirklich traurig, sie tut mir ehrlich leid.*

»Ja«, sagt Kaysha, die sich ebenfalls an Anas jüngeres Ich erinnert. Als sie die Frauen um sich versammelte, fiel es ihr besonders schwer, Ana anzusprechen. Sie war immer noch tief verletzt, immer noch wütend, dass Ana so viel Energie darauf verwandt hatte, sie an der Universität in Misskredit zu bringen. Kaysha brauchte lange, bis sie Ana als reifere Persönlichkeit sehen konnte, bis sie akzeptieren konnte, dass sie sich verändert hatte und erwachsener geworden war, so wie sie selbst, dass sie den Zeitaufwand wert war und ebenfalls tief von Jamie verletzt worden war. Trotzdem war es riskant gewesen, Ana in die Gruppe zu holen – damals war es ihr viel riskanter erschienen als bei Olive –, aber inzwischen ist Kaysha froh, dass sie dabei ist. Sie glaubt nicht, dass sie sich je anfreunden werden, aber sie weiß, dass Ana sich bemüht, sich zu bessern, und das muss genügen.

»Also«, räuspert sich Josie, »was *unternehmen* wir jetzt wegen Sadia?«

Olive umklammert ihre Knie. »Am besten behaupten wir, dass Sarah ihn umgebracht hat.«

Kaysha sieht sie wutentbrannt an. »Das ist widerlich.«

Olive zuckt mit den Achseln.

»Es könnte die vernünftigste Lösung sein«, meint Maureen schließlich, nachdem sie tief eingeatmet hat.

»Das ist respektlos«, sagt Josie. Sie fragt sich, ob sie zu einer zweiten Sarah geworden wäre, wenn Jamie nicht ermordet worden wäre und er ihr das Baby weggenommen hätte, ob sie sich dann auch so leer und benutzt gefühlt hätte. Sie fragt sich, ob sie es vielleicht trotzdem tun wird. Sie fragt sich, ob sie das Baby lieben wird oder ob sie dazu nicht in der Lage ist, weil sie immer noch das Gefühl hat, dass es eher Jamies Kind ist als ihres. Sie kann sich vorstellen, dass Sarah exakt das Gleiche empfunden hat, sie fragt sich, was für ein Mensch Sarah wohl war, bevor das mit Jamie und dem Baby passierte – sie sieht sie lachend und glücklich vor sich, nicht so zynisch, so verhärtet. Und sie hofft, obwohl sie sich selbst sagt, dass sie nicht an Gott glaubt, dass Sarah jetzt wieder wie früher ist, wo immer sie inzwischen auch sein mag.

»Nicht, weil ich unbedingt glaube, dass sie es getan hat«, fährt Maureen leise und ruhig fort, so wie sie während ihrer Zeit als Krankenschwester mit jemandem kurz vor einem Nervenzusammenbruch oder auf dem Sterbebett gesprochen hätte. »Ich meine nur – wir wissen nicht, wer es *tatsächlich* getan hat. Und glaube nicht, dass es Sadia verdient hat, im Gefängnis zu versauern.«

»Selbst wenn sie es war?«, fragt Kaysha.

Maureen rutscht auf ihrem Stuhl herum und sieht dabei das kleine Mädchen vor sich, das auf Jamies Beerdigung so ernst dabeistand. Ihr Vater ist tot. Ihre Mutter ist im Gefängnis. Jetzt ist auch ihre leibliche Mutter tot. Maureen ist ihre einzige lebende Verwandte, und falls Sadia in Haft bleibt, wird Maureen das Kind bei sich aufnehmen müssen. Natürlich wird sie das tun, wenn es nicht anders geht – sie würde sich um das Mädchen kümmern, wenn es andernfalls in Pflege gegeben würde. Aber Maureen ist klar, dass sie das nicht sollte, wenn es sich vermeiden lässt. Es ist verführerisch, Ameera als Chance zur Wiedergutmachung zu sehen, als Mittel, um John wieder nach Hause zu locken und mit ihm heile Familie zu spielen, aber sie weiß, dass das keine gute Idee ist. Falls Ameera sich ähnlich entwickelt wie Jamie, wird Maureen nie wissen, ob es an den Genen liegt oder doch an ihr. Bei Jamie hatte sie immer alles auf den Vater des Jungen geschoben – einen gesichtslosen Mann, dessen Namen Alice angeblich nicht kannte.

Erst als Jamie damals in ihren Armen gelegen hatte und Alice unter der Erde, hatte Maureen sich überlegt, ob Alice möglicherweise vergewaltigt worden war und Maureen in diesem Fall ihre Schwester gezwungen hatte, ein durch Gewalt gezeugtes Kind auszutragen. Damals verdrängte sie den Gedanken und hielt sich daran fest, dass Alice viele Männer gehabt hatte und wahrscheinlich durch eigene Schuld schwanger geworden war. Aber so oder so war es immer noch Maureens Schuld, dass Alice tot war, und es war Maureens Schuld, dass Sarah tot war und dass Kim tot war und dass Kaysha vergewaltigt worden war und dass Josie jetzt in derselben Lage war wie Alice vor so vielen Jahren. Und was Jamie sonst noch verbrochen haben mochte, war ebenfalls ihre Schuld. Hätte sie damals zugelassen, dass Alice abtrieb, wäre nichts von alledem passiert. Die Schuldgefühle erdrücken sie, sobald sie einen Gedanken an all das zulässt.

Seit Jamies Tod denkt sie öfter an ihn als in den letzten zehn Jahren, sie ist in Gedanken seine gesamte Kindheit durchgegangen und dabei zu dem Schluss gekommen, dass sie ihn vielleicht nicht so gut behandelt hat, wie er es verdient hätte. Vielleicht wäre er mit etwas mehr Liebe besser geraten. Einer Umarmung ab und zu. Vielleicht auch nicht, nun lässt sich das nicht mehr feststellen, aber manchmal drücken die Schuldgefühle sie im Dunkel der Nacht in ihre Matratze.

»Selbst wenn sie es getan hat«, sagt Maureen leise.

»Es ist schrecklich, Sarah so was anzutun«, sagt Josie. »Aber ja, vielleicht … ich weiß nicht. Ich glaube nicht, dass Sadia ihn umgebracht hat, und ich weiß nicht, ob es Sarah war, aber irgendwer muss dafür geradestehen. Ich bin eigentlich nicht für die Todesstrafe, aber ich glaube, wer auch immer das getan hat … Ich glaube, das hier war eher eine Reaktion auf irgendwas, was er getan hat, als ein, keine Ahnung, kaltblütiger Mord.«

»Der Meinung bin ich auch«, sagt Ana. Es ist, als würde jemand auf ihrer Brust stehen, als würden die Trauer und Verzweiflung sie erdrücken. »Sadia darf nicht im Gefängnis bleiben. Wir könnten doch einen Abschiedsbrief schreiben, am besten mit Schreibmaschine, wegen der Handschrift.«

»Das ist doch krank«, sagt Kaysha. Sie spürt ein gefährliches Brodeln unter ihrer Haut, so als könnte sie im nächsten Moment explodieren oder in Ohnmacht fallen. »Sie ist gerade erst – das ist erst zwei Stunden her! Sie ist noch nicht mal kalt!«

»Keine von uns *möchte* das, Kaysha.« Josie beugt sich vor und legt eine Hand auf Kayshas Knie. »Es ist krank, da hast du recht, das ist es wirklich. Absolut … ja, einfach krank. Aber ich weiß nicht, was wir sonst tun sollen.«

Wenn sie tapferer oder ein besserer Mensch wäre, denkt Maureen, würde sie jetzt freiwillig die Schuld auf sich nehmen, um Buße zu üben, aber sie ist weder das eine noch das andere, und so starrt sie auf das Teppichmuster, bis jemand anderes etwas sagt.

»Will vielleicht jemand gestehen?«, fragt Kaysha und sieht

sie nacheinander an. »Bevor wir eine Frau beschuldigen, der seine Taten so zugesetzt haben, dass sie …«

Ihre Stimme bricht, und alle schauen betreten zu Boden, während sie sich zu fangen versucht.

»Hör zu.« Ana fährt sich mit der Hand über ihr Gesicht. »Sadia war es nicht. Auf keinen Fall. Sie hatte keine Gelegenheit dazu. Sie hätte Jamie auch nicht umbringen wollen. Er war alles, was sie hatte. Ehrlich gesagt hatte ich Angst, dass sie ihm verzeihen könnte. Und was wird aus Ameera, wenn wir Sadia nicht aus dem Gefängnis holen? Natürlich würde ich sie bei mir aufnehmen und sie wie mein eigenes Kind großziehen, aber sie braucht ihre Mutter. Sarah hätte sich gewünscht, dass ihre Tochter glücklich und wohlbehalten bei Sadia aufwächst. Wir sollten es unter diesem Blickwinkel sehen. Wir tun das nicht, weil wir Sarah nicht achten, wir tun es für Ameera.«

»Ich brauche eine Minute«, sagt Kaysha und steht auf. Sie geht wieder in den Garten, zieht die Decke fester um ihre Schultern und setzt sich auf die Bank unter dem Küchenfenster. Es ist wärmer als in den Wochen zuvor, aber Kaysha kann immer noch ihren Atem sehen. Sie klappt zusammen und beginnt zu schluchzen. Am liebsten würde sie laut in die Dunkelheit schreien. Sie hört das Rauschen der Wellen am Strand hinter der Straße und an der Klippe, und sie malt sich aus, wie sie ins Wasser watet, ihre Trauer von der Kälte des Ozeans abwaschen lässt und sich vom Wasser in die Tiefe, zurück zu Sarah ziehen lässt.

Kaysha legt die Hände vors Gesicht und atmet das Salz auf ihren Handflächen ein. Sie kann sich nicht konzentrieren, aber sie muss. Sie fragt sich, was Sarah dazu getrieben hat. Sie fragt sich, was wohl der letzte Tropfen war – Kayshas Affäre mit Nova oder Sadias Versprechen, dass Sarah eine Beziehung zu Ameera aufbauen könnte, wenn sie aufhören würde zu trinken, gepaart mit der Angst, dass sie das nicht schaffen würde; oder ob es der abgetrennte Kopf war, ob Sarah Jamie tatsächlich getötet und es Kaysha verschwiegen hatte, damit sie hinter ihr aufräumt. Sie fragt sich, ob es der Alkohol war oder doch alles zusammen, ob sich in diesem Haus voller trauriger Erinnerungen in ihrem Kopf die Trümmer ihres kaputten Lebens aufgehäuft haben. Kaysha fragt sich, ob sie ihre Freundin hätte retten können, wenn sie nur besser aufgepasst hätte, wenn sie Sarah aufrichtig geliebt hätte. Sie fragt sich, was Sarah zu allem sagen würde, ob sie wollen würde, dass man ihr die Schuld zuschob, oder ob sie weiter nach der wahren Täterin suchen sollten. Kaysha glaubt nicht, dass es Sarah wichtig gewesen wäre, wer die Tat wirklich begangen hat, sie war froh, dass überhaupt jemand etwas unternommen hatte. Wahrscheinlich wäre Sarah zu der gleichen Schlussfolgerung gekommen wie Olive, wenn eine der anderen gesprungen wäre. Sie hätte dabei unnötig forsch geklungen und sich deswegen später im Stillen Vorwürfe gemacht, denn sie war ein pragmatischer Mensch und gab sich gern so, als wüsste sie genau, was zu tun sei, als ließe sie sich nicht von nebensächlichen Emotionen beeinflussen, dabei war sie im tiefsten Inneren ein liebevoller Mensch. Kaysha fragt sich, ob Sarah absichtlich gesprungen ist, um ihnen einen Ausweg aufzuzeigen, ob sie vielleicht erreichen wollte, dass man ihr den Mord zuschreibt. Vielleicht wird sie einen entsprechenden Brief finden, wenn sie ins Gutshaus zurückkehrt.

Kaysha hätte wissen müssen, dass Sarah kurz vor dem Zusammenbruch stand.

Sie atmet tief und schaudernd aus, und dicke Atemwolken steigen vor ihr auf. Wenn sie Sarah den Mord in die Schuhe schieben und sie Jamie nicht umgebracht hat, bleibt die wahre Mörderin unbehelligt. Falls es eine von ihnen ist, und das muss es wohl sein, dann ist das nicht weiter schlimm, denn dann droht keine Wiederholungsgefahr. Es war ein einmaliger Übergriff, aufgerührt von altem Zorn auf Jamie und genauso Trauer, und das wiederum ist wahrscheinlich Kayshas Schuld. Sie hat die anderen aufgepeitscht, sie war fest entschlossen, Jamie zu bestrafen, sie wollte um jeden Preis erreichen, dass ihnen endlich jemand Gehör schenkt.

»Na schön«, sagt sie, nachdem sie ins Haus zurückgegangen ist. »Bei ihr zu Hause steht eine alte Schreibmaschine, glaube ich. Ich schreibe einen Abschiedsbrief und behaupte dann, ich hätte ihn gefunden. Es ist nur alles so … krank.«

»Das ist es«, sagt Josie und legt den Arm über Kayshas Schultern. Ihr Gesicht spannt sich an, weil sie in diesem Moment das Baby tritt. »Aber was sollen wir sonst schon tun?«

Nacheinander verabschieden sich die Frauen, bis nur noch Kaysha und Olive übrig sind. Olive bleibt still, und Kaysha betrachtet sie nachdenklich, die papierweiße Haut und das farblose Haar. Olive sieht aus, als wäre jedes Leben aus ihr herausgesickert. Nur wenn sie etwas sagt, leuchtet kurz ein Hauch von Farbe auf, verblasst aber sofort wieder. Kaysha weiß, dass sie jemanden rufen oder hierbleiben sollte, irgendwas, denn Olive geht es gar nicht gut.

Kaysha war überrascht, dass sich Olive so eisern gehalten hat, obwohl ihr Leben von Tragödien überschattet ist. Sie ist überrascht, dass ausgerechnet der Tod Jamies, eines Mannes, der – soweit Kaysha das sagen kann – nur sehr kurz eine Rolle in ihrem Leben spielte, sie zu Fall gebracht hat. Kaysha weiß, dass Olive Hilfe braucht, aber sie hat Angst, dass irgendwann die ganze Geschichte aus ihr heraussprudeln könnte.

»Ich muss kurz weg, Olive«, sagt Kaysha, aber Olive scheint sie nicht zu hören. »Ich bin gleich wieder zurück. Willst du mitkommen?«

»Ich komme allein zurecht«, sagt Olive, ohne aufzusehen.

»Ich weiß«, sagt Kaysha. »Wäre es trotzdem in Ordnung, wenn ich ein paar Tage bei dir wohne? Ich will nicht allein sein.«

Olive sieht sie skeptisch an und verdreht dann die Augen. »Zimmer gibt es genug. In manchen war ich seit Jahren nicht mehr. Du könntest unters Dach ziehen. Ich weiß nicht mal mehr, was da oben ist.«

»Danke, Olive. Ich muss jetzt los, aber ich komme wieder, okay?«

Wieder sagt Olive nichts, aber bevor Kaysha geht, nimmt sie die Decke, in die sie sich den ganzen Abend gewickelt hat, und legt sie über Olives Schultern. Sobald sie ins Auto steigt, beginnt sie zu schlottern und merkt, dass sie ihre Jacke vergessen hat. Sie dreht die Heizung voll auf und lässt den Motor an. Sie kommt ohnehin bald zurück.

Olive zieht bibbernd die Decke um sich. Manchmal fröstelt sie, obwohl die Heizung an ist, und dann weiß sie, dass Kim bei ihr ist. Es könnte auch Alonso sein, aber sie stellt sich lieber vor, dass es Kim ist. Nach der Romanze mit Jamie konnte sie Alonso nicht mehr unter die Augen treten. Sie hat das Gefühl, ihn betrogen zu haben, obwohl er längst tot war, als Jamie in ihr Leben trat. Sie fühlt sich zu schuldig, um mit ihm zu sprechen, darum beschließt sie, auch wenn vielleicht Alonso neben ihr auf dem Sofa sitzt, dass es Kim sein muss, denn sie weiß, dass sie für Kim alles getan hat, was in ihrer Macht lag, vor allem jetzt.

»Sie sind wieder weg«, sagt sie zu Kim. »Alle wollten sie, dass er stirbt. Sie kannten ihn nicht so wie wir. Ich habe kein Wort von dem geglaubt, was sie über ihn erzählt haben. Genau wie ich dir nicht geglaubt habe.«

Olive streckt den Arm aus, legt ihn um ihre Tochter und glaubt die geisterhafte Kälte an ihrer Haut zu spüren, während sie das Mädchen an ihre Brust zieht, um über ihr unsichtbares Haar zu streichen.

»Er war ein guter Mann. Aber du hast anfangs Lügen über ihn erzählt, und sieh dir an, wohin das geführt hat«, sagt Olive und verstummt dann kurz. »Ich war bei ihm, weißt du, vor ein paar Tagen. Ich weiß nicht mehr. Vor ein, zwei Wochen. Ich musste ihn doch warnen. Ich habe seine Adresse rausgefunden und musste die Metro und danach noch zwei Busse nehmen, ich habe ewig gebraucht, bis ich bei ihm war. Und die ganze Zeit habe ich dabei an dich gedacht.«

39

OLIVE
20. SEPTEMBER 1987

Eine Spatzenfamilie lebte in dem windschiefen Nistkasten, den Kim vor ein paar Jahren in der Schule gebastelt hatte. Olive hatte ihn auf keinen Fall in ihrem hübschen Garten aufhängen wollen, doch Alonso hatte ihn trotzdem an den Baum genagelt. Lange war er unbewohnt geblieben, und Olive hatte öfter angemerkt, selbst die Vögel würden sich weigern, in einem so hässlichen Ding zu leben. Immer wieder hatte sie Alonso zugesetzt, ihn abzuhängen. Er tat es nie, und nicht lange nach seinem Tod waren die Spatzen eingezogen. In diesen schmerzlichen Momenten in der morgendlichen Stille, wenn Kim noch schlief und Olive unter dem Gewicht der Trauer beinahe die Knie einknickten, fand sie fast so etwas wie innere Ruhe, wenn sie den Vögeln zuschaute. Sie hielt oft nach ihnen Ausschau, während sie Geschirr spülte oder darauf wartete, dass das Wasser kochte, und manchmal stand sie lange versonnen da, ohne noch zu wissen, weswegen sie in die Küche gekommen war. Sie hatten sogar eine Futterstelle für den Winter aufgestellt, und Olive hatte nach einem Rezept aus einem Gartenbuch Kugeln aus Schmalz und Körnern gedreht. Sie hatte einen eigenartigen Stolz gespürt, als im Frühling der Nachwuchs geschlüpft war, und zusammen mit Kim ganz still frühmorgens beobachtet, wie sie ihre ersten Flugversuche unternahmen. Die Küken waren inzwischen längst ausgeflogen, aber eines der Elternteile hüpfte nun unter einem Rosenbusch herum. Sie schaute ihm zu, bis es aufflatterte und in den Himmel verschwand. Von Westen näherte sich eine dunkle Wolkenbank, dabei war es den ganzen Tag schön gewesen. Noch während Olive am Morgen zur Kirche gegangen war, hatte sie gedacht, dass dies wohl der letzte heiße Sommertag war, der letzte, ehe der Herbst seine goldenen Finger über die Blätter legte und die Blumen ihre Blüten für den Winter einpackten.

Jamie zupfte an ihrem Schürzenband und riss sie damit aus ihren Gedanken.

»Du lässt die Soße anbrennen«, sagte er, umgriff ihr Handgelenk und bewegte es im Kreis, sodass der Schneebesen in ihrer Hand die sämige, braune Flüssigkeit durchrührte. Der Topf stand auf kleiner Flamme, und die Soße war noch nicht mal warm. Sie sah ihn mit hochgezogener Braue an, und er zwinkerte. »Ich pass nur auf, dass du alles richtig machst.«

»Mir will nicht in den Kopf, wieso du darauf bestehst, zuerst die Soße zu machen.« Sie rührte gehorsam weiter, während er sich wieder seinem Schneidebrett zuwandte und die letzten Karotten zerkleinerte. »Eigentlich macht man die zum Schluss. Mit dem Bratensatz, während das Fleisch ruht und die Beilagen fertig kochen.«

»Ich weiß, was ich tue«, sagte er.

»Ach ja?«, fragte sie schmunzelnd.

»Ach ja.«

»Wer hat dir das Kochen beigebracht?«

»Ich selbst.« Er zuckte mit den Achseln und warf eine Handvoll Karotten in einen Topf mit kochendem Wasser. Jamie zischte, als das Wasser spritzte und ihm die Hand verbrühte. Olive schnappte nach Luft, zog ihn zur Spüle und drehte das kalte Wasser auf.

»Halt die Hand unter das Wasser. Das hilft gegen den Schmerz.«

»Es geht schon«, sagte er, schüttelte seine Hand und drehte das Wasser ab.

»Nein, wirklich, das hilft«, sagte sie, drehte das Wasser wieder auf und versuchte seine Hand darunterzuziehen.

Er drehte es wieder ab. »Es geht schon, habe ich gesagt«, erklärte er ihr mit Nachdruck. »Hör auf, mich zu bemuttern.«

»Ich will dir doch nur helfen.«

»Ich bin ein erwachsener Mann, Olive, du brauchst mir nicht zu sagen, was ich tun soll.«

»Schon gut«, sagte sie und legte die Hand auf seinen Unterarm. »Tut mir leid, du hast recht. Ich wollte nur helfen.«

Jamie holte tief Luft und schloss kurz die Augen. »Entschuldige.«

»Nicht so schlimm.« Ihre Hand wanderte nach oben, drückte kurz seine Schulter und strich dann über seine Wange. Sie war glatt; er rasierte sich immer am Sonntag. Olive fand es schön, dass er sich für den Kirchgang fein machte. Jede Woche kam er mit seinem besten Anzug und blank geputzten Schuhen in die Messe. Oft war er der Erste in der Kirche, plauderte noch mit dem Pfarrer, bevor der Gottesdienst begann, oder kontrollierte, ob die Bänke sauber waren, ehe die übrige Gemeinde eintrudelte. Jetzt war er nur in Socken und Hemd, hatte die Krawatte abgemacht und die obersten Hemdknöpfe geöffnet. »Ich weiß, dass du Stress hast.«

»Stimmt.«

»Ist es die Arbeit?«, fragte Olive. »Oder Kim?«

»Beides«, sagte er, beugte sich leicht herab und schob den Arm um Olives Taille. Er zog sie an seinen Körper, drückte sein Gesicht in die Grube zwischen Hals und Schulter, rieb seine Nase an ihrer Haut und küsste ihr Schlüsselbein. Sofort wurde sie weich. Wenn sie Jamies Körper von Kopf bis Fuß an ihrem spürte, den sanften Druck seines Brustkorbs beim Einatmen, den Griff seiner Finger an ihrem Rücken oder in ihren Haaren, wurde ihr jedes Mal warm ums Herz. Seit Alonso nicht mehr bei ihr war und Kim so war, wie sie war, hatte sie kaum noch Körperkontakt. Trotzdem war das hier, das mit

Jamie, anders. Seit sie ihn kennengelernt und er ihr erzählt hatte, dass er keine Mutter hatte, versuchte sie, ihm einen sicheren Hafen zu bieten. Inzwischen hatte sie sich längst eingestanden, dass sie Jamie nicht wie einen Sohn liebte. Er strich mit den Händen über ihren Rücken, und sie hob ihm leise seufzend ihr Kinn entgegen. Er lachte kurz auf und küsste sie kurz auf die Lippen, bevor er ihr einen Klaps auf den Hintern versetzte und sich von ihr löste.

»Du wirst die Soße garantiert anbrennen lassen«, sagte er, öffnete das Gefrierfach und holte eine Tüte Erbsen heraus. Olive strich sich durchs Haar und versuchte, die Fassung wiederzugewinnen. So plötzlich stehen gelassen zu werden, irritierte sie jedes Mal, während es Jamie offenbar gar nichts ausmachte. Wahrscheinlich hatte es etwas mit der Jugend zu tun, mit der Vorstellung, dass Sex nicht unbedingt etwas mit Liebe oder Verbundenheit zu tun haben musste. Sie rührte weiter in der Soße.

Jamie sah stirnrunzelnd auf seine Uhr. »Wo bleibt Kim? Hat sie nicht um vier Uhr Feierabend?«

Olive sah auf die Uhr am Ofen. Zwanzig nach vier. »Sie sollte gleich hier sein.«

»Sie braucht nur fünf Minuten vom Eissalon hierher.«

»Vielleicht war viel los, und sie brauchten länger zum Saubermachen«, meinte Olive achselzuckend. »Oder sie hat noch eine Freundin getroffen. Sie ist bestimmt bald zurück.«

»Es ist einfach so verflucht unhöflich. Sie weiß genau, dass du mit dem Essen auf sie wartest.«

»Es ist sowieso noch nicht fertig.« Olive öffnete den Ofen und pikste das Huhn mit einem Küchenmesser an. Der austretende Saft war noch rosa. »Kein Problem, bis alles fertig ist, ist sie bestimmt da.«

»Und wer weiß, wozu sie in der Lage ist, in dem Zustand, in dem sie in letzter Zeit ist«, sagte er und goss einen Topf mit sich auflösenden Kartoffeln ab, bevor er sie in eine Schüssel kippte.

»In den letzten Tagen war es viel besser«, verteidigte Olive ihre Tochter, und das war nicht gelogen. Kim war fröhlicher und gesprächiger gewesen als die vorherigen Monate.

»Weil ich nicht hier war«, sagte Jamie. Er sah sie finster an, schloss dann kurz die Augen, und als er sie wieder aufschlug, war der Zorn, der sich in den Falten seines Gesichts gesammelt hatte, wie weggeblasen. Er zog Olive in seine Arme und küsste sie auf den Scheitel. »Tut mir leid, wenn ich dich so anfahre. Ich mache mir nur Sorgen. Ich weiß, dass ich wie ein alter Miesmacher klinge.«

Olive rieb über Jamies Rücken. »Tut mir leid, dass sie so ist. Du kannst nichts dafür. Ich glaube, sie auch nicht.«

»Ich bin nur … du weißt, dass ich sie liebe, Olive, beinahe wie eine eigene Tochter, ich will nur ihr Bestes. Aber irgendwann wird sie mich noch ins Gefängnis bringen, verflucht noch mal. Und wenn sie jetzt schon wieder bei der Polizei ist?«

»Du bist nicht alt genug, ihr Dad zu sein«, erklärte Olive ihm mit einem leicht traurigen Lächeln. »Ich habe über das nachgedacht, was du neulich gesagt hast.«

»Und?«

»Ich werde es mir überlegen, falls sie sich nicht fängt.«

»Um mehr bitte ich dich gar nicht.« Er drückte Olive und hielt sie dann auf Armeslänge vor sich. »Du weißt, dass ich niemals …«

»Ich weiß.«

Olive fand Jamies felsenfeste Überzeugung, ein guter Koch zu sein, irgendwie charmant. Sie überließ ihm das Kochen, während sie die Töpfe und Pfannen abspülte, die nicht mehr gebraucht wurden. Dann deckte sie den Tisch und schenkte eine Flasche Wein in eine Karaffe. Er kochte alles in der falschen Reihenfolge, sodass das meiste schon wieder kalt war, als sie es auf den Tisch trugen. Trotzdem lächelte er wissend, als er sich am Kopfende des Tisches niederließ und das Hähnchen tranchierte. Gerade als das Messer das Fleisch durchstieß, das, wie Olive angeekelt bemerkte, in der Mitte immer noch leicht rosa war, ging die Haustür auf und zu. Kims Schritte hallten durch den Flur, und Olive spannte sich an.

Kurz blieb es still, während Kim ihre Schuhe auszog und die Luft im Zimmer zum Schneiden schien. Olive und Jamie sahen sich an. Jamie streckte die Schultern durch und klebte ein breites Lächeln auf sein Gesicht. Als Kim ihn sah, erstarrte sie in der Tür.

»Was tut er hier?«, fragte sie mit einem zornigen Blick auf Olive.

»Bitte fang nicht an«, sagte Olive und legte den Kopf leicht schief. »Sieh doch, Jamie hat uns ein Sonntagessen gemacht.«

»Das esse ich nicht.«

»Wieso kommst du erst jetzt?«, fragte Jamie. »Du hattest schon vor einer Stunde Feierabend!«

Sie antwortete nicht und sah zu Boden.

»Kim«, ermahnte Olive sie tadelnd.

Kim zuckte mit den Achseln. »Ich war auf der Klippe.«

»Wir haben uns Sorgen gemacht.«

»Klar, jede Wette«, sagte Kim. »Er will immer wissen, wo ich bin, stimmt's?«

»Ich habe gesagt, du sollst nicht damit anfangen. Setz dich hin und iss«, sagte Olive.

Kim marschierte kopfschüttelnd durch die Küche und hinaus in den Garten. Olive legte ihre Hand auf die von Jamie. Sein Blick lag fest auf der Tür zum Garten.

»Entschuldige«, flüsterte sie im Aufstehen. »Ich rücke ihr den Kopf zurecht. Iss einfach.«

Olive ging in den Garten und zog die Tür von außen zu. Kim saß auf einer Bank, die Knie an die Brust gezogen. Olive setzte sich neben sie, und ein paar Minuten schwiegen beide. Es war kalt geworden.

»Warum tust du das, Mum?«, fragte Kim nach einer Weile mit erstickter Stimme.

»Das haben wir doch besprochen.«

»Du hörst mir einfach nicht zu«, sagte Kim händeringend.

»Schätzchen.« Olive nahm Kims Hand und stellte fest, dass ihre Nägel bis aufs Bett abgekaut waren. »Niemand versucht deinen Vater zu ersetzen.«

»Mum«, stöhnte Kim und warf frustriert den Kopf zurück. »Warum hörst du mir nicht zu? Ich hab's dir schon tausendmal gesagt, das hat nichts mit Dad zu tun.«

»Niemand könnte ihn je ersetzen, er war ein großartiger Mensch«, fuhr Olive fort. »Unsere Familie hat sich verändert, und Jamie versucht nicht, seinen Platz einzunehmen.«

»Das ist mir egal! Es ist mir egal, mit wem du vögelst, Mum. Meinetwegen kannst du mit jedem Mann in Newcastle schlafen. Das ist mir total egal. Aber er«, sie stach mit dem Finger in Richtung Haus und flüsterte eindringlich, »ist ein *verfickter Psycho!*«

»Reiß dich zusammen«, zischte Olive. Kims Augen waren groß und ernst, und sie packte Olives Oberarm. Olive fühlte sich hilflos. Sie wusste, dass ihre Tochter das wirklich glaubte – sie hatte ihr Tagebuch gelesen. Olive war klar, dass das ein schwerer Vertrauensmissbrauch war, und sie hatte sich zuvor immer geschworen, niemals so etwas zu tun, aber Mutter eines Teenagers zu sein war schwierig und beängstigend. Sie hatte nach einem Hinweis, einem Bekenntnis gesucht, dass Kim sich mit einer bestimmten Absicht so aufführte. Sie wollte auf Kims handgeschriebenen Seiten so etwas wie blinden Hass auf den neuen Mann entdecken, den ihre Mutter liebte, doch sie fand nichts dergleichen. Stattdessen stieß sie auf ein »Logbuch« der vielen Gelegenheiten, bei denen Kim ihn gesehen hatte, eine Auflistung aller Tage, an denen sie überzeugt gewesen war, dass Jamie ihr folgte oder irgendwo unerwartet aufgetaucht war. Olive hatte Jamie nichts von diesem Tagebuch erzählt, weil ihr klar war, dass es ihm das Herz brechen würde. Er liebte Kim wirklich. Er sorgte sich genauso um sie wie Olive, wenn nicht noch mehr. Er verstehe Kim, hatte er gesagt. Eines Abends, als sie angesäuselt im Garten saßen, hatte er Olive von seiner eigenen Kindheit erzählt. Er war bei einer kaltherzigen Tante aufgewachsen. Seine Mutter war noch ein junges Mädchen gewesen und bei seiner Geburt gestorben, und wer sein Vater war, wusste niemand. Mit fünfzehn hatte er seine Tante verlassen und war zu seinem Großvater geflüchtet, den er nie zuvor gesehen hatte. Olive wünschte sich, Kim würde mit ihm reden, die beiden hatten so viel gemeinsam. Sie wünschte, Kim könnte das Funkeln in Jamies Augen sehen, den unbeschwerten Charme spüren, den er verströmte.

Kim ließ die Stirn auf die Knie sinken. Sie war inzwischen dürr wie ein Stecken. Sie war immer ein molliges Kind gewesen und hatte die Kilos auch während ihrer Teenagerjahre behalten. Alonsos Gene, hatte Olive immer gedacht, wenn sie ihre Tochter angesehen hatte. Olive hatte sich selbst immer zu mager gefunden, sie hatte nie Gewicht zulegen können, selbst wenn sie wollte. Je älter sie wurde, desto deutlicher stachen die Knochen unter der papierdünnen Haut an ihren Handgelenken und Hüften hervor, der Bogen ihres Schlüsselbeins, der scharfe Schwung ihrer Rippen. Sie fühlte sich zerbrechlich und fragil, eher als Skelett denn als Frau. Sie hatte ihre Tochter um ihre weichen Kurven und die samtige Haut beneidet, aber in den letzten Monaten hatte Kim deutlich an Gewicht verloren. Anfangs hatte jeder ihr Komplimente gemacht, und sie hatte sich nickend und verlegen bedankt, wie fast jede Frau, wenn jemand einen Kommentar über ihr Gewicht macht. Letzte Woche hatte die Frau auf dem Postamt behauptet, Kim sehe aus wie *das blühende Leben*. Olive war ganz und gar nicht ihrer Meinung. Alles an ihrer Tochter wirkte wie gedämpft; sie war dünn und still, nervös und empfindlich geworden. Bei der kleinsten Kleinigkeit brach sie in Tränen aus. Ihr Körper war dahingewelkt, genau wie sie selbst.

Olive wusste, dass es Alonsos wegen war. Kim hatte ihn eines Abends vor fast drei Jahren, mitten während des großen Minenarbeiterstreiks, als alles so hoffnungslos erschienen war, im Speicher entdeckt, an den Dachbalken hängend. Damals war sie dreizehn gewesen. Anfangs hatte sie das scheinbar nicht allzu sehr mitgenommen; tatsächlich war sie Olive eine wichtige Stütze gewesen. Sie hatte fast allein die Beerdigung organisiert, weil Olive zu nichts zu gebrauchen gewesen war. Sie hatten nicht genug Geld für eine Totenwache gehabt, aber sie hatten sowieso nicht viele Verwandte, die sie hätten einladen können, und was Freunde anging – Alonso war Streikbrecher und wochenlang zur Arbeit gegangen, also waren auch die dünn gesät.

Alles in allem hatte Kim die ganze Sache gut überstanden. Nach dem ersten Schock war sie ruhig und ausgeglichen geblieben. Ihre Noten waren nicht abgesackt, sie schien auch kaum zu trauern. Olive hatte sich damals Sorgen gemacht, dass Kim Alonsos Tod verleugnen könnte und irgendwann, wenn die Erkenntnis einsetzte, zusammenbrechen würde. Doch als sie Kim mit Jamie bekannt gemacht hatte, hatte sie längst aufgehört, auf den Zusammenbruch zu warten. Als die beiden sich kennenlernten, war Kim noch offen gewesen, sie hatte sich sogar für Olive gefreut. Ganz langsam und gespenstisch war sie ihrem Wahn verfallen, sodass es anfangs kaum bemerkbar gewesen war. Erst war sie Jamie nur aus dem Weg gegangen und schweigsam geworden, wenn er zu Besuch war, hatte nur erwähnt, dass sie ihn irgendwo gesehen hätte, oder sich beschwert, dass er ständig bei ihnen zu Hause war. Im Lauf des Sommers hatte sie sich in die Wahnvorstellung gesteigert, dass Jamie sie stalken würde, regelmäßig war es zu Schreiduellen gekommen, bei denen Kim Olive weiszumachen versuchte, dass Jamie ein Psychopath sei und dass er Olive benutzen würde, um an sie – Kim – heranzukommen.

»Sieh mich an, Kim«, sagte sie jetzt und nahm ihre Tochter bei den Schultern. »Du musst damit aufhören. Jamie hat kein ungesundes Interesse an dir.«

»O doch, Mum.« Kim rieb sich die Tränen aus den Augen und verschmierte dabei Mascara über ihr Gesicht. »Er ist überall, wo ich auch bin. Überall. Immer steht er irgendwo im Hintergrund und beobachtet mich …«

»Kim …«

»… und du lässt ihn weiter in unser Haus und hörst mir einfach nicht zu, Mum. Nicht mal die Scheißpolizei will mir zuhören«, sagte sie, und Tränen flossen über ihr Gesicht. Ihre Stimme klang beschwörend, ihr Atem wurde unregelmäßig.

»Alles in Ordnung, ihr beiden?« Jamie stand mit zwei Gläsern Wein in der Tür.

»Wir brauchen noch einen Moment«, sagte Olive.

Jamie trat auf die Terrasse, stellte sich neben Olive, legte eine Hand auf ihre Schulter und reichte ihr ein Glas.

»Kim«, sagte er, »deine Mutter und ich machen uns Sorgen um dich.«

Kim zupfte an einem losen Faden in ihrer Socke, ohne ihn anzusehen.

»Wir glauben, du brauchst Hilfe«, fuhr er fort und trank einen Schluck billigen Merlot. »Professionelle Hilfe. Wir wissen, dass du das nicht mit Absicht machst.«

»Nein«, sagte sie leise. Kurz zuckte ihr Blick kalt und wütend zu ihm hoch. »Aber du. Du hast sie um den kleinen Finger gewickelt, wie?«

Jamie ging lächelnd in die Hocke, bis er auf Augenhöhe mit ihr war. »Ich weiß, dass du leidest, Kim. Ich kenne das Gefühl, glaub mir. Ich habe überhaupt keine Eltern. Du hast eine fantastische Mum, die alles tun würde, damit es dir wieder gut geht. Und du hast mich, Kim. Auch wenn du es vielleicht nicht glaubst, ich bin für dich da. Wir lieben dich beide so sehr.«

Olive drückte Kims Knie und sah Jamie liebevoll an. Er war so reif für sein Alter. Es war bewundernswert, wie viel Kraft er dafür aufwandte, seine Beziehung zu ihrer Tochter zu kitten, und wenn Olive ihn so geduldig mit Kim sprechen sah, fand sie ihn sagenhaft attraktiv. Kim biss die Zähne zusammen und weigerte sich, ihn anzusehen.

»Und darum haben wir beide beschlossen …«, fuhr Jamie fort, bis Kim ihm ins Wort fiel.

»Du bist gerade mal fünf Jahre älter als ich.«

»Und darum haben deine Mutter und ich beschlossen, dass du Hilfe bekommen sollst.«

Olive holte so tief Luft, dass ihre Lunge schmerzte, und hielt sekundenlang den Atem an, während sie auf die Explosion wartete. Es ärgerte sie halb, dass Jamie es übernommen hatte, Kim das zu erklären, aber immerhin galt Kims Wahn auch ihm. Ein paar Wochen zuvor war Kim zur Polizei gegangen, während sie eigentlich in der Schule sein sollte. Sie hatte dem diensthabenden Polizisten erklärt, dass Jamie sie stalken würde und dass sie Angst vor ihm hatte. Der Polizist, Paul Fletcher, war zufällig Mitglied der Gemeinde, zu der auch Jamie und Olive gehörten. Nachdem er sich Kims Klagen angehört hatte, war er mit ihr zu der Bücherei gefahren, in der Olive arbeitete. Olive hatte Kim mit einer Tasse Tee in ihr Büro gesetzt und Paul die Sache erklärt. Paul hatte mitfühlend genickt und gesagt, er hätte sich schon gedacht, dass Kim sich das nur ausgedacht hatte, um den neuen Freund ihrer Mutter in Schwierigkeiten zu bringen – *ein gefährliches Spiel,* hatte er gesagt, *damit könnte sie sein Leben ruinieren.* Olive hatte gelächelt und Paul gedankt. Sie wusste, dass Kim nicht log, jedenfalls nicht absichtlich. Sie halluzinierte, sie war in eine eigenartige Psychose versunken, in der sie nicht mehr auseinanderhalten konnte, was real war und was nicht. Das war so untypisch für Kim, dass Olive ihr wahrscheinlich geglaubt hätte, wenn sie nicht ausgerechnet Jamie beschuldigt hätte. Es hatte Augenblicke gegeben, in denen Kim so überzeugend gewirkt hatte, dass Olive ihr fast glaubte – dass sie eine Sekunde erwogen hatte, Jamie könnte nicht der sein, für den sie ihn hielt, doch dann hatte sie das Gefühl jedes Mal abgeschüttelt. Sie wusste, dass sie sich nicht von Kims Wahnvorstellungen blenden lassen durfte, wenn sie wollte, dass ihre Tochter wieder gesund wurde.

Die Wolken schoben sich vor die Spätnachmittagssonne, und schlagartig wurde es kühl im Garten. Kim starrte immer noch auf ihre Füße und sagte keinen Ton.

»Diese Halluzinationen, diese Visionen, Kim, Schatz«, sagte Olive, »die sind wirklich gefährlich, weißt du? Jamie könnte im Gefängnis landen, wenn irgendwer dich ernst nehmen würde. Das könnte sein ganzes Leben ruinieren.«

»Wahrscheinlich wirst du nicht lange dortbleiben, Kimmy, du brauchst nur eine Auszeit, Liebes. Bis du wieder erkennst, was real ist und was nicht«, sagte Jamie und streckte die Hand aus, um ihren Arm zu streicheln.

Kim zuckte zurück. »Was redet ihr da?« Sie sah stirnrunzelnd auf ihre Füße und dann Olive an. »Was redet er da? Ich gehe nirgendwohin.«

Olive presste die Hände zusammen. »Wir haben uns überlegt, dass du vielleicht Zeit zur Erholung brauchst. Das ist nichts, weswegen du dich schämen müsstest.«

»Wovon Erholung?«

»Von deiner Krankheit, Schätzchen. Deiner Paranoia … deinen Halluzinationen.«

Kim wühlte die Finger in ihr wildes Haar und zerrte stöhnend daran. Jamie trat einen Schritt zurück, und Olive packte Kim an den Handgelenken. Kim sah erschöpft aus, unter ihren Augen hingen graue Halbmonde, als hätte jemand sie dorthin gestempelt.

»Du bist diejenige, die sich untersuchen lassen sollte, Mum«, sagte sie. »Wie kannst du ihm mehr glauben als mir? Wieso willst du um keinen Preis wahrhaben, dass ich nicht lüge?«

Heiße Tränen flossen über Olives Gesicht. »Ich weiß, dass du nicht lügst, Schatz. Aber was du siehst und fühlst, ist nicht real. Jamie verfolgt dich nicht. Er steht nicht nachts in deinem Zimmer. Er bedroht dich nicht. Dein Hirn lässt dich all das glauben. Du kannst zurzeit deinen Sinnen nicht trauen, Kim.«

Trauer und Konfusion verzerrten Kims Gesicht, und sie ließ weinend den Kopf auf die Knie sinken. Jamie zog sich leise ins Haus zurück, und Olive schloss ihre Tochter in die Arme. Als Kim sich schließlich beruhigt hatte, führte Olive sie nach oben, und sie legten sich gemeinsam in Kims Bett. Olive streichelte Kims Haar, bis sie eingeschlafen war, dann schlich sie aus dem Zimmer und ließ die Tür angelehnt.

Jamie saß im Sessel und las die *News of the World*. Er hatte Feuer im Kamin gemacht und sich ein frisches Glas Wein eingeschenkt. Das Essen stand immer noch unangetastet auf dem Tisch, bunte Haufen von Gemüse in nicht zusammenpassenden Schalen und Schüsseln. Gewöhnlich richtete Olive die Teller direkt in der Küche an, aber Jamie hatte darauf bestanden, es so zu machen wie die Amerikaner in ihren Filmen. *Nur noch mehr Geschirr zu spülen*, dachte sie, trotzdem brachte etwas daran sie zum Lächeln, etwas an seinem sturen Versuch, das Bild einer harmonischen Kleinfamilie nachzustellen, das ihm auf Cornflakes-Packungen präsentiert wurde. Sie würde mit dem Abwasch warten, bis er gegangen war.

Er schaute nicht auf, als sie hereinkam, aber als sie sich auf die Armlehne seines Sessels setzte, legte er die Zeitung weg und zog sie auf seinen Schoß. Eine Weile saßen sie schweigend da, sie mit dem Kopf auf seiner Schulter, er mit den Armen um ihre Taille. Olive war erschöpft. Jamies Kopf lag an der Rückenlehne, und sie verlor sich in den Falten seiner Lider, dem seidigen Flaum an seinen Ohrläppchen. Er hatte unerhört lange, dunkle Wimpern, an einem Mann die reinste Verschwendung, wie die meisten Menschen fanden, aber Olive war anderer Meinung. Als sie sich das erste Mal begegnet waren, hatte Olive sich darin verfangen wie ein Insekt in einem Spinnennetz, am Ende eines so intensiven Blickes, dass es fast unmöglich gewesen war, sich nicht zu verlieben.

Das erste Mal hatte sie ihn in der Kirche gesehen. Jamie saß allein, sang leise mit und verschwand nach dem Gottesdienst, ohne mit jemandem außer dem Pfarrer ein Wort zu wechseln. Die Gemeinde bestand größtenteils aus über Sechzigjährigen, und Olive war fasziniert von dem jungen Mann. Als sie den Priester fragte, wer er war, bekam sie zur Antwort, dass Jamie neu in der Gegend und wegen eines Jobs hergezogen sei. Der Pfarrer hatte seinen Großvater gekannt, der ebenfalls Geistlicher gewesen war, allerdings auf der anderen Seite der Stadt. *Ein rechter Fegefeuer-Wetterer, sein Großvater*, hatte der Priester ihr erklärt. *Aber im Grunde ganz in Ordnung. Jamie ist ein guter Junge.*

Jamie erschien jede Woche zum Gottesdienst, verschwand aber regelmäßig, bevor Olive Gelegenheit hatte, ihn auf einen

Kaffee im Kirchencafé einzuladen. Sie hatte nie zu den Frauen gehört, die sich der Einsamen annahmen oder sich für Benachteiligte einsetzten, aber seit ihr Mann gestorben war, hatte sich etwas verändert. Während ihrer Ehe war sie zwanzig Jahre nicht zur Kirche gegangen, denn Alonso war Atheist gewesen, und nachdem sie geheiratet hatten – und sie hatten jung geheiratet –, war ihr der Glaube ganz allmählich abhandengekommen. Eigentlich hatte er ihr kaum gefehlt, war ihre Ehe doch so voller Liebe, so voller Freude über ihr Kind gewesen. Zwanzig Jahre hatten sie zusammen gelacht und geweint, ohne dass etwas in Olives Leben gefehlt hätte. Doch als Alonso gestorben und sie wieder allein war, hatte sie in ihrem Inneren einen längst vergessenen Raum entdeckt und war zu Gott zurückgekehrt. Olive stellte fest, dass sie im Vergleich zu damals weicher geworden war, und sie merkte, dass sie sich zu dem jungen Mann hingezogen fühlte, der aber immer außerhalb ihrer Reichweite blieb.

Eines Nachmittags, damals kam Jamie schon seit mehreren Monaten in ihre Kirche, saßen Olive und Kim in einem Imbiss am Meer. Es war Alonsos Geburtstag, darum hatten sie aus ihrem *Hausaufgaben-Essen-Fernsehen-Bad-Bett-Trott* ausbrechen und irgendwas unternehmen müssen. Sie saßen an einem Metalltischchen auf dem Bürgersteig, jeweils mit einem Berg Pommes auf einer verknitterten, fettgetränkten Zeitungsseite vor sich. Olive schaute den Leuten zu, die oben auf der Klippe im Sonnenschein picknickten, und den Kindern und Spaziergängern mit ihren Hunden, die unten am Strand durchs Wasser wateten. Gelegentlich schleuderte Kim ein Stück der Pommes vom Tisch weg, um die Möwen wegzulocken. Olive bemerkte Jamie erst, als er hinter der mit Fingerabdrücken verschmierten Scheibe von seinem Tisch aufstand, und als er aus dem Café trat, nutzte Olive die Gunst des Augenblicks. Sie rief ihm zu, dass sie ihn aus der Kirche kenne, und stellte sich und Kim vor. Er nickte höflich und gab ihnen beiden die Hand. Er küsste sogar Kims Handrücken, woraufhin sie, sobald er sich abwandte, angewidert die Lippen verzog und die Hand an ihrer Jeans abwischte. Am nächsten Sonntag setzte er sich in der Kirche neben Olive und nahm ihre Einladung auf einen Kaffee bei ihr zu Hause an.

Als sie zu Olives Haus kamen und sie die Tür aufschloss, pfiff Jamie leise durch die Zähne, während er die Fassade in Augenschein nahm. Olive erklärte ihm lachend, dass sie das Haus geerbt hatte und sich kaum die Heizkosten leisten konnte, dass sie es aber nicht übers Herz bringen würde, es zu verkaufen. Sie traten ins Wohnzimmer, wo Kim ausgestreckt kopfüber auf dem Sofa lag und fernsah, in ein Sporttrikot gekleidet, mit fluoreszierenden gelben Legwarmern und einem dazu passenden Stirnband. Der rote Pferdeschwanz baumelte unter ihrem Kopf hervor und strich über den Teppichboden. In einer Hand hielt sie einen halb aufgegessenen Donut, und sie verfolgte versonnen, wie eine geschmeidige blonde Amerikanerin in ähnlichem Outfit eine Gruppe von Frauen bei einer Übung anleitete, die hauptsächlich darin bestand, sich zu einem leichten Pop-Beat zu drehen. Kim hatte die beiden nicht hereinkommen gehört.

Jamie sagte etwas wie: *Ich dachte immer, dass man die Übungen tatsächlich mitmachen soll,* und Kim erschrak so, dass sie vom Sofa purzelte und ihren Donut fallen ließ. Mit hochrotem Kopf stürmte sie in die Küche, und Olive und Jamie lachten. *Sie wird den Jungs mal den Kopf verdrehen,* sagte Jamie und fragte dann, wie alt sie sei. *Süße sechzehn,* antwortete Olive ihm, *aber immer noch nicht an Jungs interessiert.*

»Hast du dir je vorstellen können, dich in Kim zu verlieben?«, fragte Olive, den Kopf immer noch auf seiner Schulter. Sie spürte, wie Jamies Brust unter seinem Lachen erbebte.

»Du weißt, dass ich auf ältere Frauen stehe, Babe«, sagte er. »Mutterkomplexe und all so was.«

Olive küsste ihn auf die Wange, und er drehte ihr das Gesicht zu, um sie auf den Mund zu küssen. Er biss sie zärtlich in die Unterlippe, und der Arm, der bis dahin locker um ihre Taille gelegen hatte, zog sie zu sich her. Der Wein in seinem Atem mischte sich mit seinem Aftershave, und Olive atmete das Gemisch tief ein, während er den Reißverschluss an ihrem Kleid aufzog. Sie fühlte ein Ziehen in ihren Hüften, das Bedürfnis, sich fester an ihn zu schmiegen. Sie spürte durch seine Hose, wie hart er war. Seine Hand schob sich an ihrem Schenkel aufwärts unter ihren Rock, und sie stöhnte leise auf, bevor sie sein Hemd aufzuknöpfen begann.

Hinterher fiel Olive in einen leichten, befriedigten Schlaf, und als sie aufwachte, hatte sich der Himmel draußen verdunkelt, und Tropfen klopften ans Fenster. Mit einem schmerzhaften Stich stellte sie fest, dass sie allein war. Auch Jamies Sachen und Schuhe waren fort. Nicht zum ersten Mal war er ohne ein Abschiedswort verschwunden, während sie schlief. Er wolle sie nicht wecken, hatte er ihr einmal erklärt, trotzdem versetzte es ihr jedes Mal einen Stich. Als sie sich vorhin auf dem Teppich vor dem Kamin in ihrem Schlafzimmer geliebt hatten, hatte sie sich wie im Film gefühlt, aber jetzt, da sie nackt und allein auf dem kalten Boden vor dem erloschenen Feuer aufgewacht war, kam sie sich nur noch albern vor.

Sie richtete sich auf und malte sich aus, wie sie mit ihrem so viel älteren Körper wohl für ihn aussah. Jamie war so jung. Viel zu jung für sie, auch wenn sie sich etwas anderes einreden wollte. Das mit ihm war eine vorübergehende Schwärmerei. Sie würde ihn nicht an sich binden, obwohl er sie jedes Mal mit Versprechen von Heirat und ewiger Liebe überhäufte, wenn sie an ihrer Beziehung zweifelte. »Ewig« fühlte sich bei ihr so viel kürzer an als bei ihm. Zwanzig Jahre kürzer. Er hatte etwas Besseres verdient als eine alte Frau wie sie, und sie würde ihn freigeben, damit er fand, was er wirklich suchte. Und wenn Kim danach wieder zur Ruhe käme, wäre auch das nur gut.

Es war nach zehn, und Olive wollte sich endlich ins Bett legen und den Tag hinter sich lassen. Das Essen stand immer noch unangetastet auf dem Tisch. Sie dachte daran, was bei diesem Essen alles möglich gewesen wäre, wie sie am Tisch hätten sitzen und sich die Schüsseln reichen können, wie sie gelacht hätten, wenn Kim den Löffel hätte fallen lassen und sie alle quer über die Tischdecke mit Soße bespritzt worden wären. Vielleicht würde es eines Tages ein weiteres Kind geben, natürlich adoptiert. Einen Jungen. Kim würde ihn kitzeln, während der Rinderbraten ruhte, und Olive würde sie unter Jamies Gelächter ermahnen, Ruhe zu geben. Der Junge würde zum Teenager heranwachsen, und bis dahin würde Kim schon ihren Freund mit zum Sonntagsessen bringen, einen Arzt, den sie an der Universität kennengelernt hatte und der sich über den Stampfkartoffeln mit Jamie über Politik streiten würde. Kim würde schon bald ihren Beau heiraten, natürlich wäre es eine Traumhochzeit, und dann würde auch er jede Woche bei ihnen essen. Eines Sonntags würde Kim verkünden, dass sie schwanger sei, und Olive würde vor Überraschung die Sauciere fallen lassen. Jedes Jahr würde ein geliebter Mensch mehr am Tisch sitzen, bis schließlich zahllose Enkel und Urenkel den Raum füllen würden und Olive, während sie nach dem Essen Kaffee kochte, bei einem Blick in die spiegelnde Scheibe des Küchenfensters feststellen würde, dass sie alt geworden war. Sie würde den Kaffee zusammen mit ein paar Kuchenstücken auftragen, und Jamie würde, immer noch zweiundzwanzigjährig, mit einem strahlenden Lächeln am Kopfende des Tisches sitzen, wo früher Alonso gesessen hatte, und seinen Blick über ihre ausufernde Familie wandern lassen. Er würde ihre Finger mit ihren verschränken und ihr erklären, dass er sie liebte.

Doch das Essen lag unangetastet auf dem Tisch, Kim war wütend, und Olive würde Jamie gehen lassen. In dieser Nacht kam ihr die Treppe wie ein Aufstieg ins Gebirge vor.

Olive zog die Pyjamaschublade auf und stellte fest, dass sie fast leer war; sie hatte seit Tagen nicht gewaschen. Nur ein einziger Pyjama lag noch darin, hinten an der Rückwand, beinahe vergessen. Olive zog ihn zu sich her und lächelte. Alonso hatte ihn ihr vor Jahren zum Scherz zum Hochzeitstag geschenkt, trotzdem liebte sie ihn. Er hatte ihn in der Knabenabteilung gekauft. Es war ein Flanell-Schlafanzug mit aufgedruckten Figuren von Popeye und Olive Oyl, umgeben von kleinen Ankern. Damals war das ihr privater Scherz gewesen. Er war der große, starke Popeye, obwohl er in seinem Leben nie zur See gefahren war, und sie seine Olive Oyl. Sie zog den Pyjama an und legte sich ins Bett. Es war schön gewesen mit Alonso, und zwar bis zum Schluss. Ihre Liebe war ruhig und konstant gewesen, es war die Art von Liebe, die Menschen an Seelenverwandtschaft glauben lässt. Bei Jamie fühlte sich alles ganz anders an – alles war neu und aufregend, aber für jeden Teelöffel Liebe musste sie auch einen Teelöffel Schuldgefühle schlucken. Schuldgefühle gegenüber Alonso. Schuldgefühle, dass sie Jamie irgendwie die Jugend stahl, so als hätte sie ihn überlistet, sie zu lieben. Schuldgefühle, weil Kim offenbar unter ihrer Beziehung litt. Doch trotz alledem konnte sie nicht von Jamie lassen.

Kurz vor dem Einschlafen fiel Olive ein, dass sie nicht nach Kim gesehen hatte, bevor sie zu Bett gegangen war. Seit es Kim immer schlechter ging, hatte Olive sich das angewöhnt. Sie schob die Füße unter der warmen Decke hervor, tappte durch den Flur zu Kims Zimmer und stieg dabei auf Zehenspitzen über die knarrenden Dielen hinweg, um Kim nicht zu wecken. Die Schlafzimmertür war immer noch angelehnt, genau wie vorhin, darum drückte Olive die Tür gerade so weit auf, dass sie ihren Kopf durch die Lücke strecken und nach Kims Körper unter der Decke Ausschau halten konnte. Die Vorhänge waren zugezogen, darum konnte sie nichts erkennen, doch als sie weiter ins Zimmer schlich, kroch die Angst von den Fingerspitzen über ihre Arme aufwärts, denn je näher sie dem Bett kam, desto deutlicher war zu erkennen, dass es leer war. Sie hatte Kim nicht zur Toilette gehen hören, trotzdem schaute Olive nach, und als sie Kim dort nicht fand, sah sie in den anderen Zimmern nach und dann unten und im Garten, doch ihre Tochter war nirgendwo zu finden. Auch ihre Stiefel standen nicht mehr am Eingang, und so riss Olive die Haustür auf. Inzwischen regnete es heftiger, und ein Donnergrollen rollte durch die Wolken.

Zuerst rief sie bei Jamie an, doch der ging nicht ans Telefon, darum rief sie danach beim Polizeirevier an.

»Tynemouth Police Station, Sie sprechen mit Officer Fletcher.«

»Paul, hier ist Olive«, flüsterte sie ängstlich. »Kim ist verschwunden.«

»Verschwunden?«

»Ich kann sie nicht finden. Sie ist nicht zu Hause.«

»Na ja, sie ist ein junges Mädchen, Olive, vielleicht hat sie sich rausgeschlichen, um mit ihren Freundinnen was zu trinken oder …«

»Es geht ihr nicht gut. Du musst mir helfen, sie zu finden. Bitte!«

»Hast du schon bei ihren Freundinnen angerufen? Höchstwahrscheinlich ist sie bei einer von ihnen, Liebes.«

»Sie ist nicht … sie hat eigentlich keine Freundinnen.«

»Vielleicht einen Freund?«

»Bitte komm und hilf mir suchen.«

»Olive, Liebes, beruhige dich. Alle Teenager schleichen sich mal raus. Telefoniere ihre Freundinnen ab und frag nach, ob sie wissen, wo sie ist, und wenn du sie dann immer noch nicht gefunden hast, ruf noch mal bei mir an.«

Olive knallte frustriert den Hörer auf die Gabel und ging zur Haustür. Sie stieg in ihre Schuhe und zog den Regenmantel über. Es regnete in Strömen, sie konnte keine zwei Meter weit sehen. Sie zog den Reißverschluss des Regenmantels zu und schlug die Kapuze hoch, doch Sekunden später war ihr Pyjama durchnässt, und ihre Füße rutschten in den nassen Schuhen vor und zurück.

»Kim?«, schrie sie in die Dunkelheit. Sie arbeitete sich zur Straße vor und hielt mit zusammengekniffenen Augen Ausschau nach irgendwelchen Schatten, die sich durch die Dunkelheit bewegten. Jamie muss schlafen, dachte sie, sonst wäre er bestimmt ans Telefon gegangen. Trotz ihrer Angst spürte sie einen eifersüchtigen Stich. Vielleicht war er auch mit einer anderen Frau zusammen. Ein schmerzhafterer Stich. Vielleicht war er mit Kim zusammen. Vielleicht war Kim so durcheinander, weil sie ihn ebenfalls liebte. Vielleicht erfand Kim all diese Geschichten über ihn, damit Olive Jamie den Laufpass gab und Kim ihn für sich allein haben konnte.

»Kim?«, schrie sie wieder und spähte in einen schmalen Durchgang am Ende der Straße. Sie meinte zu sehen, wie sich etwas bewegte. Olive wagte sich in die Gasse; im Geist sah sie Kim und Jamie an einer Wand kleben, vom Regen durchnässt, und über sie lachen.

Es waren nur ein paar Mülltonnen. Eine Katze schoss dahinter hervor, als sie näher kam. Olive erschrak, fasste sich an die Brust und schlug die Hände vors Gesicht. Das war lächerlich. Die beiden waren bestimmt nicht zusammen. Das würde er ihr nie antun, und Kim hasste Jamie. Olive streckte die Schultern durch und marschierte aus dem Durchgang, gerade als der erste Blitz die Straße erhellte. Es war niemand zu sehen.

Am liebsten war Kim oben auf der Klippe, wo sie damals Alonsos Asche verstreut hatten. Er war so gern dort oben gewesen. Seit Alonsos Tod war Kim fast täglich auf die Klippe gewandert, um aufs Meer zu schauen und nachzudenken. Aber mit Sicherheit war sie jetzt, mitten in einem Gewitter, nicht dort oben, oder? Olive sah vor sich, wie Kim auf der Klippe festsaß und nicht aufzustehen wagte, um nicht vom Wind in den Abgrund gerissen zu werden. Sie musste daran denken, wie oft sie mit Kim geschimpft hatte, als sie noch klein war, weil sie an den Klippenrand gelaufen war – ihre Tochter schien keinerlei Angst vor dem steilen Abgrund über dem Kiesstrand zu haben. Sobald Olive der Gedanke gekommen war, war ihr klar, dass sie dort nachsehen musste. Ein weiterer Blitz erhellte die Ruinen der Abtei. Noch einmal rief sie nach ihr, doch Kims Name wurde ihr von einer Bö aus dem Mund gerissen und verweht. Gerade als Olive über die Hügelkuppe stolperte, schlug ganz in der Nähe ein Gabelblitz im Meer ein und erhellte eine Sekunde lang die Klippe. Die Szene brannte sich wie ein Schnappschuss in ihre Netzhaut ein. Zwei Gestalten direkt am Rand der Klippe. Ein Mann und ein Mädchen. Erleichterung und Angst durchströmten Olive gleichzeitig, sie trat sich die rutschigen Schuhe von den Füßen und rannte durch die Dunkelheit auf die beiden zu. Wieder ein Blitz. Ihr ging auf, wie nahe sie am Klippenrand standen. Die Klippe selbst war breiter, als ihr je aufgegangen war. Sie hatte das Gefühl, den beiden kaum näher zu kommen. Noch ein Blitz, der diesmal in die Abtei einschlug. Die Figuren hatten sich zu einer vereint, bewegten sich, schienen miteinander zu ringen. Leidenschaftlich. Olive rutschte auf dem

Gras aus und landete auf dem Bauch. Es verschlug ihr den Atem. Ein Schrei drang durch den Wind. Ein Blitz. Das Mädchen war verschwunden, und der Mann stand mit ausgestreckten Armen am Rand der Klippe. Dunkelheit.

Später, als die Polizisten aus ihrem Haus verschwunden waren und Jamie noch vernommen wurde, zündete Olive das Kaminfeuer wieder an. Als das erste graue Tageslicht zwischen der schäumenden See und dem schwarzen, sternenlosen Himmel durchbrach, küsste Olive das Tagebuch ihrer Tochter und übergab es den Flammen.

40

NOVA
12. JANUAR 2000

Nova reibt sich die Hände. Im Auto ist es eisig, trotzdem schaltet sie die Lüftung aus, um die Unterhaltung in Olives Haus besser verfolgen zu können. Sie war sofort hergefahren, nachdem sie mit Kaysha telefoniert hatte. Sie hatte gehört, wie Kaysha Olives Namen murmelte, und begriffen, dass sich etwas Hörenswertes abspielen musste, wenn die beiden zusammen waren. An die Fahrt hierher kann sie sich kaum erinnern, doch jetzt steht sie mit dem Auto in Sichtweite der Tür. Sie schaltet ihr Radio auf die entsprechende Frequenz und lauscht.

Anfangs kann sie die Stimmen kaum unterscheiden, aber sie verfolgt die gesamte Diskussion mit, und als sich das Treffen auflöst, sieht sie die Frauen nacheinander aus dem Haus huschen, mit hochgeschlagenen Kapuzen und verstohlenen Blicken, um sich zu vergewissern, dass niemand sie bemerkt. Nova rutscht tiefer in ihren Sitz, verbirgt sich im Schatten, und tatsächlich bleibt sie unentdeckt. Kaysha geht als Letzte, und nicht einmal sie bemerkt Novas Wagen, der gegenüber der geschwungenen Reihenhauszeile parkt. Nachdem Kaysha weggefahren ist, erschlafft Novas Körper, sie setzt sich wieder auf und versucht zu verarbeiten, was sie gerade gehört hat. Sie dreht das Radio nicht ab, das leise Rauschen ist beinahe beruhigend, und ihr fällt auch nicht auf, dass sie eigentlich Kayshas Schritte zum Auto, das Brummen des Motors oder ihren Atem hätte hören müssen. Sie weiß, dass Kaysha unterwegs ist, um Sarahs Abschiedsbrief zu schreiben, und Nova hat noch nicht entschieden, ob sie Kaysha dabei aufhalten will.

Gerade als Nova losfahren will, hört sie eine Stimme. Sie braucht eine Sekunde, um zu begreifen, was passiert ist – im ersten Moment geht sie davon aus, dass Kaysha kehrtgemacht hat und wieder zurückfährt oder dass das Radio das Signal über eine wesentlich größere Entfernung empfangen kann als gedacht. Aber dann geht ihr auf, dass Kaysha nicht ihre Jacke getragen hat, als sie das Haus verließ. Vielleicht ist noch jemand bei Olive im Haus, aber nachdem sie eine Weile gelauscht hat, begreift sie, dass nur eine einzige Stimme spricht, dass sie nur eine Hälfte der Unterhaltung zu hören bekommt, und ihr fällt wieder ein, wie Olive bei der Trauerfeier vor sich hin murmelte. Nova beugt sich über das Radio und hört Olive schildern, was sie an Silvester getan hat.

41

OLIVE
31. DEZEMBER 1999

Olive Farrugia war keine Person, die sich leicht in Verschwörungstheorien verlor. Sie glaubte nicht an Entführungen durch Außerirdische, sie war nicht überzeugt, dass die Mondlandung getürkt gewesen war, und sie glaubte ganz gewiss nicht, dass die Queen befohlen hatte, irgendjemanden zu ermorden. Olive war eine Frau, die ihr Leben an Dingen ausrichtete, derer sie sicher war, auf die sie sich verlassen konnte, und das einzige Wesen abgesehen von ihr selbst, auf das sie sich verlassen konnte, war Gott. Sie war sicher, dass Gott existierte, sie hatte seine Existenz schon persönlich gespürt; seine schmerzhaft strafende Hand, wenn sie aufbegehrt hatte, und die Wärme seiner Gnade, wenn sie sich gefügt hatte. Sie war sicher, dass sie, wenn sie Gott gehorchte, im Jenseits mit ihrer Tochter wiedervereint würde, vielleicht auch mit ihrem Mann. Vielleicht würde sie im Paradies stattdessen auch mit der anderen großen Liebe ihres Lebens wiedervereint, aber sie wusste, dass sie dort lange vor ihm eintreffen würde. Trotzdem war sie sicher, dass er irgendwann nachkommen würde.

Ihr war auf ihrem Platz im Bus ein bisschen übel. Sie schob eine Hand in ihre Handtasche und betastete die Dinge, die sie mitgenommen hatte. Ihre Finger glitten über den Geldbeutel, das Handy, den Hausschlüssel, die Schlüssel zur Bibliothek, ein Päckchen Minzdragees, das kalte Glas ihres Parfümflakons, und dann zog sie den Reißverschluss einer Innentasche auf und schaute hinein. Darin lag ein verstärkter Umschlag mit einer brandneuen Prepaid-SIM-Card, die sie ein paar Tage zuvor im Supermarkt gekauft hatte und die mit zehn

Pfund Guthaben aufgeladen war. Wenn sie Jamie erst alles gesagt hatte, was sie zu sagen hatte, wollte sie mit allem abschließen, alles hinter sich lassen. Niemand aus ihrer Gruppe sollte sie kontaktieren können. Sie hatte sogar mit dem Gedanken gespielt, umzuziehen, vielleicht sogar in eine andere Stadt, um woanders ganz neu anzufangen.

Neben der SIM-Card lagen drei Blatt Papier in der Seitentasche. Auf dem ersten stand Jamies Adresse, die sie in der Datenbank der North Tyneside Library gefunden hatte, weil seine Frau einen Büchereiausweis hatte. Das zweite war eine herausgeschnittene Seite aus einem Straßenatlas, auf dem sein Haus mit rotem Kugelschreiber eingekringelt war, und das dritte eine Liste von Telefonnummern, die sie zwei Wochen zuvor aus Kayshas Jackentasche stibitzt hatte, als sie und Kaysha als Erste im Hotelzimmer eingetroffen waren und Kaysha ihre Jacke an der Stuhllehne hatte hängen lassen, während sie auf die Toilette gegangen war.

All die Jahre hatte er am anderen Ende der Stadt gewohnt, ohne dass Olive ihm je über den Weg gelaufen war. Eigentlich war sie froh, dass sie das nicht gewusst hatte. Sie wäre versucht gewesen, ihn irgendwann zu besuchen, dachte sie, still und heimlich, nur um einen Blick auf ihn zu werfen. Ihre Erinnerungen an ihn waren köstlich, aber nicht von Substanz. Das heute würde eine Quälerei werden, aber es musste sein. Sie würde ihn retten. Sie lächelte still in sich hinein.

Der Bus schlängelte sich durch die Stadt, die Olive sonst mied. Man sagte, dass es die schönste Stadt im ganzen Land sei, wegen ihrer Architektur, aber Olive interessierte sich nicht für Städte. Sie hatte festgestellt, dass die vielen Menschen sie nervös machten und sie sich unter den hohen Häusern klein fühlte. Selbst ihre Heimatstadt war manchmal zu überfüllt für ihren Geschmack, vor allem im Sommer, wenn die Menschen an den sonst verlassenen Strandabschnitt vor ihrem Haus strömten. Das Kreischen der Kinder und das blöde Geschnatter der Bikiniträgerinnen konnten Olive derart reizen, dass sie alle Fenster schloss und den Fernseher aufdrehte, obwohl das Haus in der Augusthitze unerträglich stickig werden konnte.

Der Bus rollte über eine der Brücken, und irgendwann schmolzen die turmhohen Gebäude dahin, wurden abgelöst von Bauernhöfen und Einfamilienhäusern oder Reihen geduckter Minenarbeiterhäuser, die durch breite Grasstreifen voneinander getrennt waren.

»Hier müssen Sie raus, Missus«, rief der Busfahrer und hielt an einer Haltestelle gegenüber einer Sackgasse. Sie dankte ihm, stieg aus und blieb am Straßenrand stehen, bis der Bus weggefahren war. Hinter ihr lag eine Pferdeweide und dahinter ein Waldrand. Sie zog die herausgetrennte Karte aus der Tasche, faltete sie auf und folgte der markierten Strecke, ein Stück am Straßenrand entlang, bevor sie in den Wald abbog.

Sein Haus stand allein umgeben von dunklen Kiefern, und Olive wartete eine Weile in einem dunklen Baumdickicht, um festzustellen, wer alles im Haus war. Nach einer Weile öffnete sich das Garagentor, und da stand er, mit verschränkten Armen an einen Mini gelehnt, der auf Ziegelsteine aufgebockt war. Eine Minute später trat seine Frau im Mantel in die Garage. Auf ihrer Hüfte trug sie das kleine, gegen die Kälte eingemummelte Mädchen. Sie reichte Jamie ein Glas, er leerte es in einem tiefen Zug und stellte es auf einem Regalbrett ab. Dann beugte er sich vor, als wollte er seine Frau umarmen, doch stattdessen schob er die Hände in ihre Jackentaschen, wendete sie nach außen und wiederholte die Prozedur dann bei seinem Kind. Olive fragte sich, ob er die beiden kontrollierte. Vielleicht wusste er schon, dass seine Frau etwas im Schilde führte, dass er ihr nicht trauen konnte.

Schließlich schien er zufrieden und nickte, und Sadia und das kleine Mädchen spazierten aus der Garage, über die Straße und in den Wald hinein. Ihr Weg führte nur wenige Meter an Olive vorbei, und sie war sicher, dass der Blick des Mädchens sie kurz erfasste, aber das Kind blieb still, und gleich darauf waren die beiden zwischen den Bäumen verschwunden.

Dass seine Frau das Haus verlassen hatte, betrachtete Olive als göttliche Fügung. Sie tat das Richtige, das stand fest. Sie wusste, dass dies ihre Chance war – sie brauchte nur ein, zwei Minuten –, und stützte sich kurz an einem Baum ab, weil das Wissen, dass sie gleich in seiner Nähe sein, sein Aftershave riechen und vielleicht sogar seine Brust berühren würde, sie überglücklich machte.

Er bekam nicht mit, wie sie sich der Garage näherte, er hörte auch ihre Schritte nicht, weil er das Radio aufgedreht und den Kopf unter die Motorhaube gesteckt hatte, wo er an irgendetwas herumschraubte. Erst als sie direkt neben ihm stand, bemerkte er sie schließlich und drehte sich zu ihr um. Olive badete in seinem Anblick. Er sah noch genauso gut aus wie früher, allerdings älter, ein bisschen muskulöser und maskuliner an all den Stellen, die früher jung und hager gewesen waren. Seine Haare waren kürzer als damals, seine Haut ein bisschen blasser, so als käme er nicht mehr so oft in die Sonne. In seinen Augenwinkeln hatten sich Fältchen gebildet, auch seine Wangen waren von neuen Falten durchzogen, und er trug einen kurzen, aber dichten Bart, der dunkler war als sein Haar. Zu ihrer Zeit hatte er sich kaum rasieren müssen. Er war gealtert wie guter Whisky, dachte sie. Sie hätte ihn so gern getrunken.

Als er sie ansprach, durchlief sie ein Kribbeln, und sofort wurde sie an früher erinnert, wie sie sich jedes Mal gefühlt hatte, wenn er ihren Namen ausgesprochen hatte. Sie errötete.

»Olive?«, fragte er, eine Hand auf der Brust. Sie hatte ihn erschreckt.

»Hallo«, sagte Olive lächelnd und nahm seine Hand, die er ihr sichtlich verwirrt überließ.

»Was tust du …?«

»Was ich hier tue?«, fragte sie und drückte seine Hand. Sie sah ihm in die quecksilbergrauen Augen und flüsterte leise: »Ist sonst noch jemand hier?«

»Äh, nein … meine Frau und meine Tochter sind gerade spazieren gegangen, ich bin allein«, sagte er. Sein Blick war leicht verschwommen, und er fuhr sich mit der Hand durchs Haar. »Willst du, ähm, willst du einen Tee?«

»Nur zu gern, aber ich kann leider nicht bleiben. Ich bin nur gekommen, weil … also, ich bin gekommen, um dich zu warnen.«

Jamie runzelte die Stirn. »Um mich zu warnen?«

»Ach, Jamie.« Olive lächelte traurig. Sie küsste seine Hand. »Du hast keine Ahnung, oder?«

»Was redest du da, Olive?« Er stützte sich mit einer Hand am Wagen ab und entzog die andere Olives Griff, um sich die Augen zu reiben.

»Jamie«, beschwor sie ihn. »Sie haben sich gegen dich zusammengetan.«

»Verdammt noch mal, was soll das Gequatsche?«, fuhr Jamie sie an. »Sprich Klartext.«

Olive zögerte eine Sekunde. Mit so tiefer Verachtung hatte Jamie noch nie mit ihr gesprochen. »Hör zu, sie … sie haben sich gegen dich verschworen, diese Frauen … sie …«

»Was für Frauen?«, fiel Jamie ihr ins Wort, wobei er leicht schwankte. Er sah sich um, griff nach einer Axt, die an einem Holzstapel zu seinen Füßen lehnte, und stützte sich darauf wie auf einen Gehstock.

»Oh, alle. Zum Beispiel deine Frau. Dann das junge, schwangere Mädchen. Die Wilde mit den Tätowierungen. Alle diese Frauen kennen dich. Und alle behaupten, du hättest ihnen etwas Schreckliches angetan.«

»Sadia auch?«

»Ja. Sie versuchen …«

»Und du? Bist du auch bei dieser Verschwörung dabei?«

»Nein!« Sie machte einen Schritt auf ihn zu und nahm sein Gesicht in beide Hände. Sie konnte nicht glauben, dass er sie jemals geliebt hatte, dafür war er viel zu schön. »Das würde ich nie tun. Ich bete immer noch jeden Tag für dich. Jeden Tag.«

»Schön, schön, und was hecken sie noch mal aus?« Er rieb sich übers Gesicht.

»Ist alles in Ordnung?«

»Ja. Du musst jetzt gehen.«

»Ich will auch nicht, dass deine Frau mich sieht. Wenn sie erfahren, dass ich hier war, sind sie als Nächstes hinter mir her.«

»Komm endlich zur Sache. Irgendwie fühle ich mich nicht gut.«

»Du siehst auch nicht gut aus«, sagte Olive. Sie widerstand dem Drang, den Handrücken an seine Stirn zu legen, um festzustellen, ob er Fieber hatte, so wie sie es vielleicht bei Kim getan hätte. Sie fragte sich, ob er womöglich betrunken war, und hoffte, dass er in diesem Fall nicht vergessen würde, was sie ihm sagte. »Also, wie gesagt, sie treffen sich und reden über dich. Es sind grässliche Unterstellungen. Eine von ihnen behauptet, du hättest sie vergewaltigt. Deine Frau erzählt den Leuten, dass du sie schlagen würdest. Darum wollen sie sich rächen, dich bestrafen, aber sie können sich nicht einigen, wie. Das tätowierte Mädchen sagt immer wieder, dass sie dich umbringen müssten, um dich aufzuhalten. Die anderen wollen wohl lieber zur Polizei gehen.«

Jamie feixte, kam ins Straucheln und verlor den Halt an der Axt, die klappernd umfiel. Olive hob sie auf und wollte sie ihm reichen, aber er winkte abwehrend.

»Du kannst noch so feixen, aber ich habe Angst, dass man bei der Polizei auf sie hören könnte, wenn sie alle zusammen mit ihren verrückten Geschichten anrücken.«

»Ich mach mir keine Sorgen«, sagte Jamie schleppend.

»Das solltest du aber.«

Er lachte, und Olive fiel auf, dass ihm ein Backenzahn fehlte.

»Du solltest das ernst nehmen, Jamie.«

»Nein, du solltest den Mund halten.« Sein Blick wurde gemein. Er taumelte vorwärts und pikste sie in die Brust. »Vergiss nicht, was dem letzten kleinen Schweinchen passiert ist, das hu-hu-heulend zur Polizei gerannt ist.«

Olive rieb über ihre Brust und wusste nicht, was sie dazu sagen sollte, doch er sprach schon weiter.

»Der kleinen Kimmy. Der ungezogenen kleinen Kimmy, die sich nicht von mir ficken lassen wollte«, sagte er.

Olive trat fassungslos einen Schritt zurück und spürte, wie sich ihre Finger um den hölzernen Schaft der Axt schlossen. »Jamie, du bist betrunken, du weißt nicht, was du da redest.« Olive war den Tränen nahe. »Soll ich dich ins Bett bringen?«

»Die kleine Kimmy wollte mich damals auch bei der Polizei verpfeifen, weißt du noch? Ich würde sie stalken. Sie nicht in Ruhe lassen. Wäh, wäh, wäh. Das hat mir gar nicht gefallen. Und hopsala, schon ist die kleine Kimmy über die Klippe gepurzelt«, lallte er grinsend und drehte die Handflächen nach oben.

Olive fasste keinen bewussten Entschluss, mit der Axt auszuholen, aber sie hob sie mit einer Kraft an, von der sie nichts geahnt hatte, und rammte sie so tief in seine Gurgel, dass sein Lächeln erstarb und das Blut über seine Brust strömte, mehr

Blut, als sie für möglich gehalten hätte. Er packte die Axt mit beiden Händen, während er zu Boden sackte, und versuchte zu sprechen, aber es sprudelte nur noch mehr Blut aus seinem Mund. Als er versuchte, um Hilfe zu schreien, wurde sein Blick matt, und sie stellte einen Fuß auf sein Gesicht, um die Axt wieder aus seinem Hals zu ziehen. Sie spürte, wie seine Nase unter ihrem Absatz zermalmt wurde, dann löste sich die Axt und sauste immer und immer wieder auf seinen Hals nieder, bis der Kopf vom Körper abgetrennt war und er nie wieder ein Wort sagen konnte. Eine Weile stand sie keuchend über ihm und schaute zu, wie das Blut sich auf dem Boden sammelte. Dann drückte sie einen Knopf an der Wand, um das Garagentor herunterzufahren, und machte sich auf die Suche nach Bleichmittel.

42

NOVA
12. JANUAR 2000

Zum zweiten Mal in dieser Nacht knirscht der Schotter vor Heather Hall unter Novas Reifen. Der Regen fällt in dichten Schleiern, und vor der weit geöffneten Haustür parkt Kayshas Auto. Nova rennt die wenigen Meter vom Auto zum Haus und ist trotzdem durchnässt, als sie eintritt. Sie schließt die Tür mit einem lauten Schlag, der unter dem Rauschen des Regens kaum zu hören ist.

Das Haus fühlt sich noch erdrückender an als zuvor, und sie meint Sarah durch die Räume huschen zu sehen. Nova glaubt nicht an Gespenster, aber es kommt ihr absolut unfassbar vor, dass Sarah auf der Brücke in der einen Sekunde noch existiert hat, voller Zorn und Sarkasmus und Liebe, und in der nächsten Sekunde, bei ihrem Aufprall auf dem Wasser, jede Erinnerung und Vorstellung und halb vergessene Melodie ausgeknipst wurde. Irgendwo muss Sarah noch sein, doch Nova hofft, dass sie nicht hier ist.

Kaysha sitzt im Obergeschoss an einem Schreibtisch, über eine Schreibmaschine gebeugt, und studiert ein Blatt Papier. Das Zimmer ist aufgeräumt, ein dunkelblau bezogenes Einzelbett, eine Kommode mit von Spinnweben überzogenen Lehrbüchern, ein paar Pop-Poster und Auszeichnungen an einer Wand. Aber dennoch wirkt alles so, als wäre es lang nicht bewohnt worden. Im ersten Moment bemerkt Kaysha sie nicht. Im Lampenschein leuchtet Kayshas Haut wie polierte Bronze, und ihre Lippen bewegen sich beim Lesen. Nova kann Kayshas Mund nicht ansehen, ohne ihn küssen zu wollen, selbst jetzt nicht. Sie versucht, Kaysha in allen Details in ihr Gedächtnis einzubrennen: die weichen Gesichtszüge, das Flattern ihrer Nasenflügel, wenn sie wütend ist, das Blitzen ihrer Eckzähne, wenn sie breit lächelt, die Provokation in ihrem Blick, die erst dahinschmilzt, wenn sie kurz vor dem Einschlafen ist. Nova will sich immer daran erinnern können, wie es sich anfühlt, wenn Kaysha nackt unter ihr liegt, wie unerträglich schön jede Narbe und jeder Makel ist, wie sie manchmal in Tränen ausbrechen könnte, weil sie sich nichts vorstellen kann, was sich richtiger anfühlen könnte. Sie will das Schweigen nicht brechen, denn sie weiß, dass damit dieser blendende Moment beendet wird, jene Phase kurz vor einer Sonnenfinsternis, in der du nicht in den Himmel schauen kannst. Kaysha ist ihre Sonne.

Als Kaysha fertig gelesen hat, schaut sie auf und schreckt zusammen, als sie Nova in der Tür stehen sieht.

»Fuck!«, sagt sie halb erstickt.

»Es tut mir so leid«, sagt Nova, durchquert das Zimmer und zieht Kaysha an ihre Brust.

Kaysha schiebt sie kopfschüttelnd weg. »Ich kann nicht«, sagt sie mit erstickter Stimme. Sie holt tief Luft und wischt sich über die Augen. »Ich kann noch nicht daran denken.«

»Was kann ich tun?«, fragt Nova und geht neben Kaysha in die Hocke.

»Nichts«, sagt Kaysha. Sie faltet das Papier in ihrer Hand zusammen – den gefälschten Abschiedsbrief, wie Nova weiß. Nova will Kaysha nicht verraten, dass sie verwanzt wurde, sie will nicht das letzte bisschen Vertrauen zwischen ihnen zerstören, obwohl das jetzt auch nicht mehr zählt. Sie hat ein schlechtes Gewissen, dass sie Kaysha überhaupt verdächtigt hat.

»Ich weiß, wer ihn umgebracht hat«, sagt Nova schließlich. Das Licht flackert, und beide schauen kurz in die Lampe. Kayshas Miene ist nicht zu deuten, und Nova merkt, dass sie den

Atem anhält, weil sie gleich etwas sagen wird, was sie nicht mehr zurücknehmen kann. »Es war Olive.«

Ein Lachen bricht aus Kayshas Mund, doch der Ausbruch legt sich sofort, stattdessen wechselt ihr Gesichtsausdruck zwischen Verwirrung und Fassungslosigkeit und Begreifen, und Nova kann beobachten, wie sie die verschiedenen Möglichkeiten abwägt und schließlich alle Puzzleteile zusammenfügt.

»Hast du sie verhaftet?«, fragt Kaysha und sieht Nova an. Ihr Blick wirkt fast anklagend.

»Nein.«

»Wirst du es tun?«

Nova senkt den Blick auf den Teppich. Sie entdeckt Bleistiftspäne unter dem Schreibtisch und fragt sich, wie lange sie wohl dort schon liegen. Sie ist unschlüssig, was sie mit Olive machen soll. Im Grunde sollte alles ganz einfach sein. Vor zwei Wochen hätte sie Olive ohne Zögern unter Mordverdacht festgenommen, aber seither hat sie so viel erfahren – über Jamie Spellman, über die Frauen in seinem Leben, über sich selbst. Sie fühlt sich orientierungslos, als hätte sich die ganze Welt um sie herum verschoben und als wäre sie dabei von ihrem angestammten Platz vertrieben worden. Sie fragt sich, ob Olive vielleicht der Tropfen ist, der das Fass zum Überlaufen bringt – indem sie Nova vor die unmögliche Entscheidung zwischen Recht und Gerechtigkeit stellt.

»Und?«, hakt Kaysha nach. Sie streckt die Hand aus und zieht sie wieder zurück. »Du weißt, was er ihr angetan hat, oder?«

»Na ja, ich habe alles gehört – sie hat behauptet, er hätte ihre Tochter umgebracht.«

Kaysha nickt. »Überrascht mich, dass sie das zugegeben hat. Sie hat immer beteuert, er wäre ein guter Mensch, er würde nie jemandem Schaden zufügen.«

»Olive erscheint mir … labil. Wie kommt es, dass du ihm so etwas zutraust, obwohl Olive immer seine Unschuld beteuert hat? Bis jetzt jedenfalls.«

»Weil ich nicht der Illusion anhänge, dass er kein mieses Schwein war«, erklärt Kaysha düster.

»Aber ein Mädchen zu ermorden«, sagt Nova, der dabei durch den Kopf geht, was sie alles über Jamie weiß. Er hat vielen Frauen Schlimmes angetan, aber Mord ist ein ganz anderes Kaliber. Sie sieht wieder Sarah durch die Luft fallen und fragt sich, ob er Olives Tochter zu dem gleichen Ende getrieben hat, ob so etwas als Mord zählt oder zählen sollte. »Kannst du dir vorstellen, dass sie von selbst gesprungen ist?«

Kaysha verschränkt die Arme und sieht zur Decke hoch. »Nein. Glaub mir, ich hatte ihn schon lange im Visier. Ich wusste, dass er irgendwas mit den beiden vorhatte – mir war klar, dass er sich bestimmt nicht für Olive interessieren würde, und das Mädchen – Kim – war entschlossen, sich zur Wehr zu setzen. Hinterher habe ich erfahren, dass sie mehrmals bei der Polizei war und angegeben hat, er würde sie verfolgen. Sie wollte, dass ihr jemand Gehör schenkt, und noch an ihrem Todestag hat sie Anzeige gegen ihn erstattet, daher bin ich sicher, dass sie noch nicht völlig verzweifelt war.«

»Was meinst du mit: *Glaub mir, ich hatte ihn schon lange im Visier?*«

Kaysha zuckt mit den Achseln. »Ich hatte ihn eben schon lange im Auge.«

»Aber warum? Wie bist du auf ihn gestoßen, woher kennst du ihn überhaupt?« Nova steht auf, massiert ihre kribbelnden Waden und setzt sich aufs Bett. Sie weiß, dass sie Kaysha nicht drängen sollte, Fragen zu beantworten, auf die sie nicht antworten will, aber inzwischen hat sie nichts mehr zu verlieren.

»Das tut nichts zur Sache, Nova. Vertrau mir nur dieses eine Mal.«

»Ich vertraue dir«, sagt Nova, und Kaysha schnaubt. »Was hat er dir angetan?«

»Ich wusste einfach, dass man sich von ihm fernhalten sollte.«

»Was hat er dir angetan, Kaysha?«, fragt Nova noch mal und beugt sich vor, um Kayshas Schulter zu drücken. Kaysha streift ihre Hand ab, und Nova greift nicht noch mal zu. Kaysha mag es nicht, berührt zu werden, wenn sie aufgebracht ist. Ein paar Sekunden bleibt sie still, sieht Nova an, wägt ab. Nova wartet stumm.

»Er hat mich vergewaltigt, okay?«, sagt Kaysha schließlich gebrochen, und ihr Gesicht verzerrt sich, bis sie zu weinen beginnt. »Und bevor du einen Scheißton sagst, ich war bei der Polizei, direkt danach, noch in derselben Nacht, und man hat mir nicht geglaubt. Also hab ich … hab ich ihn ab da verfolgt, ihn im Auge behalten, aber ich kam jedes Mal zu spät, jedes Mal habe ich erst begriffen, was er vorhatte, wenn es schon zu spät war, um ihn noch aufzuhalten. Ich wusste, dass er besessen von Kim war, und trotzdem wusste ich nicht, was ich unternehmen sollte. Und dann stürzte sie von der Klippe, und ich wusste, dass er sie geschubst hatte. Ich wusste es einfach.«

Nova nimmt Kaysha in die Arme, und Kaysha versteift sich kurz, doch dann lässt sie sich in die Umarmung sinken und liegt schluchzend an Novas Brust. Nova streichelt ihr übers Haar. Der Regen hat aufgehört, und durch das Fenster kann sie kurz den Sichelmond hinter den dahinziehenden Wolken erkennen.

»Du hast diesen Frauen geholfen, nicht wahr?«, fragt Nova leise.

»Er hätte nicht sterben sollen«, sagt Kaysha, und ihr Atem kitzelt an Novas Hals.

»Was hätte stattdessen passieren sollen?«

Kaysha löst sich aus der Umarmung, schüttelt den Kopf und wischt sich übers Gesicht. »Darüber waren wir uns noch nicht einig. Ich hätte es am besten gefunden, zuerst zur Polizei zu gehen. Wenn wir alle gegangen wären und die richtige Ansprechpartnerin gefunden hätten, hätten sie uns vielleicht nicht ignoriert.«

»Ich hätte euch helfen können.« Nova muss daran denken, dass sie damals nicht miteinander sprachen, dass sie damals, vor Monaten, Kayshas Vertrauen missbraucht hatte.

»Ja, schon«, sagt Kaysha. »Aber bevor ich dich da mit reingezogen hätte, musste ich ganz sicher sein. Erst musste ich alle überzeugen, dass wir zusammen sehr wohl etwas gegen ihn unternehmen konnten. Dass wir verhindern könnten, dass er noch jemandem wehtut. Ein paar der Frauen mussten erst alle Geschichten hören, um zu erkennen, was für ein Schwein er war – dass sie sich nicht nur alles eingebildet hatten. Mir war klar, dass du uns hättest helfen können. Du bist nicht wie die anderen.«

Nova ist erleichtert, das aus Kayshas Mund zu hören und zu wissen, dass wenigstens ein Mensch – vielleicht sogar der wichtigste Mensch – hinter ihre Marke sehen kann. »Ich glaube nicht, dass ich das noch länger machen kann.«

»Nein«, sagt Kaysha und wirkt kein bisschen überrascht dabei. »Nein, ich glaube, du bist dem Job entwachsen.«

Eine Stunde später verlassen beide das Haus. Nova hat den gefälschten Abschiedsbrief in einer Klarsichthülle in ihrer Tasche. Ein Gefühl der Veränderung durchläuft sie. Sie wird diesen Fall abschließen, den Papierkram erledigen und sich dann verabschieden. Zeit für einen Neuanfang.

Kaysha sagt nicht, wohin sie fährt, und Nova fragt sie nicht, aber sie hofft, zu Olive. Jemand sollte bei ihr sein. Die Nacht liegt immer noch über ihnen, die Dunkelheit fühlt sich brutal an, so als müssten sie beide durch die Finsternis waten, um in ihr jeweiliges Leben zu gelangen.

»Kay«, sagt Nova, als Kaysha die Autotür öffnet. Kaysha sieht auf. *Ich liebe dich,* will Nova sagen. *Brenn mit mir durch.* Der Augenblick zieht sich in die Länge, und beide schweigen, obwohl es noch so viel zu sagen gäbe. »Pass auf dich auf.«

43

OLIVE
31. DEZEMBER 1999

Olive putzte, ohne viel zu denken. Falls sie anfing zu denken, würde sie in Panik geraten, darum ließ sie ihren Körper die Arbeit tun, konzentrierte sich auf den Ablauf der verschiedenen Tätigkeiten statt auf die möglichen Konsequenzen und hoffte währenddessen inständig, dass Sadia und Ameera nicht zurückkommen würden, bevor alles erledigt war. Erst ging sie in die Küche, suchte alle Putzsachen zusammen, die sie tragen konnte, und stellte sie auf einem nicht blutigen Teil des Bodens ab. Dann beseitigte sie den Leichnam. Ursprünglich hatte sie geplant, ihn in den Wald zu schleifen und zu begraben oder ihn unter einem Busch zu verstecken, darum trat sie aus der Hintertür der Garage in den Garten und überzeugte sich, dass es tatsächlich einen Durchgang in den Wald gab. Es gab einen, und so schleifte sie den Leichnam an den Füßen nach draußen.

Jamie war schwer, und der Adrenalinschub, der sie während der letzten Minuten beflügelt hatte, begann nachzulassen, sobald sie im Freien war. Sie mied die Terrasse und die Trittsteine quer über den Rasen, denn aus dem Hals sickerte immer noch Blut, das hoffentlich vom Gras aufgesogen würde. Auf halbem Weg durch den Garten begriff sie, dass sie nicht kräftig genug war, um ihn bis in den Wald zu schleifen. Ein paar Schritte weiter gab es einen Teich, der auf den ersten Blick tief und schlammig genug aussah, um ihn aufzunehmen.

Es begann zu schneien, als sie ihn ins Wasser zerrte und dabei still betete, dass nicht ausgerechnet seine Tochter ihn finden würde, wenn er irgendwann entdeckt wurde.

Danach säuberte sie die Garage. Alles war voller Blut, sie brauchte eine Ewigkeit, um alles mit Handtüchern und Küchentüchern aufzuwischen und dann mit Bleiche den Boden zu schrubben, die Spritzer an den Wänden und am Auto zu beseitigen. Sie reinigte die Axt von schleimigen Fleischfetzen, rieb den polierten Griff ab, um ihre Fingerabdrücke zu beseitigen, und lehnte die Axt zuletzt an einen Holzstapel an der Wand. Alles, was sie angefasst hatte, packte sie zusammen mit ihren Kleidern in einen Müllsack. Dann tappte sie nackt durchs Haus nach oben und stellte sich unter die Dusche. Als sie fertig war, holte sie die unauffälligsten Sachen aus Sadias Schrank, die sie darin finden konnte – ein graues Kleid und einen schwarzen Mantel –, und zog sie an. Auf dem Rückweg in die Garage fiel ihr neben dem Weihnachtsbaum im Wohnzimmer eine große Plätzchendose ins Auge. Sie war tief und oval, hatte eine Blumenmusterprägung und exakt die richtige Größe. Sie kippte die Plätzchen zu den anderen Sachen in den Müllsack und legte stattdessen Jamies Kopf hinein. Inzwischen sah er schrecklich aus, bleich und mit Blut und Schleim besudelt. Sie schloss den Deckel.

Olive öffnete wieder das Garagentor und entsorgte den Müllsack mit den blutigen Sachen in der Mülltonne unter ein paar anderen Müllsäcken. Hoffentlich würde die Müllabfuhr kommen, bevor jemand den Sack fand. Inzwischen war es dunkel, der Schnee fiel in dichten Flocken, und zweimal wäre sie auf dem Rückweg zur Bushaltestelle um ein Haar ausgerutscht und hätte die Dose auf die Landstraße fallen lassen. Sie erwischte einen Bus zurück in die Stadt und hielt während der Fahrt die Dose auf dem Schoß fest, wobei sie sich ständig Sorgen machte, dass unten Blut heraussickern könnte, was aber nicht passierte. Immer wieder kontrollierte sie unter den gelben Straßenlaternen ihre Hände, aber sie blieben sauber.

Als sie wie immer durch die Hintertür ins Hotel geschlichen und an ihrem üblichen Treffpunkt angekommen war, löste sie die Abdeckung von ihrem Handy, nahm den Akku heraus und tauschte die SIM-Karte gegen die neue in ihrer Tasche. Diese Nummer kannte niemand. Sie schickte eine Nachricht an alle auf Kayshas Liste, sich selbst eingeschlossen, und bestellte sie zu einem Notfalltreffen. Dann wechselte sie zu ihrer alten SIM-Karte zurück, zerbrach die neue, wickelte sie in Toilettenpapier und spülte sie in der schmutzigen Toilette nebenan hinunter.

Sie stellte die Stühle im Halbkreis auf und schleifte einen Tisch in die Mitte. Es gab im Zimmer einen Karton voller Bibeln mit tiefrotem Ledereinband und Goldschnitt, davon stapelte sie mehrere auf den Tisch und schlug die oberste bei einem ihrer Lieblingsverse auf – 3. Buch Mose, 24:19. Sie balancierte seinen Kopf auf den aufgeschlagenen Seiten. Dann zog sie einen Kissenbezug darüber, denn immerhin machten sie es bei Mördern auf dem elektrischen Stuhl genauso, um die schuldigen Gesichter zu verbergen.

Olive wusch die Plätzchendose in dem Waschbecken im Bad aus, trocknete sie mit einem an der Tür hängenden Morgenmantel, wobei sie darauf achtete, die Dose nicht noch einmal mit den Händen zu berühren, und versteckte sich dann im Zimmer nebenan, bis sie hörte, wie nacheinander die anderen eintrafen. Sie durfte keinesfalls als Erste im Zimmer sein.

Als Olive nach einer Stunde wieder im Zimmer saß, inmitten der anderen, und Sarah den Bezug von seinem Kopf zog, war es, als würde sie ihn zum ersten Mal mit eigenen Augen sehen. Und so schrie sie lauter auf als alle anderen.

DANKSAGUNG

Zuallererst will ich Kate Evans danken, meiner stets energiegeladenen Agentin, die mein größter Fan ist, seit ich mit drei Kapiteln, sieben Frauen, einem abgetrennten Kopf und dem Versprechen, alles irgendwie zu einem Roman zu verarbeiten, in ihr Büro trat.

Ich danke auch meinen tollen Lektorinnen Jade Chancler und Sarah Grill, die mich so enthusiastisch unterstützt und den Roman zu etwas so viel Besserem poliert haben, als ich es mir hätte vorstellen können.

Ich danke Clairus Bearus, Pippin Major, Sandy Watson, Lynn Murray und Graham Reid, die verschiedene Versionen dieses Romans gelesen und mir Feedback gegeben haben – das bedeutet mir ungeheuer viel.

Ich danke Hayley Murray, der besten Tarot-Hexe im Nordosten.

Und ich danke Holly Rose, die sich mit der Geduld einer Heiligen jede einzelne Version jedes einzelnen Kapitels angehört hat, die mir durch alle schriftstellerischen Kernschmelzen geholfen und unerschütterlich an mich geglaubt hat.

Ich danke Hayley, Pablo und Mouse für die willkommene Ablenkung.

Außerdem danke ich Jeanette Winterson, ohne deren Anleitung, Überzeugung und Ermutigung ich dieses Buch wahrscheinlich nie geschrieben hätte.

Und zuletzt möchte ich noch den unzähligen brillanten, starken und entschlossenen Mädchen und Lesben und *Theys* danken, die mein Leben so bereichern. Ich könnte mir kein besseres Supportsystem wünschen.

Das **Hilfe-Telefon Sexueller Missbrauch** ist die bundesweite, kostenfreie und anonyme Anlaufstelle für Jugendliche und Erwachsene, die Entlastung, Beratung und Unterstützung suchen, die sich um ein Kind sorgen, die einen Verdacht oder ein »komisches Gefühl« haben, die unsicher sind und Fragen zum Thema stellen möchten.

Das Hilfe-Telefon Sexueller Missbrauch ist unter der Rufnummer 0800 22 55 530 erreichbar.

Das Hilfe-Telefon bietet Jugendlichen und Erwachsenen auch eine Onlineberatung per E-Mail oder Chat.

Hilfetelefon – Gewalt gegen Frauen

Telefonnummer: 116 016, erreichbar rund um die Uhr. Das Beratungsangebot ist anonym und barriere- sowie kostenfrei.

Telefonseelsorge

Telefon: 0800 111 0 222 oder 0800 111 0 111
24 Stunden täglich – anonym, vertraulich, gebührenfrei

Beratungshotline »Seelische Gesundheit«

Die 2010 gegründete Robert-Enke-Stiftung hat mit der Klinik für Psychiatrie, Psychotherapie und Psychosomatik der Uniklinik RWTH Aachen eine Beratungshotline ins Leben gerufen – für Leistungssportler, aber auch für andere Personen, die an psychischen Störungen leiden. Die Rufnummer: 0241 80 36 777 (erreichbar montags bis freitags jeweils 9–12 und 13–16 Uhr)

Nummer gegen Kummer (für Kinder, Jugendliche und Eltern)
Kinder- und Jugendtelefon: 116 111 oder 0800 111 0333, erreichbar montags bis samstags von 14–20 Uhr
Elterntelefon: 0800 111 0 550, erreichbar montags bis freitags von 9–17 Uhr, dienstags und donnerstags bis 19 Uhr

Info-Telefon Depression
Die Stiftung Deutsche Depressionshilfe hat ein Info-Telefon Depression unter der Nummer 0800 33 44 533 eingerichtet (erreichbar immer Montag, Dienstag und Donnerstag von 13–17 Uhr sowie Mittwoch und Freitag von 8.30–12.30 Uhr). Die Hotline ist kostenlos und informiert Betroffene und Angehörige über Anlaufstellen bei psychischen Problemen.